文化の読み方／書き方

文化の読み方／書き方

クリフォード・ギアーツ
森泉弘次訳

岩波書店

本書は一九九六年九月、岩波書店より刊行された。

WORKS AND LIVES
The Anthropologist as Author

by Clifford Geertz

First published 1988 by Stanford University Press, Stanford.

This Japanese edition published 1996
by Iwanami Shoten, Publishers, Tokyo
by arrangement with
Stanford University Press, Stanford.

スタンフォード大学ハリー・キャンプ記念講義として

ハリー・キャンプ記念講義基金は、個人としての人間の尊厳と価値を主題とした連続講義がスタンフォード大学で開講できるよう、一九五九年に設立された。

はじめに

最初の四章は、一九八三年春、スタンフォード大学ハリー・キャンプ記念講義として、本書とはいくらか違った形式で講義されたものである。第三章は一九八三年秋『レアリタン』誌上でも発表された。

読者が本書を読みはじめるまえに、若干の予備的注意が必要であろう。無益な弁明としてではなく、著者の意図を明確にするために。まずはじめに述べたいのは、「人類学《アンスロポロジー》」という語が、本書では主として「民族誌学《エスノグラフィー》」もしくは「民族誌学にもとづいて著わされた著書」の同義語として用いられているということである。こうした用法は、標準的といってもよいくらいありふれたものだが、厳密さを欠いていることは言うまでもない。わたしだって、考古学、比較言語学、自然人類学、およびそれらと同様民族誌学にもとづいてはいない、あるいは必ずしももとづいてはいない他のさまざまな学問領域が存在していて、「民族誌学」と平等に「人類学」として扱われる正当な権利を有していること、およびそれらがそれぞれ固有の、言説《ディスコース》の在り方をめぐる問題提起を行なっていることは十分心得ているつもりである。わたしが社会－文化人類学、とりわけこの学問領域の中で民族誌学的方向づけを有する部分をさすのに「人類学」という語を用いるのは、説明上便利であるからにすぎない。こんな用い方をするからといって、わたしが本書で論じている類いの著作がこの語の意味するものを汲みつくしているなどと、あるいはこれらの著作が他の種類の著作のどれよりも人類学の名にあたいするなどとほのめかすつもりは毛頭ない。

第二に述べたい注意は、伝記的な事柄も歴史的な事柄もわたしの議論の随所に登場するが、この研究そのものは伝記的あるいは歴史的研究を意図しておらず、主たる関心は「人類学者はどのように書くか」という問題に向けられている、換言すればテクスト論的方向づけをもつ研究だということである。ちなみにわたしは、いわゆる完全に自律的な「存在論的」テクストなるものを信じている輩《やから》の仲間では断じてない。伝記的および歴史的事柄が人類学の著作の解釈と無関係であるどころか、大いに関係があるのはもちろんである。とはいえ、わたしの強調点は、通常、人類学上の議論ではほとんど注意を払われぬ他の、なんなら「文学的」と言ってもよい事柄に在る。

本書の原稿のあれこれの面について、賛否いずれかの、あるいはいずれでもない評言を賜わった方々は大勢いらっしゃるが、わたしがなかでもカレン・ブルウ教授とアメリー・ローティ教授のおふたりの名前だけをここに挙げて特別な（こころからの）感謝を表わしたいのはほかでもない、原稿チェックに両氏が惜しみない努力を傾けて下さったお陰で最終稿がいまのようなものになりえたからである。わたしの陥った特有の行き詰まり状態から脱け出すのを助けようとして貴重な時間を割いて下さったすべての方々に感謝を捧げる。

最後に、献呈という言葉は僭越で使いたくないが、無量の感慨をこめてひとりの人の名前を挙げておきたい。この方の言葉は本書のどの頁にも引用されていないし、ご本人も本書のテクストあるいはわたし自身と直接のかかわりをもたれたことは一度もないが、本書を執筆するさい、ほとんどその全過程にわたってその方の著作はわたしを導く霊感であった。すなわちケネス・バーク[訳注(1)]氏である。

ニュージャージー州プリンストン大学高等学術研究所にて、一九八七年二月

クリフォード・ギアーツ

目次

目次

第一章　あちら側にいる《ビーイング・ゼア》ということ

——人類学と執筆の場面——

民族誌学は奇妙で特異な諸事実を、これは魔術、あれは技術といったふうになじみの整合的なカテゴリーに分類する学問である、とする俗説の幻想性が暴露されてから、久しい歳月が流れている。にもかかわらず、では民族誌学あるいは人類学とは何か、と問われると、答えは依然として明らかではない。ひょっとしてそれは一種の著述法、事物を紙の上に書き記す方法かもしれないという思いが、人類学を生産する人びと、消費する人びと、あるいは両方の営みを生業《なりわい》としている人びとの頭をよぎることはこれまでもあった。しかし人類学そのものの正体を吟味する仕事は、これまでいずれもあまり筋の通らぬいくつかの憂慮によって阻まれてきたのである。

これらの憂慮の一つ——とりわけ生産者のあいだで強い憂慮——は、その種の吟味は非人類学的な仕事だとするものである。専門の民族誌学者の本来の仕事は、未開の地に出かけていって、原住民の生活様式に関する知識をもちかえり、その知識を専門を同じくする学者仲間に利用しやすい形で提供することであって、文学的な諸問題を省察するために図書館で文献を渉猟することなどではない。人類学的テクストがどのように組み立てられるかという問題への過剰な関心――実をいうと、どのような関心も過剰であるのが普通だが――は病的な自己没頭、つまり良くて時間の浪費、悪ければ憂鬱症《ヒポコンデリー》の一種であるように思われる。われわれが知りたいのはティコピア島民とタレンシ族についてであって、レイモンド・ファース(1)の語り上の戦略やマイヤー・フォーテス(2)の修辞学的手法などではない、というわけである。

もう一つの反論は、主として消費者側から寄せられるもので、人類学的テクストはそれほど繊細な注意を払って研究するにあたいしないものだ、というものである。コンラッドやフロベールのような作家が――なんならバルザックのような作家を含めてもかまわないが――文学的効果をあげている手法を研究するというのなら意味があるが、故人となった人類学者だけに限ると、ローウィー(3)やラドクリフ＝ブラウン(4)のような学者にとってそうした企てはこっけいに見えるであろう。サピア(5)、ベネディクト(6)、マリノフスキー(7)、それに最近ではレヴィ＝ストロース(8)といった少数の人類学者たちならきわだった文学的文体の持ち主で、論文にときおり修辞的技法を用いることを恥としないタイプだとみなしてもさしつかえない。しかしそれは異例なことで、ときにはそれが彼らに不利な評価を招くことさえある。つまり一種の狡猾さを連想させるからだ。良質の人類学的テクストは気取りのない平明なテクストであって、文芸批評的精読には向いていないし、それをしても報いは少ない、というわけである。

とはいえ、おそらくもっとも激しい反論は、あらゆる方面から寄せられているとともに実は最近の知的生活一般にもあてはまるものである。すなわち、知が権利上要求するものがどのような過程をへて促進されるものなのかという点にわれわれの視線を集中するならば、それらの要求を真剣にうけとめるわれわれの能力はかえって衰弱させられる、という主張である。心象や隠喩や語法や態といった表現法に注意を向けていると、いつのまにか、すべての表現は多少とも巧妙な意見の開陳に過ぎないとする、認識能力を腐食するような相対主義に行き着いてしまう。つまり人類学は、詩や小説がそうだと思われているように、単なる言葉のゲームとなってしまう。事柄がなされる仕組みを暴露することは、マジックの中でノコギリで真二つに切られたはずの美女が無事であるのと同様、実はまったくなにもなされていないということを暗示するだけのことだ、というわけである。

これらの見解はいずれも筋の通らぬものである。なぜなら、それらは現在眼の前にある、あるいは無気味な姿を現わしつつある脅威の経験にもとづくものではなく、すべてが突然現状とちがうものと化したとき起こるかもしれぬ脅威を想像してみることに根ざしているからである。人類学者がもしもアフリカとポリネシアでの原住民の生態を報告することをやめて、アルフレッド・クロウバー(9)の作品の中に二重の筋書きを、マックス・グラックマン(10)の著作の中に信用しがたい語り手を捜し出すことに貴重な時間をついやしているなら、あるいはモロッコに関するエドワード・ウェスターマーク(11)の物語とポール・ボウルズ(12)の物語とがそれぞれの主題に同じ方法で、同じ手段と目的をもって取り組んでいるなどと本気で主張しはじめるなら、事態はまことに憂慮すべきものとなるであろう。

しかし、人類学的著述が著述として真剣にうけとめられるならこうした心配がすべて事実となるであろう、という主張はまゆつばである。不安の根は別のところにあるはずだ。人類学の文学的性格がもっとよく理解された暁には、その説得力に関する専門学者の神話は維持できなくなるであろう、というのがそれである。とりわけ弁護しがたいのは、人類学的テクストがもし説得力を発揮しているとすれば、それは事実にもとづく資料内容の威力による以外のなにものでもない、という主張である。これまでは、微に入り細をうがっていの文化的ディテールの大量の羅列が、真理の外観――ほんとうらしさ（英語の verisimilitude、フランス語の vraisemblance ドイツ語の Wahrscheinlichkeit）――をこの種のテクストのうちに捜し求めるさいの主な手がかりであった。奇妙な風習を読まされた読者の脳裡にきざす疑惑のすべては、外見上の真理を大量に差し出されてはじめて払いのけられるはずだというのである。しかし実をいうと、マリノフスキーやレヴィ＝ストロースその他の人びとの民族誌に与えられている高い、または低い、あるいは中程度の信憑性の度合は、少なくとも第一義的には、この種の根拠にもとづいてはいないのである。もとづいているとすれば、J・G・フレーザー[13]やオスカー・ルイス[14]などが文化人類学の王者の位置を占めるであろうし、（わたしを含めて）多くの人びとがエドマンド・リーチ[15]の乏しい資料にもとづく『ビルマ高地地方の政治制度』（*Political Systems of Highland Burma*）やマーガレット・ミード[16]の感銘深い論文「バリ島民の性格」（*Balinese Character*）を読んでいるとき実行している不信の中断は説明できなくなるであろう。実際、民族誌学者自身は、自分たちの著述が信用されているのは記述が詳細にわたっているせいだと思っているかもしれない（リーチはビルマ高地文化に関する自著に向けられた経験論的批判に対して、スリランカ文化に関する事実をギューギュー詰めにした書物を著わすことで答えようとしたが、[17]残念ながら読者の反応は前著よりはるかに低い。ミードは数百葉にのぼるグレゴリー・ベイトソンの豊富な写真によって自分の議論の正しさは証明されていると主張したが、ベイトソン自身も含めて彼女の主張に強く賛同している人は皆無に近い）。おそらく、民族誌学者の言説はその記述の詳細、緻密ゆえに信用されるべきなのであろうが、その言説が有効性を発揮する仕方はそうではなさそうである。

彼らの書くものが記述の豊富さゆえに説得力をもつという考えが容易に跡を絶たない理由は何か、それを言うのはむずかしい。自然科学の領域において「発見された事柄」を「立証する」方法に関する古くさい考え方が、おそらくその理由とかかわりがある。しかしまた、人類学的著作が説得力をもつ仕組みに関するこの種の事実至上主義的理論に代わる主な説、すなわちそうした説得力は理論的議論の威力を通して発揮されるという説もまた、ほんとうらしくは思えない。かつては事実、白亜の塔さながらにそびえたっていたマリノフスキーの理論的装置も、いまではその大部分が残骸をさらしているが、しかし彼は依然として民族誌学者中の民族誌学者である。文化およびパーソナリティに関するミードの心理学的な思索のもつ、今日からみれば過去に属する特質もまた（「バリ島民の性格」は、バリ島民が島内を彷徨する風習に露呈されていると推定された破瓜性分裂病の研究のための助成金によって支えられた)、バリ島民の性格や生態に関する、他のいかなる研究者も比肩することのできない、あの詳細な観察記録の説得力を減少させる結果とはなっていないらしい。レヴィ＝ストロースの著作のうち少なくとも数冊は、彼が拓いた構造主義が解体して安易な彼の追随者たちの群に四散したのちも生き延びるであろう。分節社会理論が、これまでそうした傾向が見られたように、硬化してドグマに堕したのちも、人びとはエヴァンス＝プリッチャードの『ヌアー族』を読むであろう。

自分の語ることを聴衆に本気で聴かせてしまう人類学者の能力は、事実を重んじているような外観や概念的な優雅さの雰囲気とよりはむしろ、自分が語ることは別種の生活形態に実際に透入した(なんなら逆にそれによって透入されたとしてもよい)結果である、つまりなんらかの仕方で「あちら側にいた」結果にほかならないということを読者に納得させる能力のほうと関係がある。しかもこの舞台裏の奇跡が実際に起きたことをわれわれに信じこませる仕事、すなわち著述が姿を現わす舞台はまさにここである。

民族誌学的著述のきわめて重要な諸特性は、エドガー・アラン・ポウの短篇に出てくる盗まれた手紙と同様、余りにも歴然と見えるところに置かれているためかえって気づかれない。一例をあげると、この種の著述の大半は度しがたい自己主張についやされているという事実がある。民族誌的記述の高飛車的な本質――わたしはしかじかの名前の民族誌学者で、いま、こんな所で、こういう情報提供者の協力を得て、原住民と深い接触をしつつ調査している、調査経験も豊富だ、わたしはこれこれの文化を代表しており、しかじかの階級に属している、といったようなこと——がその著書の内容に、おまえはこれを信じるか、信じないならとっとと失《う》せろ的な高飛車的性質を添えているのである。つまり、ジャック・パールのミュンハウゼン男爵[18]の口ぐせ「どうだ、シャーリー、文句あっか？」と変わらないのだ。

　実際こういうケースはふえる一方だが、著者と同じ地域であるいは同じ集団を対象に他の学者たちが調査をしていて、したがってあるていど事実確認が可能な場合ですら、その著者が信頼できる情報源もなしにあることを語っていることがだれの目にも明らかでない限り、その反証をあげることはきわめて困難である。再びアザンデ族の例を引くことができるであろうが、エヴァンス＝プリッチャード[19]がそこで発見したと報告している情念、知識、因果関係の複雑な理論がもし現地で確認できない場合、われわれは彼の判断力を疑うよりは、むしろわれわれ自身のそれを疑おうとするであろう。さもなければ、アザンデ族はもはや固有の文化を失ってしまったのだ、という結論を下すだけであろう。西太平洋の島々のあいだで行なわれてきた儀礼的な贈与交換の風習、クラの本質に関する原住民の考え方が現在どのような状態になっていようとも、事実それは急速に変化しつつあるのだが、『西太平洋の遠洋航海者』に記述されたクラの状況は、依然として民族誌学上のあらゆる実際的目的にとって消しがたい影響力をとどめているのである。その威力を縮小したい者はわれわれの注意を他の状況に移しかえる工夫をしなければならないのだ。事実の観察にもとづく学問の大部分においてはまぎれもない矛盾とされるようなケースでも(テポストラン村に関するロバート・レッドフィールドとオスカー・ルイスの報告のくいちがいなどがその一例)[20]、両者がいずれも高名な学者であれば、われわれはとかく問題を、ちがった精神構造をもつふたりが象のからだのちがう部分にさわってこれが象だと叫んでいるのと同然の原因から起きていると、みなすであろう。したがって第三者の意見は結着をつけるどころか困惑をいっそう深めるだけだ。もちろん、民族誌学者の言っていることのすべてが、言っているのは彼らだという理由だけからまるごと信じこまれる、と言っているのではない。幸いなことに、それほど簡単には信用されない研究者もひじょうに多い。言いたいのは、研究報告が信用されるかされないかが決まる根拠は著者がだれであるかによって甚だしくちがう、ということである。実地の観察にもとづく再調査のためにフィールドワークの直接的内容を復元することは不可能なので、われわれは幾人かの研究者の声に耳を傾け、他の研究者たちの声には耳をふさぐことにする。

もしわれわれが、気まぐれや習慣や(当世好みの用語を用いれば)偏見や政治的野心から、ある人びとの声にだけ耳を傾け他の声を無視するならば(もちろん、これは程度問題ではあるけれど)、世人のひんしゅくを買う結果となるであろう。しかし、もしわれわれがある民族誌学者たちの声を彼らが遠い国の人びとの生活を親しく知っているという印象を散文で伝達する技術に長《た》けているという理由から好んで聴くのだとすれば、事態はさほど絶望的ではないかもしれない。あれこれの研究論文やエッセーを読んでそこにこうした印象が創出される仕組みを発見するとすれば、そのときわれわれは同時にそれらの論文やエッセーを判断する規準をも発見するはずである。ちょうど小説と詩の批評がそれらの理想の在り方に関する外国から輸入した観念からではなく、小説と詩そのものへの、全想像力を傾注する没入からもっともよい形で生まれてくるのと同様に、文化人類学的著述(厳密な意味においては小説でも詩でもないが、広い意味においてはそのいずれでもある著述)に対する批評もまた、科学の一領域としての資格を得るために必要と思われるものについての先入主からではなく、同じように想像力を駆使してそれに没入することから生まれてくるはずである。

これらの事柄におけるわれわれの判断の、人格特性的本質(person-specific nature)(個人的性質――personal nature――でないことに注意せよ)を考えるなら、かかる没入を開始するとっかかりが、人類学における「著者」とは何か、という問いであることは明らかである。他の言説領域の場合は、著者あるいは作者は(人間、歴史、自己、神、およびその他の中産階級的属性とともに)死滅の過程にある。にもかかわらず人類学者のあいだで著者は依然として健在なのだ。われわれのうぶな言説領域においては、おそらくその背後に固有の認識パターンが控えているはずだが、だれが語っているかが依然としてきわめて重要なのだ。

わたしは不遜を承知のうえで、あえてミシェル・フーコー[21]の『作者とは何か』に言及しよう(ちなみにわたしはこの著書に、その前提と結論と気分とを別にして、賛成している)。なぜなら、フーコーのいわゆる権力の拡散説を裏づけるかのように、換言すれば、文学史においてマラルメが決定的判断を刻印し、以後文学作品の概念がテクストによる支配様式の一つに確実にとってかわられつつあるという見解を裏づけるかのように、あらゆる形式の言説が「囁き声の無名性」に還元されてしまうような世界が到来するということについて人がどう考えようとも、この書物はわたしが提起している問いをある程度の厳密さをもって位置づけているからにほかならない。その書物の中でフーコーは二つの言説領域を、おそらくやや鋭すぎるやり方で区別している。一つは彼のいわゆる「作者機能」あるいは「著者機能」が、少なくとも現在までは依然として適度に強く働いている領域であって、なかんずく小説が圧倒的にそうである(もっとも、歴史、伝記、哲学、それに詩も含まれるけれど)。他の一つはほとんどそうした機能が働いていない領域であって、とりわけ学問がそうである(しかしこれには個人的書簡、合法的契約書、政治的攻撃も含まれる)。著者機能は、われわれ自身の伝統の内部においてすら常数的なものではない。実際、中世においては大部分の物語――『ローランの歌』を含めて――は著者をもっていなかったが、大部分の科学的な書物は――たとえばプトレマイオスの『アルマゲスト』は――著者をもっていた。しかし

十七世紀もしくは十八世紀に逆転が起こった。科学的言説が著者から独立してそれ自体で、すなわち立証された、あるいはいつでも再証明されうる真理の無名性のうちに受けいれられはじめた。それらを生み出した個人への言及ではなく一つの体系的総体のうちの一要素の位置を占めていることが科学的言説の保証となったのである。著者機能は衰微していき、発明(発見)者の名はある定理、命題、特定の効果、特性、物体、元素群、あるいは病理学的症候群を命名

する役割しか果さなくなった。反対に文学的言説のほうは、著者機能を賦与されている場合にだけ受けいれられるようになった。いまやわれわれは、あらゆる詩的あるいは小説的テクストについて、どこから来たか、だれが書いたか、いつ、どのような状況のもとで書かれたのか、書きはじめたときの意図は何か、と問うようになった。文学的言説に帰せられる意味や価値は、これらの問いにどう答えられるかで決まる。……その結果、今日、著者機能はわれわれの文学作品観において一つの重要な(もっとも、これまたフーコーの見解によれば、減少しつつある)役割を演じている。原注[一]

こうした見方からすれば、人類学が「科学的」言説よりはむしろ「文学的」言説の側にほとんど全面的に属していることは明らかである。書物と論文に、またそれ以上に思想体系に個人名がつけられている(「ラドクリフ＝ブラウンの機能主義」、「レヴィ＝ストロースの構造主義」というふうに)。ごく少数の例外は別として、それらは発見された物、特性、あるいは命題とは関係ない(「マードック的婚姻」(22)は論争上のジョークにすぎないし、「ウェスターマーク効果」――その現実感は別として――は辛うじて合格点をとるかもしれない)。こう言ったからといってわれわれが小説家になるわけでもないことは、仮定を立てたり公式を書くことで――そう思っているらしい人もいるようだが――われわれが物理学者になるわけではないのと同様である。しかしそのことは、いつも母の兄弟である馬のことばかり話題にして、父のこと、つまりロバのことは決して口にしない北アフリカのラバ同様、家族間の類似点のうち比較的評判のよい点のみを意識してとかく抑圧してしまいがちな不利な家族的類似点を暗示しているのである。

それゆえ、もしわれわれが民族誌というものは少なくとも実験報告に似ているのと同程度に伝奇《ロマンス》物語に似る傾向があると認めるならば(もっとも北アフリカのラバ同様、実際にはそのいずれにも似てなどいない)、二つの問いが、おそらく二重に問われる同一の問いが、直ちに立てられる。(1)「著者機能」はどのようにしてテクスト内に露わにされるのか(換言すれば、われわれは事柄を文学的に扱おうとする限りにおいて「著者」のことを口にするのであろうか)。(2)著者が創作するもの——露骨な同義反復以上のいわゆる「作品」のこと——とは、そもそも何であろうか。第一の問いは著者署名にかかわる問いであって、著者の独自性についてどう解釈すべきかという問題である。第二の問いは言説にかかわる問いであって、著者の独自性がある精神の発言として言説から立ち現われてくるかのようにその独自性と結ばれている表現方法——すなわち語彙、修辞、議論の展開法等の表現法——をどう工夫していくか、という問題である。

署名の問題、すなわちテクスト内に著者が生きていることをどう立証するかという問題は、初期の段階から絶えず民族誌学につきまとってきた。もっともたいていは偽装された形でつきまとってきたのだが。なぜ偽装かというと、それが総じて、物語論的問題、つまりは正直に語られたほんとうの物語に仕立てあげるにはどうすればもっともよいかという問題としてではなく、認識論的問題、すなわち主観的見解が客観的事実に色づけするのを防ぐにはどうしたらよいかという問題として提起されてきたからである。著者の存在が浸透しているテクストの釈義上の約束事と著者不在のテクストのそれとの衝突が民族誌学的な仕事の固有性から生じてくるが、その衝突は、事物を見たいように見るというのと、ありのままに見るというのとの衝突である、と想像されている。

主観的見方に陥るのではないかという不安(私見では、かなり誇張された不安)の下に民族誌的テクストが「著者によって権威づけられる」(author-ized)仕組みはどうなっているかという問題が埋められていることから、多くの不幸な結果が生じている。その一つに、社会科学にとってさえ行き過ぎと断ぜざるをえない経験論がある。しかしもっと有害な結果の一つは、その問題に内在している多義性が深くかつ絶えず感じとられてきたにもかかわらず、それらとまともに取り組むことがきわめて困難であったということである。人類学者は、民族誌的記述が避けて通れぬ中心的な方法論的諸問題が知の力学——すなわち認知形式としての「共感」、「洞察」その他の正統性、他民族の思想と感情の内側に透入してそれらを記述している報告書の検証可能性、および文化の存在論的身分といった問題意識——とかかわりがあるという考えにとり憑かれてきた。彼らがこの種の記述を解釈するさいの困難の原因を突きとめようとして、言説の問題系よりはむしろフィールドワークの問題系に逢着したのはそのゆえである。もし観察する側と観察される側との関係《ラポール》の問題が乗り越えられうるとすれば、こんどは著者とテクストとの関係(署名)の問題がおのずから立ち現われるであろう——そう考えられる。

そんなことはウソだ、他者が直面している問題がどれほどデリケートなものであろうとも、それは書物の頁が直面しているのと同質の問題ではない、と言うだけでけりはつかない。困難は次の点にある。表面上科学的なテクストを概して伝記的な経験から解釈する作業——民族誌学者がやっているのは、詮ずる所それである——のもつ奇妙さがまったくぼかされてしまうということである。署名問題は、民族誌学者がそれに対決している場合も、逆に問題のほうが彼と対決している場合も、著者名を不要とする物理学者の堂々たる威厳と、作者無しでは夜も日も明けぬ小説家の主権者的意識の両方を要求するが、実はそのいずれをも許容してはいない。前者はデリカシーの欠如、つまり人びとを対象《もの》扱いしている、歌詞を聞き分けても曲、音楽は耳にはいらない、そしてもちろん自民族中心主義だ、という告発を招く。後者は、印象主義への偏向、つまり人びとを操り人形扱いしている、存在してもいない音楽を聞いている、そして言うまでもなく、自民族中心主義だ、という告発を招く。大部分の民族誌学者はこの両極のあいだを半信半疑で右往左往する傾向をもつ。Aという著書では客観主義に傾き、Bという著書では印象主義に傾くかと思うと、同じ著書の中でも両極に揺れていることがある——こちらのケースのほうが多いが。親密な共感的視座と冷静な価値判断とが同時に成立しているような立脚地をテクストの中にみつけるのは、そうした視座を獲得し、価値判断を下すことにおとらぬ困難な課題である。

こうした課題——巡礼者と地図作成家とを兼ねているかのように読まれるにはどう書くべきかという課題——と、それが生みだす不安と、その不安がどの程度テクストと自己との対決の複雑さよりはむしろ他者と自己との対決の複雑さから起こる不安として表象することができるか、ということ、これら三つの課題あるいは問題に対処しうる勘は、民族誌そのものを凝視することからしか得られない。そしてこの課題と不安は民族誌の書物の表紙カバーの片面からして明瞭に感じとられるものなので、民族誌を凝視するさいの良き着眼点は最初の部分に、つまり情景設定と課題説明と自己紹介からなる冒頭の諸頁にあることになる。それゆえ、わたしが語っていることを明確に示すために、二つの範例を取り上げよう。一つは模範的研究と仰がれるにふさわしい古典的な民族誌であって、沈着かつ威厳に満ちた著作である。もう一つは神経過敏な現代の空気を呼吸しているごく最近の民族誌で、同じように立派な出来の著作である。

古典的著作のほうはレイモンド・ファースの『われわれ、ティコピア島民』(*We, the Tikopia*)で、初版が出たのは一九三六年である。これには二つの序文がついており、一つはマリノフスキーが執筆したもので、それによるとファースの著書は「文化人類学がスローガンやレッテルの寄せ集め、印象主義的な断定の製造工場、あるいは推論による再構成である必要は毛頭なく、むしろ一つの社会科学――わたしはもろもろの社会科学中の白眉と言っても過言ではないとさえ言いたいほどだ――にほかならないというわれわれの信念を強めてくれる」。ファース自身による序文は、「研究対象たる民族との長期間にわたる個人的接触」の必要を強調し、「この報告が昨日のフィールドワークではなく七年まえのそれである」ことに遺憾の意を表明している。そして著書そのものは第一章を「原始的ポリネシア」というタイトルで書き出している。

日の出直前の早朝の涼しさの中で、南十字星号は船首を東方の水平線に向けて航行していた。水平線上の濃紺色《ダークブルー》の小さな輪郭がかすかに見えていた。それは徐々に海から垂直にそそり立つ峨々たる山塊に変わっていった。われわれが二、三マイルの近さまでくると、ふもとに植物が密生する低い平地からなる狭い環状地がくっきりと見えてきた。雲が低く垂れこめる陰うつな灰色の空の下に立つと、荒涼とした海原にそそり立つ、荒々しい、風吹きすさぶ孤峰というわれわれの苛烈な印象はいっそう強められた。

一時間ほど歩くと、われわれは海岸にかなり近づいていた。潮の高さの低い砂州の外側を、南のほうからぐるりと回って入港してくる何艘ものカヌーが見えた。舷外浮材つきの舟が近づいてくる。見ると中にいる男たちは腰まで素裸で、樹皮製の帯を腰に巻いており、その帯の内側に大きな扇をさしこんでいる。耳たぶと鼻には亀の甲羅で造ったイアリングや鼻輪、あるいは木の葉を丸めたものをつけ、あごひげをはやし、長い髪を肩にまでゆったりと垂らしている。荒削りの重い櫂をかいで舟を走らせる者もいれば、タコノキの葉をこまかく編んでつくったマットをかたわらの横木に敷いて、もたれて休んでいる者もいる。また、手に太い棍棒や長い槍を握っている者もいる。われわれの船は、サンゴ礁から離れた広々とした湾内に短いもやい綱に結ばれて停泊していた。投錨台が海中に投じられるやいなや、原住民はわれがちに乗船しはじめた。それこそ、とっかかりになるものはなんでも使って舷側越しに乗りこんできた。キリスト教伝道用船舶に乗っているモタ語を話す人びとですら一語も解せぬ言語で互いに、またわれわれに対してまくしたてながら。こんな乱暴な人材が果して学問的研究の対象となることを承諾するものかどうか、わたしは怪しんだ。

わたしの「給仕《ボーイ》」であるヴァヒハロアが上甲板から舷側越しにのぞきこんで、「ヒャーッ、コワイコワイ」と、震えるような笑い声をあげて言った、「コノヒト、ワタシヲカイカイスル方法知ッテルミタイ」と。「カイカイスル」とは「食べる」を意味するピジン英語である。おそらく、このときはじめて彼は疑い出したのだ。わたしに同行してこんな野蛮な面《つら》をした連中の住む遠方の島に一年間滞在するために、彼にとってトゥラギ文明の精髄を意味していた四〇マイルかなたの総督官邸所在地を去ったことが果して賢明だったか、と。わたし自身、このような乱暴な迎え方をされてこの先どうなることやらこころもとない思いでいたが——よもや食人風習だけは残されていまいと思ってはいたけれど——彼を勇気づけ、貯蔵用の品物を下ろしはじめた。後刻われわれは船からカヌーに乗り移って上陸し、岸に近づいた。サンゴ礁の突端部にくると瀑布のように流れ落ちる潮流のために停船を余儀なくされたわれわれは、カヌーの外へ足をすべらせてサンゴ礁岩に着地し、遠足に参加している子どもさながらに招待側の人びとに手を引かれながら、通じあう言葉を欠いたこころもとない微笑だけのあいさつを彼らと交わしつつ水中を歩き出した。われわれは、ペチャペチャしゃべっている裸の少年少女や若者たちの群にとり囲まれた。彼らは見た目に快い薄褐色の、ビロードのような柔肌《やわはだ》とまっすぐに垂れた髪をしており、われわれが別れてきたばかりのメラネシア諸島の人びととは対照的だった。彼らは魚群のように水しぶきを上げて疾走し、中には興奮の余り水たまりにころげ落ちる者までいた。長時間にわたる浅瀬歩行がようやく終わった。われわれは急傾斜の岩棚状海岸によじ登り、モクワオウ属の低木の褐色の針葉が散り敷いている柔らかい乾いた砂地――松並木のような感じで故国の土を踏んでいるようだった――をわたり、品の良い白衣と腰布をまとう威厳に満ちた老酋長のもとに案内された。彼は、樹影の濃い一本の大樹の下で腰掛にすわってわれわれを待っていてくれた。〔三〕

以上の引用から、ファースが語のあらゆる意味において「あちら側に」いたことは明らかである。ディケンズ的な尽きることない描写力とコンラッド的宿命感とが横溢するすばらしい細部のすべて――濃紺色《ダークブルー》の量塊《マッス》、低く垂れこめる雲、興奮のうちにとびかう意味不明の言葉、ビロードのような柔肌、岩棚状海岸、針葉の織りなす絨毯《カーペット》、および腰掛にすわって待つ酋長――が、以下の記述、すなわち数百頁にも及ぶ社会的慣習についてのまぎれもない客観的な記述――ティコピア族の人びとはこんなことをしており、あんなことを信じているといったふうの記述――を事実として受けとることができるという確信に導く。「こんな乱暴な人材が……学問的研究の対象になることを承諾する」よう説得できるものかあやぶむというファースの不安は、自分が彼ら蛮人に食べられてしまうのではないかという「給仕の少年」の不安と軌を一にする根拠のない誇張であることが明らかとなる。

しかし、彼の不安が完全には消失しないこともまた事実であった。「こんなことがわたしの身に起こった」という感じの語調が周期的に現われ、全篇とおしてテクストが神経質な不安の調べを再三かなでている。最終行に至るまで、ファースはみずから書いたものにどう対処すべきか苦闘し続け、それをフィールドワークの方法の視座から見続けている。最終行はこうだ、「今日の社会科学がもっとも必要としているものは、可能な限り感情に動かされぬ、客観性をもった、より精細な方法論である。これがあってはじめて、個々の研究者の育ちや個人的関心に由来する諸仮定が彼の発見したものに影響を及ぼすのは避けられないとしても、その種の偏向に研究者は意識的に対決しうるのであり、フィールドワークを始めるに際して別の諸仮定も立てうることに気づき、分析を進めながらそれらのおのおののはらむ意味を容認するゆとりをもちうるのである」。もっと深層のレベルではファースの不安も「給仕の少年」の不安もまったく異質なものとはいえぬものだったかもしれない。「わたしがこうした、利己主義の匂いがしないでもない前置きを述べるのは」と彼は、己れのフィールドワークの技術、言語能力、島での生活法等々について回顧したあと弁解がましく書いている、「人類学書など軽く読み流してしかるべき代物だなどと考えているからでは毛頭なく、……人類学者と調査対象の民族とのかかわりあいについてのある種の報告は調査結果の本質と関連しているからである。それは彼ら相互の社会的消化能力——部外者を胃袋で受けつけない人びともいれば、簡単に吸収してしまう人びともいる——をさし示す指標なのである」。

自伝的経験を素材にして学問的テクストを産出しなければならない事情から湧いてくる執筆者特有の不安を示している実例としてその冒頭の諸頁を挙げたい最近のテクストは、若い民族誌学者ローリング・ダンフォースの『ギリシア農民の葬制儀礼』である。同世代の多くの著作家の例に洩れず、実証主義批判と反植民地主義によって精神的目覚めを経験したダンフォースは、自分が取り組んだ諸テーマに呑みこまれる心配よりは、むしろ自分が呑みこんでしまうのではないかと心配しているらしい。しかし、問題は依然として本質的に認識論的なものであることがわかる。「自己と他者」と題する前書きからたくさん省略をほどこして引用しよう。

人類学は必然的に他者との遭遇を含む。しかしあまりにもしばしば、人類学のテクストの読者と人類学者自身とを対象民族から引き離してしまう民族誌特有の距離はかたくなに維持されており、ときには人為的に誇張されることさえある。多くの場合、この隔離作用は、他者をもっぱら未開で風変わりでエキゾティックな存在として眺める見方に導く。おなじみの「われわれ」とエキゾティックな「彼ら」とのあいだに口を開いている亀裂は、他者を意味深く理解することを妨げる主《おも》な障壁である。他者の世界へのある種の参与をとおしてはじめて突破しうる障壁である。

民族誌学が必然的にともなう距離の維持は、……死への人類学的探究を地方文化誌、つまり民俗学という狭い視座からする探究に変質させる結果を招いた。人類学者たちは、死の普遍的意義を直視するよりはむしろ、多くの社会において死という事実にともなうエキゾティックな、めずらしい、ときには激越な慣習に関心を集中することによって、しばしば死という事実を矮小化した……。しかし、もしも人類学者と他者とを隔てる距離を縮めることが可能なら、「われわれ」と「彼ら」とのあいだに口を開いている亀裂に架橋することができるなら、真に人文主義的な人類学の目標は達成されうるのである……。これ〔この探究法〕を採用するように〔わたしを〕促した、自他の距離を壊してしまいたいという〔この〕欲望は、わたしのフィールドワークから生まれた。ギリシアの農村で行なわれている葬制儀礼を観察するごとにわたしは距離と近さ、異他性と一致性とが共在しているという逆説的感覚を鋭く意識した……。葬儀における哀号《アイゴー》の慣習、黒の喪服、死体発掘儀礼等はわたしの目にエキゾティックに映った。にもかかわらず……その間《かん》絶えずわたしが意識していたのは、死んでいくのは他民族の人びとばかりではない、ということであった。わたしの友人も親族もやがては死ぬ、わたし自身も死を免れぬ、死は自他を分かたず万人に訪れる、ということをわたしは意識していた。

　フィールドワークを続けるうちに、これらの「エキゾティックな」諸儀礼は次第に意味深いものとなり、既知の死の経験様式に代わりうる意味深い、魅力的ですらある経験様式にかわっていった。数時間前に亡くなったばかりの男性の亡骸《なきがら》のかたわらに座って、彼の妻、姉妹たち、および娘たちが哀号の叫びを上げているのを聴きながら、わたしは自分の親族の死に際して、いやそれだけではなくわたし自身の死に際してこれらの儀礼がとりおこなわれ、これらの哀号が歌われる場面を想像していた……。死者の兄弟が部屋にはいってくると、女たちは……荒れ狂う奔流に押し流される一本の樹の枝につかまって互いに相手のからだにしがみついていたふたりの兄弟が無理やり引き離されてしまったことを嘆く哀悼歌を歌いはじめた。わたしは自分の弟のことを思い出して泣いた。気がつくと、自分と他者とを分かつ距離は小さくなっていた。〔三〕

以上の二つの情景設定と自己定位とのあいだに大きな差異があることは言うまでもない。一方が（ギリシアに滞在中のハイデッガーをしのばせる）哲学的瞑想のモデルだとすれば、他方は（南海にやってきたトロロープ[23]を想起させる）リアリズム小説のモデルである。一方が、対象への接近に十分な客観性が保たれているかという学問的憂慮であるのに対して、他方は、対象への親密なかかわり方が不十分ではないかというヒューマニズム的憂慮である。一方が一九三六年の領土拡張主義の修辞であるとすれば、他方は一九八二年の誠実至上主義の修辞である。にもかかわらず、両者のあいだにはそれ以上の類似点がある。そのいずれも、われわれ自身の場所とはまったく異質な、興味津々たる未知の場所に、われわれ自身の感受性にきわめて類似した熟知の感受性が存在することを、デリケートな、かつ巧妙な仕方で立証しようとする陳腐な共通の修辞的戦略に由来している。鄙《ひな》の里にやってきた都会紳士というスタイルのファースのドラマは酋長との出会い、拝謁と称してもおかしくない対面をもって終わる。こうなればしめたもの、あとは相互理解がおこなわれて、万事うまくいくというわけである。ダンフォースにまつわりついて離れぬ他者性に関する省察は、原住民の哀号に呼応する彼自身の喪の嘆き、感情移入というよりはむしろ夢想《ファンタジー》に近いもので終わる。そうなればしめたもの、亀裂に橋が架けられ、互いのこころが通いあうのも目前だ。人類学者がわれわれに信じこませたいのは(上述のふたりが実に効果的にやったように)、彼らがほんとうに「あち《ビー》ら側にいた《イング・ゼア》」ということだけではなく(前者は後者ほど明白にとは言えないが、それでも彼らは巧みにやってのけている)、もしわれわれがあちらに行けば彼らが見たものを見、感じたものを感じ、彼らが引き出したのと同じような結論に達するはずだ、ということである。

すべての人類学者が、いや大部分の人類学者がファースやダンフォースほど決然と著者署名のディレンマの角《つの》をつかむことから民族誌を記述しはじめているわけではない。大部分の人はむしろその角の接近を避けようとして、自然環境、原住民その他類似のことについての延々と続く、そしてよくあることだが詳細過ぎる記述をのっけから展開するものだ。さもなければ、その後、著書の中であまり言及されることのないくだくだしい理論的議論を展開することから書きはじめている。著者の経験や主観の介在についての露わな表現は、他のやっかいな材料と同様、序文や注や付論の位置に追放される傾向がある。

しかし、どう抵抗しようとも、どう偽装を凝らそうとも、著者問題は常に現われる。マイヤ・フォーテスは、タレンシ族に関する研究書(おそらく傑出した民族誌中もっとも客観的な記述に徹した書物で、あたかも植物学者が記述した法律文書のように読めるもの)の第一頁に書いている、「西アフリカの旅行者で南方からこの地域にはいる人は、南アフリカの森林帯との対照に強い印象を受ける。個人的好みにしたがって、うっそうと生い茂る巨大で陰うつな森を眺めて喜ぶ人もいれば、戸惑う人もいるであろう」[四]と。この「旅行者」が誰であるか、これらの背反感情を抱いたのが誰であるかについては疑問の余地はない。また、その著書の中で再びこうした語り口を、それももっとぼかされた形で聞く羽目になることもまちがいない。二、三年前に出た、アメリカ南部の農業地帯の黒人音楽家たちに関するすばらしい研究書『デルタ地域から生まれたブルース』をウィリアム・フェリスは次のように書き出している、「ハイウェー六一号は、ミシシッピー・デルタとして知られる、二〇〇マイルに及ぶ肥沃な黒土地域を横断して走っている。一マイルの長さのある綿花畑、大豆畑が舗道のきわから延び広がり、ときにはルーラ、アリゲーター、パンサーバン、ニッタ・ユーマ、アンギラ、アーコラ、およびオンワードといった町をとり囲んでいる」[五]。そのハイウェーを車で走っていった人が誰であるかは一目瞭然である(フェリスの生地がデルタであることを読者が知らないとしても)。

彼らのテクストの中へ(つまり表象代理作用をとおしてテクストの中へ)はいりこむことは、人類学者にとって、テクストの主題である文化の中へ(すなわち想像力を駆使して文化の中へ)はいりこんでいくのに劣らずむずかしいことかもしれない。他の誰にもまして後者がとりわけ苦手な人類学者もいるらしい(グレゴリー・ベイトソンがその一例だ。彼の風変わりな古典的著作『ネーヴン』は、ほとんど書き出しを誤っては思い直して書き改めることの連続である。序文にさらにその序文が書き加えられ、結びの言葉にさらにその結びの言葉がつけ加えられるという具合だ)。しかしどんなに無反省な書き方をしようと、また記述全体の妥当性についてどれほど不安に苦しめられようと、人類学者は例外なくそうした作業をやってのけるのである。人類学書の中にも退屈きわまりない著作があるのは確かだが、無署名のつぶやきに等しい書物は無きにひとしい。

もう一つの予備的問題（そもそも著者は何を著わしているのか？　という問い、もしくは、かつてわたしが用いた呼称を用いれば、言説問題）もまたフーコーの『作者とは何か』と、その一〇年前に発表されたロラン・バルト[24]の（わたしに言わせればフーコーのよりもっと精妙な論述）「著者と作家」なる一篇の論文において、[六]より一般的な形で提起されている。

フーコーは、二種の作者つまり著者を区別する視座から問題を見ている。「一篇のテクスト、一冊の書物、あるいは一つの業績の生産がその人によってなされたと認められてしかるべき」著者たち（つまりわれわれの大部分）と、「一冊の書物をはるかに超える業績を……創始した」人びと、「他のいく冊もの書物、幾人もの著者がつぎつぎとその領域で活躍することになる一つの理論、伝統、あるいは学問分野を創始した」前者よりもっと重要な人物たちとを区別するのである。フーコーは著者問題という現象について議論の余地を残すいくつかの主張をしている。一九、二〇両世紀におけるその範例的代表者たち（マルクス、フロイトその他）は古代における範例（アリストテレス、アウグスティヌスその他）とは根本的に異なっているため、両者を比較することは不可能である。こうした断絶は、フィクションの世界では起こらない。ガリレオ、ニュートン、あるいは、彼は（賢明にも）言及していないが、アインシュタインなども著者問題の事例にはあてはまらない。しかしながら、フーコーがいみじくも「言説性の創始者」と称した人びと、すなわち自分の著作を生産するにとどまらず、それらを生産することによって「それとは別のもの、つまり他のテクストを形成していくさまざまな可能性と諸規則を生産した」著者たちが、ある種の学問領域の誕生にとってばかりではなく、それらの学問領域の本性そのものにとっても決定的重要性をもっていることは、それについてひとたび叙述されるや誰の目にも明らかとなる事実である。「フロイトはたんに『夢判断』や『機知、その無意識との関係』の著者であるにとどまらない。マルクスは『共産党宣言』や『資本論』の著者であるだけではない。彼らはともに一つの無限の言説《ディスクール》の可能性を拓いたのだ」。

「無限の」と言ったが、おそらくそう思われるだけのことであろう。バルトの表現法は著者と作家とを（彼は別のところでは「著者」が生産する「作品」と「作家」が生産する「テクスト」とを、と書いている）区別する。〔七〕バルトに言わせると、著者は一つの機能を果し、作家は一つの活動を行なう。著者は祭司の役割に参加する（彼は著者をマウス族の女呪医になぞらえている）のにたいして、作家は書記の役割に参加している。著者にとって「書く」はいわば自動詞である。「著者はいかに書くかのうちに世の人びとのなぜを根底から吸収してしまう人間である。作家にとって「書く」は他動詞である。つまり彼はなにかを書く。「作家は言語がたんにその一手段でしかない一つの目標を設定する（すなわち立証し、説明し、教える）。彼にとって言語は一つの実践《プラクシス》を支えるものであって、構成するものではない。……言語はコミュニケーションの道具の一つという本性へ、〈思想〉の媒体の一つという本性へ回復される〔八〕」。

このように述べてくると読者は、ランダル・ジャレル[25]の『ある学院の諸情景』(*Pictures from an Institution*)に登場する「創作」担当の女性教授を想い出すかもしれない。彼女は人間を「著者」と「一般大衆」とに二分する。著者は人間であるが、一般大衆のほうは人間以下である。とはいえ、人類学の領域内では、彼らがどういう名称で呼ばれていようとある何人かの個人が言説の諸用語を規定し、その後他の諸個人がしばらくのあいだ、それらを用いて彼らなりの流儀で執筆活動をするようになるということは否定しがたい事実である。いったんそうした諸用語の視座から学界の慣例的諸規定をちらりと見て過ぎると、われわれの主題全体が変化を蒙る。ボアズ[26]、ベネディクト、マリノフスキー、ラドクリフ＝ブラウン、マードック、エヴァンス＝プリッチャード、グリオール[27]、およびレヴィ＝ストロース——手短かに過去に属する多様なタイプの学者のみを選んでみたが——といった名前は、たんに特定の著作(『文化の型』、『社会構造』、あるいは『野生の思考』その他)の著者を指しているのではない、人類学的な事象への独自の取り組み方を表わしている名前なのだ。彼らはそれぞれ知的風景を区分し、言説領域を差異化する。とかくわれわれが彼らのファーストネームを忘却してラストネームを形容詞に変えてしまいがちなのはそのためである。わたしが愛用しているものではボアズ的人類学とか、グリオール的人類学とか、タルコット・パーソンズ[28]的人類学といった皮肉めいた造語とか(パーソンズ自身、社会学におけるバルト的著者といった趣がある)、ベネディクト的人類学といったものがそれである。

「著者《オーサー》」と「文筆家《ライター》」との、フーコーの用語を借りれば言説性の創始者と特定のテクストの生産者との区別は、それ自体としては本質的価値をもたない。ほかの学者が「創始した」(authorized)伝統にしたがって「著述している」(writing)学者たちの中にも、彼らのお手本を超えるような仕事をしている人は多くいるかもしれない。われわれの時代の最良のマリノフスキー派人類学者はマリノフスキー本人ではなく、おそらくファースであろう。フォーテスの業績は師のラドクリフ＝ブラウンの名声をかげらしてしまうほどの出来映えで、なぜ彼がラドクリフ＝ブラウンを師と仰いだのかいぶかしく思うほどだ。クロウバーは、ボアズが約束しただけで実行できなかった業績を果した。創始という現象は「学派」といった安直な概念でその本質をとらえることはできない。これでは、一つのジャンルの形成をなしとげ、新たに開示された表象可能性を率先して拓いていくという実体よりはむしろ、先頭を切る一匹の魚に従って群をなして泳いでいくていの新集団の結成くらいのイメージしか思い浮かばない。しかし最後に、それはまた純粋かつ絶対的な二類型の衝突といったものでもない。事実、バルトは『著者と文筆家』を次のような主張で締めくくっている。われわれの時代に特有の文学者像は「著者兼文筆家」といったいわば私生児的類型である。読者を魅了するような言語的構造体を創造し、彼のいわゆる「言語の劇場」に登場したいという欲望と、もろもろの事実と観念を伝達し、情報を売買したいという欲望とに引き裂かれ、あるときは前者に、あるときは後者に発作的に熱中する職業的知識人である、と。純粋に文学的な言説と純粋に科学的な言説——すなわち依然として実践《プラクシス》そのものとしての言語か手段としての言語のいずれかにかなりはっきりと傾斜しているように思われる二種の言説——に対してそれぞれどのような弁護論が展開できようとも、人類学的言説が両者のあいだに宙づりにされた、まがいもの的水準にとどまっていることは確かである。著者の個人的偏向がそのテクストにどの程度まで、またどのように侵入しているかという問いとして署名問題の視座に現われる不確実性は、どの程度まで、またどのようにそのテクストを想像的に構成しているかという問いとして言説の視座に現われる。

以上の仮定を踏まえ、わたしは自説の妥当性を裏づける例として、クロード・レヴィ＝ストロース、エドワード・エヴァン・エヴァンス＝プリッチャード、ブロニスラフ・マリノフスキー、およびルース・ベネディクトの四人を取り上げようと思う。ほかの人が彼らについてどう言おうとも、彼らがいわゆる「自動詞的な」言説性の創始者という意味での「著者」であること、換言すれば、己れのテクストに一定の決断をもって署名するとともに、ひじょうに多くの他の学者が、多少の説得力の差はあるにせよ演技してきたし、現にしているし、また疑いなくもうしばらくのあいだは演技し続けるにちがいない言語の劇場を建設した学者だからである。

いずれにせよわたしはかなり違った方法でこれらの範例的人物を取り上げるつもりであるが、それは彼らがかなり風変わりな人物である——ひとりはパリ市の役人、もうひとりはオックスフォード大学の学監《ドン》、三人目は放浪のポーランド人、さいごのひとりはニューヨークの知識人——からというわけではなく、彼らをだしにしてかなり風変わりな問題を追究してみたいからにほかならない。

はじめに論じるレヴィ＝ストロースは、四人のうちもっとも最近の人で、もっとも難解な著者であり、かつ文学的テクストとしてはもっとも革新的《ラディカル》な書き手であり、すごいハイスピードで読者を主題の中にまきこんでしまう作家である。『悲しき熱帯』のヒクイドリ[29]のような主題に読者が注意を集中している——いずれ、わたしもそうなる——ときは、ことにそうである。この著作の極端なテクスト中心主義的本質は、折あるごとに生来の文学性を前面に押し出し、別のジャンルをつぎからつぎへと谺《こだま》させ、しかもみずから創案したカテゴリー以外のものに調子を合わせようとはまったくせず、おそらく自己言及性をもっとも強烈に打ち出している人類学的テクスト、世界の「なぜ」を「いかに書くか」の中へこの上ない破廉恥なやり方で埋没させたテクストにこの書物を仕上げているのである。そればかりではない、レヴィ＝ストロースの全著作の例に洩れず、「文化的現実」(それがなにを意味するにせよ)へのこの書のかかわり方は斜の構えともいうべきもので、対象から隔たっており、複雑怪奇な希薄さを帯びている。また一見対象に近づいているようだが実際は及び腰で手を引いているため、民族誌の本質に関する既成観念に有益な疑問符をつける結果となっている。レヴィ＝ストロースが「あちら側にいる」コツを明瞭にそなえていることにまちがいはない。人類学者たちが『悲しき熱帯』についてどう考えていようと——気の利いた物語だとか、啓示的な洞察だとか、肝心のフランス人に不評だった著書の新たな悪い見本だとかいった類いの——少なくとも少々頭を脱構築されずにこの書物から離れる人はほとんどいない。

エヴァンス＝プリッチャードがレヴィ＝ストロースとはまったく別の問題を提示していることは

言うまでもない。この人の文体は確信に満ち、直截で、しかも構成力に富んでいるが、「目がくらむような明晰さ」(blinding clarity)というかのすばらしい撞着語法は彼の文体を形容するために発明されたようなものだ。帝国主義世界の植民地を、観察者と行為者とを兼ねた者として、場慣れした気楽さで動きまわった冒険者兼民族誌学者のエヴァンス＝プリッチャードは、部族社会を枝葉の茂った樹木や家畜小舎並みにはっきりと外部から見えるように解明しようと努力した。彼の数ある著書は記述している現象の写真、原住民の生活の素描でしかない。ジョージ・マーカスとディック・カッシュマンとが人類学的著述における最近の実験的企てを書評したさい「民族誌学的リアリズム」と呼んだもの——それには人類学全体の中でもっとも理解に苦しむテクストの一部も含まれている——の手本と考えられるこれらの著書は、多様な読み方がなされ、絶えず議論の的《まと》にされ、高度の科学あるいは高級な芸術としてみられ、評価の定まった古典的著作あるいは非正統的実験として称揚され、哲学者によって実例として引用されたり生態学者《エコロジスト》によって讃歎されたりしている。しかし、それらが先に述べた意味の写真集、素描集にすぎないという事実は、それらがレヴィ＝ストロース顔負けの巧みな構成法と教育者的構えとを上品なやり方でつらぬいていることを暗示している。[九] 間断ない凝視の下で溶解していく堅固な事象は、形に結晶する幻想的事象に劣らず魅惑的であり、そしておそらくはそれよりさらに理解を妨げるていのものだ。

　マリノフスキーの場合を例にとると、これまですでに書き尽くされたといってよい著者自身についてよりは、むしろ彼がなしとげた仕事のほうに関心を注ごうと思う。みずから現地に身を置いて観察する著者であり、「わたしはそこにいただけではない、彼らの一員だったのだ、彼ら自身の声でものを言っているのだ」式の民族誌学的著述の伝統に属するバルト的な意味での「著者」(とはいっても、もちろんその最初の実践者は誰よりもジョイスであって(30)、彼こそは意識の流れ的語り、あるいはセルヴァンテス的ピカレスク風語りという語を最初に用いた著者である)であったマリノフスキーは、人類学を奇妙なほど内向的なもの、つまり自己検証、自己変容をどうやりとげるかという問題、自己啓示の一形式を書くにはどうすべきかという問題に変えてしまった。持ち前のあの外面的な勇ましさにもかかわらず彼とともにはじまった認識論的(および道義的)自信の挫折——比較的最近出版された彼の『日記』を読めばそれは明らかだ——は、いまや文化構造の解明をなしうるという自信の挫折として再現し、多かれ少なかれ破れかぶれの改善策の洪水を生みだすに至っている。ローリング・ダンフォースの「序文」(こんなことを書いているわたしとはそもそも何者か、いかなる権利によって、またどのようにして誠実にそれらを述べることができるのであろうか?)のもつなにか思いあぐねているような調子は、いまやさまざまな形式で、さまざまな強度をもって、きわめて広範囲に聞かれるようになっている。「原住民の視点から」文化誌を書き綴る仕事はマリノフスキーにとって自己超越の希望を劇化することであったのに対して、彼のもっとも忠実な弟子の多くにとっては自己欺瞞に陥ってはいないだろうかという不安を劇化しているのである。

最後に、ベネディクトの図式的な人物素描と要約的評価を取り上げると、そこには人類学的著述のもつ、自分の立脚点はどこか、原住民はどのような状況にあるか、という自己反省的本質のもう一つ別の位相が異様な明瞭さで現われている。つまり、他の諸社会について民族誌学的著述をすることが常に同時に著述者自身の社会に関するイソップ寓話的注解になっている消息が、そこに現われているのである。アメリカ人がズニ族[31]やクワキウトル族[32]やドブ族[33]や日本民族を全体的、包括的に研究し要約することは、同時にアメリカ国民を全体的、包括的に要約することなのである。つまり彼ら自身を呪術師やサムライ並みの視野の狭い、エキゾティックな、そして身勝手な人間として記述することにほかならない。有名なベネディクトの文化相対性原理は、体系的に弁証されうる、いやそれどころか首尾一貫して維持されうる哲学的命題であるよりはむしろ、自分たちとは縁の遠い文化のもつ奇妙な風習がひるがえって自分たちの文化が暗黙のうちに前提しているものに疑問符をつきつける結果となるような特殊な記述法の所産なのである。

著者が「あちらの生活に融けこんでいる」さまがページ上に感じられるように書くことは、そうした「あちら側に身を置く」技術に劣らず難しい。後者には少なくとも航空券や乗車券の予約と入国許可証の取得が必要だ、いやそればかりではない、ある程度の孤独、私生活を侵されること、身体的不快にすすんで耐える覚悟、奇妙な腫《は》れ物ができたりわけのわからぬ熱病にかかっても沈着に対処しうる神経の太さ、それと気づかぬ隠微な侮辱をじっとこらえる能力、果しなく続く乾し草の山の中をかき分けてかぼそい針を探すような切りもない作業をもちこたえる忍耐力も必要である。著作からにじみ出るフィールド感覚を身につけるのは、ますます難しくなっている。せめてもわれわれの注意の一部分を、長いあいだわれわれを陶然とさせてきたフィールドワークの魅力から、書く仕事の魅力へと移しかえる利点は、この難しさがいっそう明瞭に理解されるようになることばかりではない、われわれが眼光紙背に徹するていの洞察力をもって読むすべを身につけることができるようになることでもある。(もしも人類学の歴史を慣例にしたがってタイラー[34]にまでさかのぼるものと仮定すれば)断定的陳述調の散文と文学的センスの欠如とが織りなす一五〇年間は、われわれを覚醒させせるに十分な長さであったと言わねばなるまい。

第二章　テクストに内在する世界

——『悲しき熱帯』の読み方——

構造主義の到来（「到来」とは言い得て妙である。なぜなら、およそ存在していそうもない神によって告知された不意の謎解きとして、それは到来したからだ）は、人類学のもつ研究対象についての意識よりも、むしろこの学問の自己意識を変えるのに貢献した。交換対象として流通させられる女性たち、神話素、二項対立的理性、あるいは具体的なものについての科学が今後どのような運命をたどるにせよ、構造主義が人類学に、とりわけなによりも民族誌学にもたらした知的重要性の意識——かつてレヴィ＝ストロースはこうした意識に促されて、自分が発見したのは「すべての調査の原則」そのものであると宣言した——は、そうすぐには姿を消さないであろう。人類学はかつてはさまざまな方面で活躍し、文化生活全般にまで進出していた。エリオットはフレーザーを読み、エンゲルスはモルガン[1]を読み、フロイトはなんとアトキンソン[2]を読んでいた。そしてほかの国は知らず少なくとも合衆国では、それこそ国民がほとんどひとり残らずミードを読んでいた。しかし隣接する学問分野（文学、哲学、神学、歴史学、芸術、政治学、精神医学、言語学、さらには生物学や数学の一部までをも含む）が軒並み一学問による全面的侵入を受けるというような事態は未曾有のことであった。事柄の周縁から中心へのかくも急激な移行が、われわれより偉大な知性の持ち主たちの頭脳を狂わせた。そしてその結果は――わたしの皮肉、まったくお粗末なとは言えない皮肉にもかかわらず――多かれ少なかれ、永続的にわれわれが負うこととなるであろう。

とはいえ、こうした事態全体をとおしてもっとも著しいことは、決して非難めいた意味で言うのではないが、それが本質的に修辞学的な業績だったということである。レヴィ＝ストロースを知的英雄たらしめたのは（こう彼を呼んだのは、事態を引き起こした責任者のひとりでもあるスーザン・ソンタグ[3]である）〔二〕、彼が提出した一連の奇妙な事実でもなければ、それよりもっと奇妙な説明でもなかった。それらの事実を展示し、それらの説明を組み立てるために彼が発明した言説様式であった。

オイディプス物語の再分析の一部分だけを別にすれば、構造主義人類学が発見した一連の諸事象がこの学問の境界を超えて及ぼした影響は、機能主義人類学、文化＝パーソナリティ人類学、あるいは社会進化論人類学が発見したものより大きかったとは言えない。いやむしろ、もっと小さいとさえ言えるかもしれない。同時代の精神を未曾有のめざましさで変革しえたものは、ロラン・バルトの『モードの体系』で論じられているような女性のファッションからハワード・ガードナーの『こころの探究』で論じられているような神経学に至るあらゆる話題が有効に議論されうる新たな言語が出現したということである。[三] どう見ても視野の狭過ぎる、せいぜいオーストラリアの分族制《セクション》制度やボロノ族の村落形態への関心程度しかもてない学者たちにとってレヴィ＝ストロースの企図を定義していたものが何かといえば、それは科学と芸術の双方から借用してきて造り直した一群の用語集（記号、コード、変形、対立、交換、コミュニケーション、隠喩、換喩、神話、……構造等）の創出であった。他の何よりも彼がしたのは、一つの劇を探し求めていた一世代の人物たちが殺到して占拠した想像的空間を拓いたことであった。

研究計画としての構造主義的企図に対するわたし自身の周知の懐疑と精神の哲学としての構造主義に対するわたしの露わな反感とを思えばなおさらのことであるが、ここでわたしは再び明言すべきだと思う。この言説領域の全構造をそもそものはじめからわたしはこれまで受けてきた注目にまったくあたいする驚異的な業績とみなしている、と。レヴィ＝ストロースが文化人類学の領域におけるまぎれもない「著者＝創始者」(authors)のひとりであることは明らかである——独創性がすべてだとすれば、彼はおそらくもっともまぎれもない著者《オー》＝創始《サー》者であろう。わたし自身が彼の創《ひろ》めた伝統に従って執筆する気にはとうていなれず、むしろもっと地味な戦略のほうをよしとしているという事実は当面の問題とは関係ない。ある学者を新世界創造の意図をもって執筆している人として性格づけることは、彼を非難することにはならない。ただ彼をそのように位置づけているだけのことである。

いずれにせよ、わたしがバルト的な意味における「著者－文筆家」としてレヴィ＝ストロースを取り上げたいと思うのは、構造主義に改宗はしないがその立場をそれなりに評価する、こうした視座からである。彼は、あるいはむしろ彼の著作そのものは、人が語っている事柄をその語り方から――内容を形式から、実体を修辞から、書かれたもの（*l'écrit*）を書き方あるいは文体（*l'écriture*）から――分離するのは、詩や絵画や政治的演説の場合は言うまでもなく人類学の場合も有害である、という主張の正当性を裏づける、とりわけ啓示的な証拠である。レヴィ＝ストロースのテクストが、もっと正確に言えば、彼のテクスト中最良のものであり、彼のした仕事全体をもっとも明らかに解き明かすテクストである『悲しき熱帯』がどのようにまとめあげられているかを研究するならば、（言語学者アルトン・ベッカーの用語――および彼の概念のいくつか――を借用すれば）人類学におけるテクスト構築上の戦略のはらむもっとも厄介な不安定要因の若干に直面することになるであろう[三]。

　レヴィ＝ストロースへのこうした「文芸批評的」接近法《アプローチ》がもっとも直接的な価値をもつのは、折にふれ主張されているように、レヴィ＝ストロースが無器用で頑固なアングロサクソン系の学者にはきわめてわかりづらいという理由によることは言うまでもない。しかし彼が難解なのは、いままでは誰知らぬ者のないあの熱帯雨林的散文――蒸気を発散しているような濃密な隠喩がしたたり、華麗なイメージ群が生い茂り、突拍子もない語呂合わせ（思想（pensées）と三色スミレ（pensées）、道（voies）と声（voix）、そして手元のテクストから判断するとおそらく修辞的語句（tropes）と熱帯（tropiques）もそうだ）が花開く散文――が読者を迷路に誘いこむという周知の意味においてだけではない。あの文体上の突飛さはさておき、彼の著書が通常の人類学的書物のようにみえる、いやときにはアメリカ民族誌学局の紀要に載る学術論文並みの時代遅れの著作のようにみえる場合ですら、実はそうではないという、もっと深い、もっと深刻な意味においてなのである。『われわれ、ティコピア族』や『文化の型』、あるいはこれらより立派な手本のように見えるかもしれないが実はもっと悪い手本である『金枝篇《ゴールデン・バウ》』を読む経験が形成した読書習慣でもって『悲しき熱帯』を読みはじめる人は、かなり以前かられっきとした推理小説として読まれてきた『マクベス』が推理小説の棚に置かれていないと知って困惑するジェームズ・サーバー[4]の小品に出てくる小柄な老婦人と変わらない。

しかしレヴィ＝ストロースを文学的見地から見る主な理由は、彼の著書を平易に書かれた構造主義として読むというような解釈学的理由などではない。彼の諸著作、中でもとりわけ『悲しき熱帯』がそうした見方を訓練するうえで、かっこうの事例だからである。

われわれが前章でわれわれの専門領域の学者一般の特徴とみなしたテクスト構築上の無邪気さが、レヴィ＝ストロースにないことは確かである。しかし、もし彼がもう少し自覚的であったら、より高度な段階に飛躍しているであろう。文化人類学界で『悲しき熱帯』以上に自己指示的な著作はない、つまりこれほど頻繁にまた意図的に工芸品としてのみずからをさし示し、表向きその研究対象であるものをさし示すことの少ない著作はない。この書はその主題の大半がそれ自体であり、かりに小説であれば虚構性と呼ぶであろうものを、絵画なら平面性、舞踊なら振付けと呼ぶであろうものを、すなわち造られたものとしてのそれ自身の存在を、顕示することを目的としているような書物の古典的範例である。

たとえば、マイヤー・フォーテスの『タレンスィ族』やE・E・エヴァンス＝プリッチャードの『ヌアー族』を読む人は、クリスタルガラスの窓をとおして外の現実を見ているように感じることができるし、事実、通常そう感じているものである。窓ガラスの製造上の工夫とかフレームにはめこむさいできた傷跡とか拭き跡とかは、少なくとも不注意な人の目には、多かれ少なかれ見えないものである。『悲しき熱帯』では（いや、『野生の思考』でも『神話学』でも同様だが）そうした工夫は前景に出され、指示され、これみよがしに顕示されさえしている。レヴィ＝ストロースは読者が彼のテクストをとおして外部を見ることを望んではいない、テクスト自体に注視してほしいのだ。そしていったんそれを注視すれば、もう二度とそれを通して外部を見ることは至難である。少なくとも他のどの学者のでもいい、あの昔懐かしい、いい加減な認識論の鏡を通して眺めることは。

とはいえ重要なのは、『悲しき熱帯』への〈このテクストはどのような仕方で構築されているか〉という問いを基軸とする接近法《アプローチ》が、レヴィ＝ストロースの仕事——それを構成している諸部分と、いまではもうかなり幅広く展開されるに至った、それらが構成している全体像——に対するいくらか標準からずれた解釈に導くということである。もっと的《まと》をしぼった言い方をすれば、仕事の全体に対して通常とられる二種の接近法《アプローチ》に、第三の接近法《アプローチ》を対置しよう、という提案である。それはレヴィ＝ストロースの仕事全体に——ひいては少なくとも間接的に構造主義に対して——いくらか違った風貌を添えることになるであろう。これほど綿密な戦略を凝らした書物の戦略を跡づけていく作業は、(おなじみの中傷的言辞を用いれば)単なる文学的習練ではない、むしろ修正的作業なのだ。

レヴィ＝ストロースの仕事全体への二種の接近法《アプローチ》のうち、より一般に用いられているのは、おそらくそれが歴史主義的傾向の強い西欧人にはきわめて単純かつ熟知のことと思われるせいであろう、彼の仕事全体を線条的発展と見る見方である。これは、あらゆる種類の歴史主義に対する彼の有名な敵意を考慮に入れると、レヴィ＝ストロース自身が、ことさらに自説の神秘化をはかる結果、かえって醸成している見方である。

この見方は、線条的見解一般の傾向に洩れず、ホイッグ党的である。偉大な構造主義人類学の企図は、あの文化人類学の専門領域の中でもっとも標準的な領域たる親族についての研究『親族の基本的構造』(*Les Structures élémentaires de la parenté*)の刊行をもって始まった。それは、こころもとない歩みとはいえ、ともかく真の第一歩を印すものであった。しかしその企図は、それ自身がはらむ社会的なアクチュアリティに足を取られて挫折した。すなわち、物質主義の海に精神が沈んで浮かびあがれないという事態である。その後、構造主義人類学の企ては「神話の構造主義的研究」と『トーテミズム』に至ってこの社会的残渣を払拭して、その本来のテーマたる人間の知性の形式的戯れと真正面から取り組むようになった、と言われている。そしてさらに『野生の思考』に至って、構造主義的接近法《アプローチ》は、マルクス主義や地質学や精神分析同様、集成され体系化されて、れっきとした学問に変わった。こののちこの学問は、固有のイメージ群の領域でのびのびとはねまわる全四巻からなる精神の記録『神話学』において輝かしい頂点をきわめた。

レヴィ＝ストロースの仕事を、自然から文化へ、行動から思想へ、物質から精神へと上昇していく過程の記述として見るこうした見方の難点をここで跡づけていくならば、主題から甚だしく逸脱する結果となるであろう。そうした見方が実際もっともらしく見えるとすれば、それはわれわれが彼の業績年表を、いやもっと重要なことだが、前後関係や順序から独立してさまざまな著作のあいだに成立している間《かん》テクスト連関をあまり綿密に調べていないせいである。『親族の基本的構造』は、広範囲にわたる諸地域を横断する論理的諸変容を跡づけているせいであろう、『野生の思考』よりは、二〇年後に刊行された『神話学』のほうに多くの点で似ている。『野生の思考』は勇壮な理論的攻撃、綿密な方法論的作戦、セーヌ河左岸でよくみられるような威勢のいい啖呵を特徴としている著書で、『神話学』よりわずか一、二年前に刊行されている。もっとも最近の著書である『仮面の声』(*La Voie des masques*)は『神話学』の付論のようなものであって、一九七九年に出版されているが、構想されたのは処女作『インディアン・ナンビクワラ族の家族生活と社会生活』(*La Vie familiale et sociale des Indiens Nambikwara*)の出版に先立つ一九四三年である。彼の全主張は、その骨子において、一九五〇年代に書かれた『神話の構造主義的研究』の中のわずか三〇頁程度にすでに展開されている。それを除くと、あとは途方もなく長い脚注である。

レヴィ＝ストロースのような非時間的作家のホイッグ主義的傾向がはらむ問題性は、具体的事例に当たれば一目瞭然であるため（彼の個々の書物すら個別テーマ論文のように諸主題をつらぬいて前進し、冒頭で議論をはじめて末尾でしめくくるというスタイルをとらず、鳥瞰的瞑想さながらに、諸主題の周囲を飛びまわり、迷走し、遠ざかり、思いにふけるというスタイルで書かれている）、若干の学者たちには彼の仕事を研究するにはもう一つの方法が有望と思われた。それはいわば循環的、再帰的に彼の仕事を見る、その各位相を、あるいは各著作を見るというもので、不断の、不変の構造主義的凝視力を文化人類学的調査のあれこれの領域に応用して鍛えることに専念することである。巨大な探照灯のように暗夜の一角を照らし出したかと思うと、次の一瞬には別の暗い一角を照らし出すという具合に。

　この物語に登場するレヴィ＝ストロースは、固い決意とゆるがぬ目的意識をもって、己れの行く手を阻む学問的イデオロギーの数々をつぎつぎと蹴散らす。『親族の基本構造』はウォーナー[5]対ラドクリフ＝ブラウン対マードックの三巴の近親憎悪的論争をとりあげながら、論争の基軸全体を別な方向にずらしている。『トーテミズム』はデュルケーム主義[6]とラドクリフ＝ブラウンによるその俗流化とを逆立ちさせた書物である。『野生の思考』はサルトル、認識論、および歴史主義と一戦を交《ま》じえている。『神話学』はボアズ／ミューラー／フレーザーによる問題構制を器用仕事《ブリコラージュ》的スタイルで分解し再構成している。注意力の舵が回転するのに応じて議論の修辞《レトリック》も巧妙に変化する。オーストラリア－東南アジアの文化に注意が向けられると、それはモース的[7]修辞《レトリック》（つまり女性を贈与しあうことで交流する男たちのやり方）となる。『トーテミズム』では英国的機能主義の手法となる（もっとも、そこで用いられる記号は「食べて美味しいというよりは、考えて美味しい」方向に変化してはいるが）。『野生の思考』では超マルクス主義的、高等言語学派的修辞《レトリック》（世俗的心象《イマジネスムンディ》と動物的換喩）が用いられる。『神話学』になると、審美主義（「序曲」、「コーダ」、「鳥の巣捜しのアリア」、「五感のフーガ」、「ふくろねずみ《オポッサム》のカンタータ」）と啓蒙主義的百科全書主義（南米北東部のインディオアラワック族からメキシコ・オアハカ州のインディアン、サポテク族にまで及ぶ）とを混ぜ合わせた修辞《レトリック》に変わる。

ここで、こうした手法のはらむ諸問題に深入りするつもりはない。文化人類学の最初期の手法よりいくつかの点で優っているのは確かだ（少なくとも進歩の神話を避けているという点で）。しかし、別のいくつかの点では劣っている（一九四九年から一九七九年に至る期間における構造主義学派の研究計画がゆるぎない安定を示しているという指摘は、きつい言い方を避けても、立証困難と言わざるをえない）。重要なのは、わたしがそれらを記述するさい触れることができなかったこと自体が暗示しているように、いずれの手法も『悲しき熱帯』に適合させるのはまったく困難だということである。それは線条的事例における知的純潔をめざす長い行進の途中で行われた一時の戯れ、否むしろ困惑して立ちつくすこと、無用と言ってさしつかえない反省のための休止、循環的事例における単なる個人的表現、看過するのが上策の精神的たるみであるように思われる。先にわたしがこの書物をレヴィ＝ストロースの世界を開く重要著作、彼の仕事全体がそれをめぐって展開される中心と言明したからには、以上のとはまったく違った切り口で迫る必要があるであろう。

わたしのような者の目から見ると、レヴィ＝ストロースの仕事は、複数の見解がつぎつぎと展開されていく線条的構造でもなければ、単一の固定的見解が断続的に再定義されていって一つのまとまりとなる量的構造でもない。むしろ、こう言ってよければ、それは遠心的構造なのである。『悲しき熱帯』を除くレヴィ＝ストロースの仕事の全体を、出版年から言えばこの著作に先立つ諸著をすらこの書物の内容の部分的開示として見る、少なくとも萌芽的に、通常はもっと完全な形でこの著述に、彼の著作中もっとも多重層的な構造をもつこの著述のうちに内在している複数の特定の楽節《フレーズ》の展開として見ることは可能だし、また有益でもある。

宇宙の始源を卵のイメージで考えるような一見荒唐無稽なこうした『悲しき熱帯』観が、はたしてこの問題に関する最後の切り札なのかどうかについては、確かに疑問の余地がある。しかし、それもまず、その有効性を調べてみたうえでの疑問でなければならない。テクスト構築の視点から『悲しき熱帯』を、論理上、他の諸テクストが産みだされる母胎的テクストとして、つまり、「小型インコの森の上空でわがもの顔の小型インコたちの中の一羽の小型インコ／数えきれないほどたくさんの尾っぽの中から生まれたばかりのひなのピヨピヨが聞こえる」というスティーヴンソンの童謡の文句のようなものとして見るほうが、読むにしたがって霊妙な洞察がつぎつぎと現われてくる構造として、あるいは静寂のうちに強迫的に反復される主題として見るよりも、レヴィ＝ストロースの思想をより的確に把握するのに役立ちうるのである。

以上のような視点から『悲しき熱帯』についてまず最初に、そしてある意味では最後にも言うべきことは何かといえば、この書物は一冊のうちに数冊の書物をかねそなえている、換言すると、全体の模様をいわば波紋のように浮き出させるために、まったく類を異にするいくつかのテクストを重ね合わせた書物であるということである。しかし「重ね合わせた」という言い方は、正確な定義ではない。というのは、『悲しき熱帯』に見いだされるのは、表層から深層へ階層的に重ね合わされ、一つのテクストの下に別のテクストが隠されていて、上のテクスト層を剝ぎ取るにつれて洞察が深みを増していくことが解釈の作業であるような書物ではないからである。そこに見いだされるのは、同じ水準に同時生起し、互いに競いあい、ときには互いに干渉しあうテクスト群である。

この書物は事実上レヴィ＝ストロースの万華鏡的な「具体的思想」像の類似体と称してさしつかえない。つまりローマン・ヤコブソン[8]のいわゆる類似性の象面に垂直に展開された連続する諸要素の系列的階層であるよりはむしろ、彼のいわゆる隣接性の象面に水平に展開された非連続的諸要素の統辞的接続といった趣をそなえている。[四]『悲しき熱帯』は、ロシア／チェコのフォルマリストの詩の理想型である。すなわち、系列的代用の類似軸、ヤコブソンのいわゆる「隠喩」を、統辞的連結のデジタル軸、すなわち彼のいわゆる「換喩」へ投射することによって意味が構成されている。素人の方にもわかるようなくだけた言い方をすれば、この書物は優れて重層的である。数冊の書物が一巻に押しこめられて、ある効果を産みだしている……それがどんな効果かについては、のちほど論じよう。まずはこの書の構成要素、この分厚い一巻の内部で発言しようと必死で合図を送っている数冊の薄い書物たちに注目しなければならない。

まず第一に、これは言うまでもないことだが、また有名な冒頭の一節のアイロニーと自己反省をともなう否定にもかかわらず、この書物は、だれの目にも明らかなように、旅行書のジャンルに属している。わたしはここに行った、あそこに行った、こんな不思議なものを見た、あんな奇怪なしきたりを見た、仰天した、退屈を覚えた、興奮した、失望した、背中におできができた、アマゾン河であるとき……と、こんな調子で書かれているからだ……しかもそのすべての記述に、読者よ、あなたはわたしに同行して現地に赴き、同じことができたらどんなによかったろう、と思っておられることでしょう、という暗黙の潜在的メッセージを響かせている。

この書物は、冒険と逃避の夢への招待である、いや夢そのものと言っても過言ではない。スライドを用いた講義や、船内の飼い犬にまつわる話や、空中を旋回しつづけるカモメの描写については、著者は好きなだけうぬぼれてもよいが、しかしマルティニック島のフォール・ド・フランス市について彼が語ることを聴くと、読者は耳を疑う。


時計が午後二時を打つと、フォール・ド・フランスは死の町と化した。椰子《やし》の木が植えられ雑草がおい茂る卵型の「大広場」には生命の影すら見えない。だれかがジョセフィン・タシェル・ド・ラ・パジュリ、のちのド・ラ・ボアールネ(言わずと知れたナポレオン一世の妻ジョゼフィーヌである)の彫像を置き忘れていった死せる土地の一画だと思われても仕方がない。

チュニジア人の男とわたしは人気《ひとけ》の無いホテルにチェックインしたが、午前中に遭遇した一連の出来事の衝撃による興奮がおさまらず、直ちにハイヤーを呼び、ラザレに向かって出発した。われわれの旅の同行者たち、とりわけ航海中、身ぎれいにできさえしたらすぐにでも浮気に走ることとまちがいなしとわれわれに信じこませたふたりの若いドイツ人女性を慰めるつもりで。こうした観点からみれば、ラザレでの仕事はわれわれにとって二番目の失望だったと言ってもさしつかえない。[五]

以上の記述は無神経そのもので、スライド写真を使ったお粗末な講義のでだしにこれ以上ぴったりしたものはない。

あるいはもっとずっと先のほうで彼が中央アマゾン高原の彼方に住むトゥピ＝カワイブ族に接近するさまを語る言葉を聞くだけでもよい。

わたしがキューバをあとにしたのは六月であったが、時移り、早くも九月になっていた。三ヵ月のあいだわたしは高原を漂泊し続け、インディアン部落に野営して搬獣に休息をとらせ、一地点から次の地点へと果しない移動をくりかえしながら、いったいこんなことを続けていてどんな成果が生まれるのか、と自問していた。わたしを乗せたラバが鋭い上下の動作をするため臀部に腫物を生じ、痛くてたまらなかったが、やがてそれにも馴れて自分の体質の一部のような感じになってしまい、一夜明けてその痛みがないとなにか淋しい気持にすらなった。倦怠が冒険の興奮をしのぐようになった。何週間ものあいだ進んでも進んでも乾燥しきったサバンナが広がるばかりで、最近だれかが野営したらしい跡を示す枯死した切り株と生き物とを見分けるすべさえなかった。焼けて黒ずんだ灌木の名残りは、いかなるものもおそかれはやかれ焼かれて灰と化すのが定めの一領土の頂天にすぎない観を呈していた。[六]

「首狩族のあいだで暮して」や「最暗黒のアフリカでの二年間」といった章も、リチャード・バートンやT・E・ローレンスを連想させるこうした筆致《トーン》と大差はない。事実、これを表わすのにもっとふさわしいものがフランスにはある。第三共和政の上品な通俗化（*haute vulgarisation*）を特徴とする大衆文化は、この種の筆致《トーン》の跡が歴然としていた。たとえばアンドレ・ジードの『コンゴ紀行』、熱狂的に読まれたピエール・ロティのロマンティックな旅行記の数々、あるいはアンドレ・マルローのような古典的な大立物の——少なくとも極東を対象とした考古学的研究に没頭した時期の——諸著作は、レヴィ＝ストロースがこの書で採用している態度と文体の原型であるように思われる。『悲しき熱帯』を、どうやら彼はそれに反撥して書いているようだが、実はそれを再現しているばかりか利用すらしているフランスの旅行記文学と体系的に連関させて研究する試みがなされるなら、両者の類似がくっきりと浮き彫りされるであろう。

手本がなんであれ、いずれにせよ、苦痛につきまとわれてはいるが好奇心旺盛な不屈の旅行者のイメージがこの書物から離れることは決してない。そしてこのイメージは彼の記述を一種の社会意識に(この語の傾向的な意味においてではなく、根元的に通俗的なタイプの意味においてだが)連関させる。もっとも、それはこのほとんど古典的といってよい高等師範学校《ノルマリアン》出のこの男が(『悲しき熱帯』のなかで彼が用心深く指摘しているように、字義通りのそれであるというよりは、彼はみずからノルマリアンであることを選択しているのだ)決して認めようとはせず、かえってそれから遠ざかろうとして長年月をついやしてきた社会意識ではあるのだが。

第二に、この書物は、奇妙な外観をもつとはいえ、れっきとした民族誌である。おそらくは論争を呼び起こす民族誌、少々注目を浴びすぎる書物である。にもかかわらずくりかえし再肯定される民族誌学者的ポーズは、くりかえし否認される旅行者ポーズと同様、この書物から決して立ち去ることはない。実際、著者の主張が余りにもヒステリックなので、しばしば、ややくどすぎる印象すら与えるほどだ。

それゆえ、われわれが一方では職業として、他方では曖昧な企てとして有している二律背反は、使命と避難所とのあいだを揺れ動きつつ、それ自身の内部に両要素を聴き分けながらも、常に両者のうちの一方をよりはっきりと聴き分けている。民族誌学は特愛の場所をもっている。それは第二の選択肢(つまり旧約聖書でいう「逃がれの町」のことだが)をもっとも極端な形式で表わしている。民族誌学者は彼自身の人間性を決して放棄せずに、己れの同胞を高尚かつ深遠な視点から認識かつ評価しようと努めている。かくすることによってのみ、彼は同胞をあれこれの文明に固有の偶発的諸条件から抽象することができる。彼の生涯と仕事の諸条件ゆえに彼は長期間続けざまに帰属集団から引き離され、彼がさらされている環境上の変化の露わな苛酷さから、一種の慢性的根こそぎ状態を身に着けてしまう。彼はどこにいても「居心地よさ」を感じることができない。心理学的比喩を使えば、彼は常に手足を断ち切られた人間として生きるのである。音楽や数学とともに、人類学は数少ない真の天職の一つである。そして人類学者は他人《ひと》から教わるまえにそのことを知ってしまうのかもしれないのだ。〔七〕

人類学者は、ここでもそうだが、自分より劣位の魂の持ち主たち――パリのカフェにたむろする友人の知識人たち、サンパウロ市フランス人地区の、蘭科植物を思わせる異国趣味のエリートたち、浅薄な知識しかもちあわせていないくせに新思想追求に躍起のブラジル人学生たち――のいるところへ敢えて出かけていくが、化学者や哲学者や芸術史家は、それぞれ実験室、書斎、美術館の中でとぐろをまいて、別世界に出て行こうとはしない。それについてのデータを読むことしかできぬ存在形式の中に鎌首をつっこんでいるだけだ。こんないい気な調子もまた、この書物を一貫して流れている。マリノフスキーが創設しミードが内外に宣布したフィールドワークの神秘的魅力が、ここでは極限まで称揚されている。これまでフィールドワークの経験をたいして積まず、その経験論的権威を、『悲しき熱帯』でしているように「女店員の哲学」の断片くらいにしか評価していない男のやることだけに、その意味するところは深い。

とはいえ、その種のテクストが生来そうであるように、見るものすべてに悪罵の限りをつくす旅行記のテクストとはちがって、民族誌のテクストは一つの命題をもっている。実はレヴィ＝ストロースが四半世紀にわたって追求してきた命題、すなわち、「一民族の慣習の総体は常に固有の様式をそなえており、複数の系《システム》に帰着する」というものである。『神話学』の序曲とコーダとはおそらくもっと力強くこの命題を表明している。「神話の構造的研究」なる論文は、より体系的な表明であり、『トーテミズム』の第四章は、より明確な表明である。しかし、レヴィ＝ストロースは『悲しき熱帯』においてほど簡潔に大文字のSではじまる構造主義を表現しえたことは絶えてない。[八]

一民族の慣習の総体は常に固有の様式をそなえており、複数の系《システム》に帰着する。これらの系《システム》の数は無限ではなく、人間は（遊戯中でも、夢の中でも、あるいは妄想に陥っているときでも）絶対的な創造をおこなうことは決してない。彼らにできるのはたかだか、再構成することが可能な諸観念の宝庫からいくつかの観念結合を選択することだけである。そうわたしは信じている。そのためには、自他によって観察されたすべての慣習、神話体系の中に描かれている諸慣習、子どもと大人がそれぞれのゲームにふけるとき頼りにする諸慣習の目録を作成しなければならない。健康な人、病む人の区別なく個人のみる夢もまた資料となる。それらすべてを総合すると、メンデレーエフが工夫したものと類似の、化学元素周期表のようなものを制定することができるであろう。その暁には、現実に存在するものであれ、たんに可能であるにすぎないものであれ、すべての慣習は複数の群に分類されることになり、われわれのなすべきことといえば、諸社会が事実採用してきた諸慣習を認識することだけとなるであろう〔九〕。

第三にこの書物は、旅行記、民族誌であるばかりではなく、哲学的テクストでもある。といっても、大仰な反省的身振り――目配せでおれも大目に見るからおまえも目をつぶれと合図する式のずるがしこい術策《て》――のテクストで、「マルクス主義と仏教とは相異る水準で同じことをやっているのだ」式の曖昧な言説に満ちている素人っぽい哲学的テクストにすぎないようなものではない。人間社会の自然的基礎という西欧思想史の中心的問題の一つと多少とも決然と取り組んでいる専門的な哲学的テクストなのである。レヴィ＝ストロースは、ルソーの社会契約説がアマゾンの奥地でも立派に、いきいきと機能しているという事実を発見してフロイトの原父殺害説やヒュームの慣習説(9)といったたぐいの社会起源説を反駁したいと望んでいるだけではない。事実、ナンビクワラ族の人びとのあいだで暮しているあいだにそのことを発見し、それらの説を反駁しえたと思いこんでいるのだ。

ナンビクワラ族のうちに見いだされる証拠はまずなによりも、精神分析学者たちがいまや一時的に息を吹き返させた古ぼけた社会理論――原始社会の首長は象徴的な父に由来するという

――をまっこうから論駁している……。わたしは、現代の人類学が、この点で十八世紀の哲学者たちが主張した社会理論をどれほど明確に支持しているか示せたらよいと思う。ルソーの理論的図式が、首長と部下たちのあいだに伏在している擬似契約的諸関係と異なっていることは言うまでもない。ルソーの念頭にあったのは集団的意志のために個人が己れの自律性を断念するという、それとはまったく異なる現象である。にもかかわらず、「契約」と「同意」という語で要約されるような文化の諸態度、諸要素が、彼らの論争相手（とりわけヒューム）が主張しているような二次的形成物などではなく、社会的生活の本源的質料であって、これらを欠いた社会組織がありうるとはまったく考えられない、という事実に目覚めたとき、ルソーと彼の同時代の哲学者たちが深遠な社会学的直観を示したということは真実なのである。〔一〇〕

レヴィ＝ストロースは、社会契約説がいまも生きて働いているのを自分が発見したと考えているだけではない（それはプラトンのイデアやカントの物自体が宝蔵されている国を発見したと言うのに似ていなくもない大それた主張である）。彼は、ルソーのいわゆる生まれいでんとしている社会のモデルを再びやんごとなき地位に引き上げようと望んでいるのだ。このモデルは、ルソーから引用すれば、「原始社会の怠惰とわれわれの自己愛の旺盛な活動とにはさまれた中間領域」、現代人ならさしずめ新石器時代と呼ぶであろう時代を指している。いまわれわれが再構築する必要に迫られているあの世界、ルソーのモデルは永遠的かつ普遍的な社会モデルである〔一一〕ゆえに、再構築することも可能なあの世界にわれわれは留まっていたほうがよかったのだ。別種の社会を知ることによってわれわれはわれわれ自身の社会から距離を置き、時空の限界を超えた理想世界を基盤にして、レヴィ＝ストロースの言葉を用いれば人間が生きられる合理的な社会秩序を建設することができるのである。

このように考えてくると、われわれはおのずから『悲しき熱帯』のテクストがはらむ第四の位相、すなわち改革者的熱情のほとばしるパンフレットへと導かれる。西欧を非西欧世界に対する影響ゆえに告発する文書はこれまで数限りなく出されてきたが、それらを執筆した人びとがどれほど過激なタイプであろうとも、レヴィ＝ストロースの『悲しき熱帯』[10]ほど破壊的な痛烈さと力とをもって書かれた告発は皆無に近い。この書物を読むとフランツ・ファノンすらおとなし過ぎるという印象をもってしまうほどだ。

サンパウロ市の周囲の景観を台無しにしている荒廃した「かっての野蛮人ども」についての描写、空のビールびんと捨てられた缶詰めの缶についての非難、侵入と破壊をやめない工業文明に対する激しい憎悪、いまでは有名なこれらのくだりをあらためて引用するまでもあるまい。ここで特筆すべきは、これらのくだりが一九世紀および二〇世紀初頭の改革主義的思想とのまぎれもない連関を示しているということである。すなわちおそらくフランスではフロベールによって、ドイツではニーチェによって、イギリスではアーノルド、ラスキン、あるいはペイターによって、もっともよく代表される精神的系譜、道義的水準にまで高められた――いずれにせよそれほど得意絶頂になった

――本質的には審美的な嫌悪感をもって現代生活の多くの局面に反撥した精神的系譜である。

ただ、これがレヴィ＝ストロースの仕事をつらぬく一般的テーマであることを示すために、第三世界の諸都市全般を記述するそれらの都市に関する彼の感想から引用しよう。（明らかにインドの諸都市を描写するために修正をほどこされ、翻訳し直されたこのくだりは、実際『悲しき熱帯』に含まれているにもかかわらず、ラッセル訳では省かれている箇所の一つである）「不潔、猥雑、無秩序、身体的接触、あるいは廃墟、掘立小屋、糞便、汚泥、あるいはからだの湿り気、動物の糞、小便、膿汁《のうじゅう》、分泌液、血膿《ちうみ》――われわれをその汚染から守るために〔ヨーロッパの〕都市生活が組織されているすべてのもの、われわれが忌み嫌っているすべてのもの、われわれが多大な犠牲を払って遠ざけようとしているすべてのもの――これら共生の副産物のすべてがここでは〔都市生活の〕拡張になんの障害にもなっていない。それどころか、町が生き延びるためにそなえなければならない自然的環境にすらなっているのだ〔三〕」。

もちろん犯罪的事実と言っても過言ではないのは、貪欲からであれ旺盛な活動からであれ、あるいは不注意か無神経の発作からであれ、それをおこなったのがわれわれ西欧人だということだ。『悲しき熱帯』のどこかで著者が言っているように、われわれの汚物を世界の他の人びとに投げつけ、いまでは逆にそれを投げ返されているのがほかならぬわれわれ自身だということだ。

改革主義的文書としての『悲しき熱帯』は、道義的憤怒の爆発というよりはむしろ審美的嫌悪の爆発である。レヴィ＝ストロースをサルトルから分かつ点の一つはこれである。後者は人びとが堕落させられていることよりは、むしろ支配されていることのほうを憂えているからだ。スウィフトの場合と同様、レヴィ＝ストロースの深い社会的嫌悪感は、それよりもっと根深い、肉体的なもの、生物学的なものに対する嫌悪感から生じてきているらしい。彼の急進主義《ラディカリズム》は政治的なものではなく、感覚的なものである。

第五に、そして最後に、『悲しき熱帯』は念入りに織られた一種の象徴派的文学テクストであり（これこそジェームズ・ブーンが顧みられることのなかった彼の研究書『象徴主義から構造主義へ』（*From Symbolism to Structuralism*）においてレヴィ＝ストロースの仕事一般の特徴としてわれわれの注意を喚起した事実である）〔三〕、象徴主義的視座を未開の文化に応用してみせた書物、いってみれば南米におけるマラルメである。

この点は、原文のフランス語テクストにつくほうがわかりやすい。そこでは彼の散文そのものが象徴主義の影響を鏡のように映し出しているからである。もっとも、英訳版でもほとんど失われないほどそれが強く出ている箇所はいくつもあるけれど。

わたしはこれらの好み（時空を量より質として見たい等々の好みのことだ）を、未開の諸族がひとしく実践している一種の知恵としてみている。狂気はむしろ、これらの好みに逆らって生きたいというわれわれ現代人の願望にあるのだ。われわれが数限りない拒否と苛立ちとを代償にして獲得しようと躍起になっている心の平安を、未開の諸族の人びとは素速く、かつ楽々とものにしていた。われわれは人間的経験の真の条件を受けいれ、人間的経験の構造やおのずからなリズムからわれわれ自身を解放することはわれわれの手に余るということを悟るべきだと思う。空間はそれ自体に固有の価値をもっている――あたかも音響や情景が固有の色彩をそなえ、人間的感情が固有の重みを帯びているのと同様に。この種の照応関係をさぐる仕事は、ランボーの「母音の十四行詩《ソネット》」を評して人びとが大胆にも述べたような詩人の戯れでもなければ自己韜晦《とうかい》の一種でもない。あのソネットはいまでは、諸現象の色彩の基礎ではなく(なぜってそれは個物によって違うからだ)、一つの現象を別の現象に結びつけて一定の諸可能性の帯域をかたちづくる関係の基礎を心得ている言語研究者にとって必要欠くべからざるものとなっているのだ。これらの諸関係は学者にまったく新しい地盤を、しかも豊かな産物を約束している地盤を提供している。もしも魚が種々の匂いを明暗の差異で審美的に区別することができ、蜂が光度を重さの単位で分類することができるとすれば――つまり暗さが重いと感じられ、明るさが軽いと感じられるなら――それと同じように画家、詩人、および作曲家の仕事も、原始人の神話と象徴もわれわれのこころに、高度な知識としてでなくとも、少なくとももっとも根本的な知識として、およびわれわれすべてが共有している唯一の知識として現われるであろう。[一四]

レヴィ＝ストロースはこんな調子で、つまり『神話学』を執筆するころには主旋律にすら化している調子で次のように続けている。「都市はしばしば交響曲と詩になぞらえられてきた。この比較はまったく自然なもののようにわたしには思われる。事実、両者はともに同じ本質をもつもの……生きられたものであり、夢みられたものなのである[二五]」（どうやら彼の言う都市は、われわれがたったいま見たばかりの不潔きわまりない都市とは別種のものらしい。そして事実、叙情詩風のこのくだりにきびすを接するように、ブラジルの町々に対する批判が続くのである。ここではそれらの町々が、詩や交響曲のような内発的に生み出される産物というよりは、むしろ「……技術者と資本家が下した……決断」の結果として批判されているのだが。つまり旋律を欠いた調子外れな曲、音調を聴き分ける耳をもたぬ「現代人」がつくりあげた機械的な不協和音だというのである）。

レヴィ＝ストロースが彼自身とそのテクストとを、ボードレール、マラルメ、ランボー、および――彼自身は『悲しき熱帯』の中では一度も言及していないが――とりわけプルーストの四人が確立した文学的伝統の中に位置づけようと躍起になっているということは、彼の書き方、書くもの、および自分がしたいと思っていると公言していること、すなわち解読すること、解読作業をとおして新石器時代の思惟の感覚的イメージ系を使いこなす力をとりもどすこと、からして明白である。『悲しき熱帯』は、ある次元において、レヴィ＝ストロースが彼がフィールドワークしたインディオだけではなく彼自身ももっていると主張している、そしてアマゾンの森林とサバンナの中でいきいきと働いている象徴派的心性の一記録なのである。

ブラジルも南米も、当時のわたしにはそれほど重要な存在ではなかった。しかし、いまでもわたしはこの思いがけぬすすめ〔かしこへ行けという〕に応えるようにわたしのこころに湧きあがってきたもろもろのイメージを詳細に思い描くことができる。熱帯の国々はわたし自身の国とは正反対なものであるにちがいない、そんな気がした。地球の反対側にある国の名はわたしにとって、赤色染料採取という文字どおりの語源的意味よりももっと豊かでもっと純朴な意味をはらんでいる。動物であれ植物であれ、なんらかの種が地球の両側に同じような外見をもって存在していると聞けば、わたしは仰天してしまうであろう。あらゆる動物、あらゆる樹、あらゆる草の葉は完全に他と違っているはずであるし……その熱帯的性格がそれとすぐわかるものであるはずだ。わたしはブラジルといえば、近くも遠くもない距離に奇怪な建物が見え隠れし、燃えるような強烈な芳香が万物に浸み透っているような感覚をもつ、ヤシの葉がからまり、もつれあったかたまりのようなものと想像していた。強烈な芳香という香油イメージの連想は、Brézil《ブレズィル》(ブラジルすおうの木)という語とgrésiller《グレズィエ》(ジュージュー煮立つ音)という語との発音上の類似に無意識裡に気づいていたお陰であろう。

　いまこれらのイメージをふりかえってみると、それほど恣意的な感じはもうしない。わたしが学び知ったのは、一定の状況の真実は、燃えるような芳香という多義的な概念がおそらくすでに実行するようわたしを招いていた、経験をそれぞれの位相に応じて分析していく、あの忍耐を要する経験の蒸留過程ほどには日ごとの観察に多くをもたらさない、ということである。あの芳香は、当時のわたしが明確に表現しえなかった一つの象徴的な教訓をもたらしたのかもしれない。探究というのはある領域を踏破する仕事というよりはむしろ表層を砕いて掘りすすめる仕事だ、という教訓を。偶然見かけた風景の諸断片、束の間に過ぎゆく生の諸瞬間、飛行中に捉えた省察。われわれになにものも提供せずにおわったかもしれない認識の地平線上の出来事を理解し解釈することを可能にさせるのは、これらにほかならない。[一六]

この書物は、ある(フランス国民の)象徴主義的心性が他の(ボロロ族[11]、カドゥヴェオ族[12]、およびナンビクワラ族の)象徴主義的心性と出会い、彼らのうちにその心性自体のこだまを聴き分けるために、思惟の「もっとも根本的な形式」を見分けるために、彼らのまったく内的な、首尾一貫した論理を洞察しようと努める記録である。

わたしに言わせれば、この論理をくまなく説明するには、もっと長い引用をするしか道は無い。すなわち記憶、音楽、詩、神話、および夢の類縁性の強調、各人の内面に半ば埋もれている(生まれいでんとしている社会の段階を過ぎてしまったわれわれの場合は、未開の民族よりもさらに魂深くに埋めこまれている)普遍的な野生の感覚言語という概念、そしてその結果として生じる閉鎖世界的な意味観、これらがそうした論理への洞察の試みである。『悲しき熱帯』はレヴィ＝ストロースの『失われた時を求めて』であり、『骰子《さい》の一擲《てき》』である。それ自体として読まれることを、すなわち直截な諸イメージを絶対的な記号群へと交響させ統合させていこうとする象徴主義的努力の一環として読まれることを主張している作品である。もっともこうした読み方は象徴派の規準ではあっても、平均的な英国あるいは米国の文化人類学者にとってはあまり得意でもなければ、自分でしたいとも思わない読み方ではあるが。

以上述べてきたように、この書物は、熱帯地方同様、流行遅れの観があるとはいえ、旅行記、いや旅行案内書ですらある。それは民族誌的報告書として新科学の創始の栄誉をになっている。ルソーとその社会契約論と非活動的生活の良さを復権させようと試みている哲学的言説でもある。美学的根拠にもとづいてヨーロッパの領土拡張主義を攻撃する改革主義的文書《トラクト》でもある。最後に、一つの文学運動の範例を示し、それを推進している文学作品でもある。……これらすべてを個展会場の絵のようにずらっと並べてみたら、それぞれのあいだに相互作用が働きだして、いったいどんな効果を生むであろうか。どのような波形模様が現われるであろうか。

わたしの目に現われてくる模様は、まったく意想外という印象ではないと思うが、実は一つの神話である。〔一七〕種々のテクスト類型の統辞的、換喩的ぶつかり合いのすべてがつくりだしているのは、一つの探求物語である。すなわち、見なれた、退屈な、それでいて奇妙な脅威に満ちている海岸から出航し、数々の冒険のすえに、さまざまな幻影と奇怪な啓示に満ちた暗い別世界に辿り着く。ブラジル北東部のセルトンの奥地で遭遇したこの上ない不思議、孤絶した、不透明な絶対他者的存在。そして帰国してから、冒険する度胸がないため自文化を離れたことのない頭の固い同胞たちに向かって、少々感傷と倦怠のいりまじった気分で旅の経験を語り出す、というわけである。

このテクスト、つまり神話探求者としての人類学者のこのテクストももちろん、他の同類のテクストと軒を連ねる、それらと換喩的に隣接しているもう一つのテクストにすぎない、と見ることもできる。ということは、テクスト全体の意味が上等な構造主義的文体の中に(したがって巧みな構造主義的曖昧さをともなう文体の中に)、隣接しあう諸部分の中によりはむしろ隣接の仕方そのものの中に隠されているテクストだということである。とはいえ、明らかなことは、『悲しき熱帯』以後の歳月——もっと正確にはもちろん彼のすべての著作に先立つあの経験以後の歳月——レヴィ＝ストロースが、『悲しき熱帯』において語られた直接的経験が遂に(また事柄の本質上必然的に)果しえなかったことを果してくれるような諸神話についての一神話を書き上げることに献身してきた、ということである。それはほかでもない、多様なテクスト類型を単一の構造に、いわゆる「神話的論理」(mytho-logic)に、それ自体その主題の一範例となっているものにまとめあげ、そうすることで社会生活の基礎を、ひいてはその奥に在る人間的経験そのものの基礎を明らかにすることであった。

このように見てみると、レヴィ＝ストロースの体系的な仕事の本体は、『悲しき熱帯』の個々のテクストが統辞的連関の壮大な多様性において相互に結合され、再結合され、さらに結合し直されて構成される一つの長大な発語として見えてくる。もしもこの神話‐テクストが『悲しき熱帯』というテクスト集積体の中から立ち現われて、そこから展開されてくる彼の仕事全体を支配するに至ると言うことができるとすれば、それはいわば統辞法《シンタックス》の統辞法《シンタックス》として、すなわち全体を代表するに足るほど、よりふさわしい言い方をすれば、全体を統治するに足るほど十分抽象的な包括的形式としてである。レヴィ＝ストロースが神話と音楽と数学を現実のもっとも直接的な表現とみなし、それらを研究する仕事をもって唯一の真実の使命と考える理由はまさしくこれである。それがそもそも終わりをもつと言いうる限りにおいてであるが、そのすべては、陳述されることは決してなく常にそれとなく暗示される、書かれることは決してなく常に顕示されるというフォルマリズム的形而上学のうちに終焉を迎える。

　しかしながらこのことは、ここで可能な程度をさらに超えて、レヴィ＝ストロースの教説を解釈する方向へ――すなわち彼の言説戦略を研究するのとは正反対の課題へとわれわれを導いていく。[一八]この切実な問題は、それが著者としての人類学者、仕事と生涯、テクスト等々の問題とかかわるものである以上、『悲しき熱帯』が展開している「あちら側にいる」ことのきわめて明瞭な表象であると同時に、指示するテクストとその結果生じる指示されるテクストとの関係の、実は逆立ちした、同じように明瞭な表象でもある。

　一見乱暴に聞こえるが、しかし不正確とは言えない言い方をすれば、レヴィ＝ストロースは次のように主張している。最近の英米の人類学の膨大な業績から連想される、著者自身が直接「あちら側に身を置いて」調査する類いの研究は本質的に不可能である、そんなものはまったくの詐欺行為か、さもなければ愚劣な自己欺瞞でしかない、と。早くも『悲しき熱帯』で彼が述べているように、経験と現実との連続性という概念はまやかしである。「……両者のあいだの移動には連続性があるというのはまやかしである。現実に到達するためには、われわれはまず経験を排除しなければならない。のちに経験を、感傷〔*sentimentalité*――つまりは「意識」、「感受性」、「主観」、「感情」のことだ〕のあずかり知らぬ客観的総合のうちへ再統合することが可能だとしても。〔われわれの〕使命は、存在そのもの（Being）をわれわれ自身とのかかわりにおいてではなく、それ自体とのかかわりにおいて理解することである[一九]」。

しかしもっとも興味深いのは、「未開人」をもっともよく知りうる道は、なんらかの仕方で個人的に彼らと親密になり、彼らの生活に参加できるようになることではなく、彼らのもろもろの文化的表現をつづり合わせて抽象的な諸関係の図柄を構成することである、という、事実上宗教的信仰にまで達しているこの信念が、彼の真理探求の不毛な、敗北的結末という啓示的な（あるいは反啓示的なと言うべきか）クライマックス的経験から湧き出たものとして『悲しき熱帯』に表象されていることである。長い長い探求の果てに遂に彼が究極の未開人に、すなわち「文明に汚染されていない」トゥピ＝カワヒブ族[13]にたどり着いたとき、彼は彼らがとうてい理解の届かぬ存在であることを発見したのであった。

わたしは未開人のぎりぎりの限界にまで達しようと望んでいた。それ以前に他の白人が出遭ったことのない、またその後も出遭うことが決してないであろうこれらの魅力的なインディオたちのあいだに自分がいる以上、この願望はかなえられたと思ってよいのではないか。河の上流へさかのぼっていく魅惑的な旅を終えたあと、わたしは確かに研究対象の未開人たちをみつけた。だが悲しいかな、彼らは余りにも未開な人びとであった。……彼らは……鏡に映る自分の姿のように、わたしのすぐそばにいた。触《さわ》ろうと思えば触れる近さに。でも、わたしは彼らを理解することができなかった。報賞と罰とをわたしは同時に与えられた。……自分たちの奇妙さという属性を奪われるということが彼らにとってどのようなことなのか、それを推し計ることができさえすればよかったのに。それさえできればわたしはわたし〔自身〕の村に留まっていてもよかった。この場合、仮定でなく事実だったが、もし彼らが彼らの奇妙さを維持していたとしても、わたしはそれを利用することができなかったであろう。なぜならその奇妙さがいったい何からなっているのか、わたしには把握することさえできなかったからだ。これらの両極のあいだに揺れて、どのような両義的事例がわれわれ〔人類学者〕に生きていくよすがとなりうる弁明を与えてくれるのであろうか。辛うじて理解されうる程度に実行されたあとで学者としての経歴なかばで中断されてしまった諸観察が読者のこころにつくりだす混乱に、ほんとうに欺かれてしまうようなお人好し……が果しているだろうか。なぜならそれらの観察は、こうした奇妙な慣習を当り前のこととして受け入れている連中と同類の人間すらびっくり仰天するていのものだからだ。われわれの言うことを信じてくれるのは、読者のほうか、それとも……われわれ自身だろうか。[三〇]

この種の修辞的疑問に対する答えがふたとおりあることは言うまでもない。ひとつは読者である。なぜなら読者というものは、人類学者自身が実際にはしなかった類いの経験すら、彼らがしたと言えば事実と信じこむものだからである。ふたつめは人類学者である。なぜなら彼(彼女だってその点では変わらない)は自分がそうした経験をしたと想像するばかりではなく、経験した以上、自分にはそう発言する権威があると想像するからである。奇妙な印象を与える生活の根底を洞察することと——一般的な意味における「あちら側にいること」——は、そうした生活にみずから没入することによっては達成できない。文化的所産(神話、芸術、儀礼、その他もろもろ)、すなわちこの種の生活に奇妙さという直接的な外見を添えているもろもろの事物を、そうした直接性を溶解することによって奇妙さ自体を溶解してしまう普遍化する分析にかけることによってのみ、それは達成されうる。つまりクローズアップされた遠いものは、距離を置いて眺めることによって、近いものとなるというわけである。[三]

そしてこのことは、最終的に、レヴィ゠ストロースの仕事全体を特徴づけるしるし、すなわちそれを扱うほとんどだれもが洩らすこと、すなわち異常なほどの浮世離れした自足性の雰囲気に気づかせる。「超然とした」、「自閉的な」、「冷淡な」、「高度に知的な」といったどんな文学的絶対主義にもかぶせられる形容詞のすべてが、彼の仕事の周囲に集まってくる。奇異な生活を描写するわけでも喚起するわけでもなし、解釈するのでも説明するのでもなく、むしろそれらの生活が背後に残した種々の素材を形式的な照応体系へと編成し再編成することに終始する彼の著作は、いわばガラスの背後に存在しているようだ。ジャガーと精液と腐敗しかかった食肉すら対立、倒置、異種同型となることを許容される自動密封式の言説だからである。

『悲しき熱帯』とそれから展開されていく作品とが伝える最終的メッセージは、人類学的テクストが、神話と回想録同様、世界のために存在しているのではなく、むしろ世界のほうがそれらのために存在しているのだ、ということである。

第三章　スライド写真技法

——エヴァンス＝プリッチャードによるアフリカ文化の透《す》かし絵——

世の中には、揶揄《やゆ》するためであれ自分の社会的評価を高めるためであれ模倣するのがきわめて容易であるにもかかわらず、いざそれを記述しようとすると、異様なほど屈折に富み、イメージの置き換えが厳密で、しかも慣用法からの逸脱の度合いが正確無比なために記述がほとんど不可能としか言いようのない声がある。英語における東インド式用法というのがおそらくそれであって、ハンフリー・ボガートやルイ・アームストロングやフランクリン・ルーズヴェルトの口調がそれである。彼らの言葉はいつまでも耳について離れない。一度でも聞くと、忘れようとしても忘れられない苛立たしいほどの執拗さがある。人類学界で重視されてきた声の中ではオックスフォードとケンブリッジの特別研究員用社交室から聞こえてくる声が他を圧して最重要視されている。この独特の声をもっとも巧みに使いこなせるのはサー・エドワード・エヴァンス＝プリッチャード——いわゆる

「E-P」――をおいてほかに無い。

その特性を述べるのは非常にむずかしいので、とりわけ文体がそうなので――例をあげると「確然たる」、「澄明な」、「節度ある」、「静謐な」、「努力の跡無き」、「立ち優った」、「会話風の」といった何を言っているのか判然としない言い回しのせいだが――頭がおかしくなるほど絢爛《けんらん》たる文体を伝えてくれる名文の一節を引用することが必要である。実を言うと、文体上はこれまでもっとも首尾一貫して変わらぬ著作家のひとりであるE-Pのどの一行であっても十分役立つであろう。彼の最初の主著、一九三七年刊の『アザンデ族における妖術、神託、および呪術』の冒頭の一節(「もしわたしがアザンデ文化に関する研究書を刊行するのに余りにも長い歳月を費したように思われるとすれば、探険と探険とのあいだにわたしはアザンデ文化に関する予備的かつ部分的な報告を執筆するために全力を尽くしてきたのだ、と抗弁したい」)から、最後の主著である一九五六年刊の『ヌアー族の宗教』〔二〕の最後の一節(「この点から先は神学者が人類学者から仕事を引き継ぐことになる。」)に至るどこから引用してもよいのである。しかし文化人類学に関する彼の著述――五点の主要著書を含めて三五〇点以上に及ぶ――のどれかから引用するよりはむしろ、彼が第二次大戦の初期スーダンの森林ゲリラとして活動していたときの経験を記述している随筆風の、風変わりな、ほとんど注目されたことのない小品からかなり長い引用をすることによって、彼の散文世界に分け入りたいと思う。彼が亡くなった年である一九七三年に英国の軍事雑誌「陸軍季刊誌《アーミー・クオータリー》」に掲載された「アコボ川とジラ川沿岸の作戦行動」と題する一文である。〔三〕

こんな引用をするのは、なにもつむじ曲がりからでもなければ、気の利いた風を示すためでもない。また植民地主義的心性に憑かれていた男としての(事実彼はそうだった、しかもそれを露骨な態度で示すタイプだった)彼の裏の顔を暴露するためでもない——彼の同時代の共同幻想から解放されて執筆している者だけが彼に石をぶつけるがよい。そうではなくて、たかだか九頁ほどの小品とはいえ、文化人類学者としての彼の持ち前の、重厚で方法論のしっかりした議論が束の間しか姿を現わさぬテクストを舞台にして、E - P独自の言説術のあらゆる特徴を示しているからにほかならない。レヴィ＝ストロースにとって『悲しき熱帯』がそうであるように(もっとも両者の言説は、一方で中心的な位置を占めているものが他方では瑣末な位置しか与えられていない点を含めて、全著作のほとんどすべての点で根本的な相違を示している)、「アコボ川沿岸の作戦行動」も、他の誰の言説の世界にもおとらず彼の世界のヴィトゲンシュタイン的限界を露呈しているE - P独自の言説の限界の縮図である。[1]

とはいえ弁明は易しいものだ、まだ犯してもいない罪の弁明はなおさらだ。このまま先に進もう。この小品を軍人の読者に紹介している陸軍少将によると、当時三七歳で学者としても人間としても旅程のなかばに達していたE - Pが配属されたのは、東アフリカのイタリア軍占領地と英軍領有地との境界線で、カルトゥームの南六〇〇マイル、ルドルフ湖の北四〇〇マイル、アジスアベバの西五〇〇マイルの地点であった。冒頭の一節でE - P自身が持ち前のきびきびした筆致でいきさつを次のように述べている。

おそらく、わたしが以下に述べる一連の出来事にまきこまれるに至ったいきさつを説明することから書き出すのがよいであろう。戦争が勃発したとき、当時オックスフォード大学の講師をしていたわたしは近衛歩兵連隊の一つに入隊しようとした。連隊はわたしの入隊を認めたが、大学は、講師は「兵役を免除されている職業」だという理由（無意味な理由とわたしには思えたが）で、教練への参加をわたしに禁じた。やむなくわたしは、文化人類学上の調査を継続することを口実にスーダンに赴き、到着後直ちにスーダン補助防衛軍に入隊した。これこそわたしが望んでいたこと、またなしうることであった。すでに数年間わたしは南スーダンで野外調査を経験していたので、その地方で使われている言語のいくつかを、ヌアー語とアヌアク語を含めて話せたからである。

いわばE－Pはユニークな意味で、人類学者として、「あちらで暮す」経験をすませていたわけで、経験で身についた彼の手練の業《わざ》がここでもたちまちのうちに活躍しはじめたというわけである。

レスリー大尉（その防衛区域を指揮するロイヤルスコットランド兵連隊所属の将校で、E－Pは彼のことを快く思っていなかったことを文中巧みに暗示している）はわたしをジラ防衛隊に配属して、アコボ川上流をパトロールし、アドンゴ地区のアヌアク族(2)の挙動を監視するよう命じた。この部族の状況について知る者はほかに誰もいなかったからである。ここで一言説明しておいたほうがよいであろう……アヌアク族はスーダンとエチオピアの諸河川沿岸に暮す、概算三万五千人のニロト族の一派である。彼らは、ツェツェ蠅の虫害で国土の大半が家畜の飼育に適さないため、ほとんど農業一本槍で暮しを立てている。彼らは多少いりくんだ社会的、政治的制度をもっているが、ここでは、彼らの国土の東の……部分――これから記述される小規模な調査作戦が行なわれたのは実はこの地域なのである――にはひとりの王が住んでいて、王権の象徴たる紋章を保持している限り光栄ある地位を保っていられる、と言えば足りる。彼の血縁である貴人のひとりが彼に襲いかかってそれらの紋章を奪い取ってしまうと、王冠は攻撃者の頭に移る。……アヌアク国は遠方に在ってそこまで行くのは容易でないので、アングロ＝エジプト政府も……エチオピア政府も名目以上の実質的統治をこの国に実施したことはない、と言ってよかろう。その国民は好戦的で独立心に富んでいる。(3)

この国に到着し、信任状を提示して誓約書に署名するや、彼は直ちに銃一式を発注し、ポーター役の現地人を募集して、こわもての閲兵場の隊長たちから離れて、森林地帯の自由な空気を吸いに出発した。

アコボでわたしは前世紀の旧式ライフル銃一五丁と五〇発分の弾薬を引き渡され、アヌアク族の不正規兵の一隊を雇うよう言われた。そこでわたしはその地方に住むアヌアク族の中から顔見知りの七人を選んで……同行させた。もっとも彼らが長期間わたしと行動をともにしてくれるか、はなはだこころもとなかったが。わたしはさらに八人……とりわけ東部地帯のアヌアク族を雇うことに決めた。彼らならわれわれが調査活動をする予定の地域の地理に詳しく、周辺地方のアヌアク族より規律の観念が発達しており、当時アヌアク族の国王だった男の意見を重んじていたからである。……さいわいアヌアク人は全員ライフル銃の扱い方を心得ており、至近距離からの射撃ならかなり正確であった。また彼らは祖国の資源だけで暮すことに異議はなかった。実際これだけ小人数の調査隊では、万事機敏な移動と知恵とにたよらざるをえないことは明らかだった。戦争するときのアヌアク族の慣習にしたがって、われわれはほとんど夜の闇を縫って移動した。まえもって彼らの国土を行きめぐり……彼らの民族性と言語とを知っていたことをわたしは大いに利用した。同行の現地人に与える指示に、わたしはかなり幅広い解釈の余地を残しておいた。

英国人であることと人類学者とを兼ねているうえに、エヴァンス＝プリッチャードほどの頭脳の持ち主であれば、ティコピア(4)におけるファース同様、喜び迎えてくれるあの王のもとへ直行したがるのも無理はない。「これがイタリア人の調査隊だったら、エチオピアに住む……競争相手である国王の血縁者に説得されて、彼を奇襲してアヌアク王権の象徴たる紋章を奪おうとするであろう、と彼は思ったからである」。エヴァンス＝プリッチャードは王の家族から案内・護衛役の「若者」を八人募ると――その中には王の弟も含まれていただけではなく、のちには王自身までその一員として参加する――彼は彼のいわゆる「小規模な調査活動」を行なうために出発した。

〔一二月六日〕わたしは一五人のアヌアク人の一隊とともにアコボ川上流地域をめざして出発した。丈高い雑草のおい茂る湿地帯をわれわれはやっとのことで切り抜けた。上流地域の村々の住民からわたしは暖かい歓迎をうけた。以前そこを訪ねたことがあったので彼らはわたしのことを忘れずに覚えていてくれたのだ。われわれは次の日には下流地域にもどってくるつもりであったが、ウルクワワにボマ軍(5)の小人数の哨兵隊が駐屯しているという情報を得たため思いとどまった。さっそく哨兵隊宛てに明日訪問する旨のメッセージを送ったが、送った直後イタリア軍の一隊が哨兵隊を襲撃するためウクワワに向かって前進中という秘密情報を受けとった。そこでわたしは直ちにウクワワ村に向けて出発した。村の入口の正面に着いたときは真夜中であった。哨兵隊から得た情報――これはのちにイタリア軍の情報筋から正しいと確認されたが――は次のようなものであった。アヌアク族の不正規兵の一隊が、二名のイタリア人将校指揮下のソマリ軍(6)のかなりな人数――おそらく二〇〇人ほどの軍勢――の正規軍とともに、村のすぐ外側にあるアブラと呼ばれている一つの岩、有名なアヌアク族の領地を示す境界標の近くに来ている、というのである。

彼は最初総勢二〇〇人のイタリア軍部隊を待ち伏せて奇襲をかけようとするが、失敗する。やむなく、向かいの土手沿いに往来する部隊のあとをつけて、時折り射撃し、撃ち合う。こんな中途半端なやりとりに飽きたのか、「イタリア隊は、おまえらさっさと退散しないと攻撃をしかけるぞ、という趣旨の警告文を送ってきた。わたしは適当にあしらう文面の返事を送った」。やがてイタリア軍の大半は、三〇人ほどの分遣隊をアコボ村に残して基地に向け出発した。E－P率いる一五人の部下は好機到来とばかりに彼らを攻撃した。「われわれはすさまじい勢いでライフル銃の射撃を加えた。イタリア軍側からは機関銃の射撃と手榴弾攻撃があった。結果はイタリア軍側に一名の戦死者が出た。彼らはこの戦闘を重要な交戦として報告した。たちまち彼らは退散した……以後、二度と彼らの姿は見られなかった」。

彼の部隊は食糧不足と隊長自身の発熱に加えて、雨中行軍に疲労困憊し、遂にE－Pはアコボ川の岸辺に野営することにした。この部分は、彼が人類学誌的語りを小休止して、自分が指揮してきた男たちの性格とその指揮の仕方について省察するくだりに見合う行動における小休止である。

ここで闘士としてのアヌアク人のそなえる諸特質について若干述べてもよいであろう。彼らは勇敢ではあるが、ひじょうに興奮しやすく、不必要に自分をむき出しにする。彼らは銃を腰のあたりに構えて撃つことを好み、肩の高さに構えて撃つときは照準を用いない。それゆえ小戦闘で首尾よく勝つには彼らを敵の前面に立たせて直射させる必要がある。彼らを指揮なしに行動させるわけにはいかない。彼らは指揮官の行くところはどこにでもついてくるし、不利な戦況となっても指揮官を見捨てて退散するようなことはしない。指揮者なしにはすまない連中なのだ。どんな作戦行動を起こすときでも事前に彼らと打ち合わせをして、口で命令することによってではなく実際に手本を示すことで指揮しなければならないこともわかった。無骨で強情な戦士ばかりだからだ。わたしがある作戦計画を提案し説明したあと彼らが難色を示す場合でも、わたしがみずから率先してその計画を実行しはじめると彼らも全員それにならい、結果として目的を達成することができることがわかった。

ほどなくして熱が下がると、E－Pは、いまは二四人に増えた自分の小部隊を率いて、「ギラ流域における〔彼らの〕優位を崩すために」アジェンガに在る総司令部に陣取る数百人のイタリア兵を捕虜にしてしまおうという野心を起こす（「わたしはそれほどの戦死者も出さずに奇襲攻撃でアジェンガを占拠できると確信していた」）。しかしレスリーがそれを実行に移すことを禁じ、「わたしを失望させた埋め合わせに」数名からなるアヌアク族の歩警小隊をE－Pのもとに派遣してくる。数日後、その地方に住むアヌアク人が、エチオピア人下士官に率いられた約三〇人のアジェンガ村民が近くの村落にはいった、という情報を彼にもたらす。

これは逃がすべきでない絶好のチャンスと思われた。さっそく陸地側から村を攻撃させるためにアヌアク族の戦士たちを派遣すると、わたしは歩警隊を率いて川側から攻撃するため北上した。敵軍は村を囲む堡塁に守られているうえ、アヌアク族の村民の加勢もあった。味方のアヌアク族部隊が敵側の射撃を引きつけている間に、わたしと歩警隊は敵に気づかれずに村に接近することができた。後刻、味方のアヌアク隊はわれわれと合流して村への正面攻撃を行なった。われわれは激しいがかなり乱射気味の敵の銃火をかいくぐって匍匐《ほふく》前進して、直射可能な近距離に迫った。友軍のアヌアク兵の一部は村に侵入して住民の小屋をつぎつぎと炎上させた。その結果、敵側が周章狼狽する隙を衝いて……われわれは本営に殺到した。われわれが敵軍と接触したのは午前七時半、きっかり三時間後の一〇時半には村を占領していた。敵の被害は戦死八名、負傷二名であったが、わが軍の戦死はゼロであった。イタリア軍の送った報告書には、彼らが五〇人〔の植民地兵〕と二五〇人のアヌアク族の兵士によって攻撃された、と記されている。……〔わが軍による村の〕占領は、イタリア軍の優位が最大であったアヌアク地方のあの部分に対する打撃を意味していただけではなく、アヌアク族の中でわれわれを支援している者たちにとっての励ましをも意味していた。とりわけ、われわれの友軍として戦っているアヌアク族の戦士たちの大目的が、われわれがやってのけたように、一つの村を防衛者たちから奪い取って破壊することだったからである。

これ以上E‐Pの冒険譚につきあうのは、やめにしたい。もっとも、この冒険譚の、黒と白の対照的な色彩感は抗し難い魅力をはらんではいるが。わたしが捉えたいと思っているのは色彩感よりはむしろ調子《トーン》のほうで、これははっきりさせるべきだと思っている。そこで、この民族誌像を仕上げるために、いわばプレストスタッカート調で、E‐Pのアヌアク族観と彼らのあいだで行動する彼自身に対する自己理解とを照明する、相関性の乏しいいくつかの引用文をつけ加えるだけにしよう。というのも、われわれがここで相対《あいたい》しているもの、すなわち『アフリカの諸像』(*Images Afriques*)もまた、所詮は一つの像にすぎないからである。

かくしてわれわれは、「ウディエル・ウスキアン」(「わたしのアヌアク語名はオディエル・ワ・カングであった」)という名のひとりのイギリス人がこの地域に滞在していることを聞きながら彼について なに一つ知ることのできなかったイタリア軍が、アヌアク族の人びとから情報を得る能力を欠いていたことについて述べるE‐Pの言葉を聞かされるわけである。

アヌアク族の人びとは、イタリア軍から報酬を受け取って彼らの不正規軍の一員になった者が多数あったにもかかわらず、イタリア兵に好意をもっていなかった。それゆえ、わが軍が彼らの国土を通過したとき敵軍に通報せずに黙認したのである。そのくせアヌアク族の民間人は斥候や歩哨やスパイ役をみずから買ってでて働いていたため、わが軍の指揮上の動きはささいな点に至るまで通報されていたのである。とはいえ、脅しと報酬の約束で情報を得ようと努めながら、イタリア軍が得たものはろくでもない情報でしかなかった。彼らは、人間らしい待遇を与えることによって一民族から情報を得る方法を心得ていなかったのだ。

戦闘の現場から離れているときにアヌアクの戦士たちを訓練することの困難さ(「彼らは闘うために行進する覚悟はできているが、ただ行進するという行動は容易にできない」)について述べている箇所を引用しよう。

途中でわたしはアヌアク人相手に経験した最大の困難に直面した。彼らが言うには、目的も無しに田野を行進し続けるのはもううんざりだ、そこに到達したら必ず戦闘があると約束してくれない限り、二度とギラには行きたくない。〔ギラ市を標的とする空襲による攻撃作戦について は〕機密保持のため彼らに打ち明けるわけにはいかない、とわたしは思ったからだ。困り果ててわたしは彼らに、わたしについてくるかどうかは君たち次第だ、とにかくわたしはギラに行くと言い切って歩きだした。結局、彼らはついてきた。

適切な指揮下で戦闘するさいのアヌアク人の勇気についての証言を次に引用する。

ある理由から……この分遣隊の指揮をとっていたイタリア人将校は、短時間の小戦闘ののち撤退して守備隊〔南エチオピア出身のガラ族〕[7]を恐ろしい運命の手にゆだねた。われわれは一七名の不正規兵を殺害し、……かなりな数の逃亡兵を負傷させた。不運にも、塹壕にとどまっていた五人の女性、すなわちガラ族の妻たちとひとりの子どもはまきぞえとなって殺された。わが部下のアヌアク人戦士も二名負傷した……塹壕を急襲したときに。アヌアク人はほんとうに勇敢に戦った。たいていの場合彼らは厄介千万な存在だったけれど、戦闘の相棒としてはたのもしい存在だったのである。

現地人を理解しているイギリス人の（イタリア人のだって同様なことは言うまでもない）将校が、そうでない将校よりまさっていることについて言及しているくだりを引用しよう。

伊軍駐屯地に対するもっとも有効な攻撃法について、レスリーとわたしは意見を異にしていた。その独特なものの考え方についてはすでに述べたアヌアク人兵士たちは、これはかなり危険な攻撃だが、夜陰に乗じて敵の駐屯地に接近し、夜明けとともに攻撃を仕掛けて本格的戦闘にもちこめば勝利を収めるかもしれない、と考えていた。レスリーのほうは戦術教科書の教えに忠実に従って、日中に攻撃をしたいと考えていた。彼が指揮をとっていたのでわれわれは彼の流儀で作戦行動をしなければならなかった。

その結果はもちろん敗色が濃くなり、アヌアク兵たちは「強く反対した〔にもかかわらず〕」撤退するよう命じられた。友軍の中央部隊は「英軍将校がついていなかったため……一斉に退却しはじめた」。英軍は敵に包囲された。「アヌアクの戦士たちがいなかったら、われわれは全滅していたであろう。彼らの指示に従ったおかげで、われわれは川から遠く離れた、雑草が丈高く生い茂る草地に逃げこみ、負傷者を連れて〔逃げのびることができた〕」。レスリー自身その数秒後に戦死した、とわれわれは戦況報告書で知らされた。しかしながら、最終的にアコボ＝ギラ一帯からイタリア軍は一掃されたのである。疲労困憊して、二〇キロ近く体重を減らし、不治の傷に苦しめられていたＥ－Ｐは、英軍の支配権を誇示する目的で組織された、ギラ川沿いにエチオピアまで北上する六週間に及ぶ行進に、こころならずも参加させられる羽目となる。「わたしが受けた指令は国旗を表示することだったので、文字どおりそうしようと、こころに決めた。行進するわが縦隊の先頭には、長いポールの先端に大きなユニオンジャックがひるがえっていた。この旗ざおは野営するすべての村に立てられた」。

どこの村でも住民はこの旗を見て喜んだ。ただしイタリア軍総司令部があった村では旗が近づくと村民たちが逃げだして林の中に身を隠してしまうので、これは例外とする。「沼沢地を通って帰還するのは実に辛い任務だったが、この遠征は全般的に興味深いものであった」と、少年の自作本の最上版といった筆致で、彼は自分の経験談をしめくくる。

エヴァンス＝プリッチャード自身が、この民族誌をとおして自分が読者に植えつけようとしている自己イメージをそれほど意識していないときめこむのは、彼の語り説くところを呑みにするのに劣らず愚かなことであろう。この物語がパブ朗読会で余りにも頻繁に語られてきたことは明らかであって、それゆえこれは著者が懸命に印象づけようとしている即興的な事実譚などではまったくない。興味をそそられるのは、主題や意図にかかわりなくE－Pの全著作に共通してみられるあの効果がどのようにして生みだされるのか、またなぜ――なぜ著者によって――そうした効果が探し求められているのか、ということである。彼がこともなげに発揮する的確な理解力も、これをいざ修辞的レヴェルで首尾よく発揮しようとすると、容易でないことがわかる。すくなくともレヴィ＝ストロースのゴンゴリズモ（妙に気取った文体）におとらず容易ではない。いやそれ以上にむずかしい。E－Pがその全研究歴を通してそうしていたように、またそう自覚していたように、きわめて扱いにくい難解な対象を扱っている場合にはいっそう難しい。デニス・ダナフー[8]が、この種の斜に構えた散文接近法のもうひとりの信奉者たるヘレン・ガードナー[9]女史について書いているように、英詩の塀で囲われた庭園について、すべて例外なく暗示的「もちろん」〔三〕で終わるセンテンスで書くのと、頑固なスコットランド人や道化じみたイタリア人や移り気な黒人が沿岸に住む白ナイルの小支流群の周辺で行なわれている魔術や無秩序や奪い合いについて、同様なセンテンスで書くのとではまったく違う。この種の、実に凝りに凝ったテクスト構築上の戦略が遂行される手段を分離することは――それらの手段がわれわれのあいだではおなじみの教養人的話し言葉のつぶやきを背景にもっており、それと分かちがたく混じりあっているというただそれだけの理由で——同じようにひじょうに難しい。とはいえ、この戦略が作家と読者とのあいだで結ばれる、きわめて厳密に作成され、そしてきわめて注意深く順守される語り的契約に依拠していることは明らかである。著者と彼の聴衆とを結びつけている諸仮定、社会的、文化的、かつ文学的な諸仮定はきわめて強力であり、かつきわめて広範囲に普及しているので、また社会の深部にまで制度化しているので、ごくささいな信号でもひじょうに大きなメッセージを伝達することができる。ダナフーがヘレン・ガードナー女史と、彼がより一般的に「砲艦式言語学」と呼ぶものとについて述べているところを聴こう。

読者は論点を説明してもらう必要はない、ちょっとうなずくだけで十分だ。自分がこの種の配慮を受けるにあたいする人間とみなされている証拠だけで満足することを期待されているのだ。用いられるセンテンスは目配せの語尾屈折を帯びている。作家がオックスフォードの特別研究員であれば、それが役立つ。彼が出自と出身階級と生まれつきの性質と育ちとによって、あるいは顕著な学問的業績と読者がいま手中にしているような著作の公刊とによってこのような人物であるという印象を与えるならば、それはさらにいっそう役立つ。そうすれば、交流を互いに気が合ってやりとりする一種の特権にさせている共有された価値観、良い趣味、およびこまやかな鑑識眼に訴えて自己表現することができるわけである。[四]

社会的態度が互いにどれほど違っていようとわたしが尊敬を惜しまない、E－Pを含む愛する著者たちの仮面を剝いだり、非神聖化したり、脱構築したり、あるいはそれ以外のやり方で彼らの価値をおとしめたりしていると思われたくないので、これだけはすぐ言っておきたい。わたしはダナフーがいかにもアイルランド系の人らしく、あっけらかんと自認しているこの斜に構えた言説様式に対する嫌悪を共有してはいない（もっとも、無前提に切り出す「われわれ」を一見疑問の余地ない高みにまで押し上げてしまったヘレン・ガードナー女史について彼が言おうとしていることは理解しているつもりである）。実際わたしの目にそれは途方もない権力の演じる「言語劇場」に見える。民族誌で言えば、力強さこの上ないが所詮は作り物のテクストだ。いわゆる英国の社会人類学「派」の出現とともに、この言語劇場がもっとも目立つ言説様式となったのは確かである。だが「派」とは言っても、なんらかの共有された学説あるいは確定ずみの研究方法による結集というよりはるかに、この散文における逍遥派的スタイルによって同類としてくくられているというのが真相だ（ちなみに、エヴァンス＝プリッチャード、A・R・ラドクリフ＝ブラウン、マイヤー・フォーテス、マックス・グラックマン、エドマンド・リーチ、レイモンド・ファース、オードリ・リチャーズ[10]、S・F・ネイデル[11]、ゴッドフリ・リーンハート[12]、メアリ・ダグラス[13]、エンリス・ピータース[14]、ルースィー・メア[15]、およびロドニー・ニーダム[16]らが、互いの競争意識はさておいて、共有しているものは一つの調子《トーン》である。もっともこの調子《トーン》を使いこなす伎倆において彼らのあいだに優劣の差があるのは当然だが）。いまでは大半のアメリカ人人類学者の著述は、多少とも『アコボ川沿いの作戦行動』を連想させる調子《トーン》を帯びているほどだ。

いずれにせよ、この種の暗示的「もちろん」調の言説を明らかにする標識は、入念に仕上げられたさりげなさによってどれほど注意深くカムフラージュされていようとも(このさりげなさこそ主要標識の一つである。すべてが——あのガラ族の女性、子どもたちが好例だ——あまりにもさりげなく記述されている)、いったんその存在に気づくや、つぎつぎとその所在を指摘することができる。そのうちのいくつかは、従属文を示す句読点の用法の極端な単純さと規則性同様(コンマの数はできるだけ少なく抑えてある、しかも置き方は機械的だ。セミコロンは皆無に近い。つまり読者はどこで息継ぎしたらよいか心得ていなければならないのだ)、書かれたテクストを見てはじめてわかる仕組みである。他の複数の標識は、文中に節《クローズ》を埋めこむことを恐怖症さながらに忌避するという、前述の標識と関連する癖である(書かれたものを読むとダーシとカッコがときおり見られるが、引用文を書きこむさいに用いるときを別にすれば、コロンと同様、まれにしか用いられない)。修飾語句や装飾語句を省いた主語‐述語‐目的語からなる単純なセンテンスは強烈な効果がある。(「君には手持ちの語が名詞と動詞しか無いと思え。形容詞に関しては必要に応じてわたしが選択する」。クレマンソーは自分の書記にそう諭したと伝えられている)。E‐Pは少なくともフランス語とイタリア語は流暢に話せたが、彼の民族誌的著述を見ると、現地語がはいっているのは言うまでもないとして、事実上、外国語のフレーズは皆無といってよい。幅広い教養の持ち主であるにもかかわらず、文学的引喩はほとんどなんの役割も演じていない。自己表現の伎倆《わざ》にかけてはプロ中のプロであるにもかかわらず、人類学のであれ他の学問領域のであれ専門用語の排除は徹底していて、これみよがしの印象すら与える。多少とも頻繁に見られる言語行為といえば、そっけない平叙文に限られる。からかい半分の疑問文、問題の焦点をぼかすような冗長な条件文、執筆中急に物思いにふけって発する呼びかけ文(頓呼法文)、これらはまったく現われない。

言説構成のもっと高い水準でも、上述のメカニズムは同じように露わであって、力強さの点ではまさるほどである。調子《トーン》の同質性についてはすでに言及した。直射のやりとりの場面が同じような平板な言語で、名高い教養あるイギリス人の「中間態《ミドルヴォイス》」(17)で――つまり丈高い雑草地をてくてく歩いていくような文体で――記述されていることを思え。常に一つの、つまり著者自身の明瞭かつ定まった視点がある。他民族の持つ別な見方の表象や表現が議論の的《まと》になっているときですら、そうなのだ――腹話術を使うくらいの心配りがあってもよいのに。「アヌアク人のあいだで戦闘が行なわれるさいの大目的は、一つの村を防衛者たちから奪って破壊することである」「すでに述べたように、空、月、雨、その他の天然現象が、単一現象としてもそれらの集合としてもそれ自体で神であるというのはヌアー族(18)の思惟にまったく反することであるばかりではなく、彼らにとって不条理とすら思われかねない〔五〕」。言葉そのものとの苦闘を示す徴候はすべて抑圧されてしまっている。語られていることはすべて明晰に語られている、自信に満ちて、こともなげに。言語の水準で言えば、いずれにせよ、埋めるべき空欄もなければ、添えるべき傍点もない。見えるものがそのまま得られるものであって、それゆえ深読みする気にはなれない。軽いアイロニーといってもごくごく軽いのが絶えず戯れているため、どこを読んでも親密な関心は遠ざけられてしまう。真剣に取り上げるにあたいするほど重要なものは一つも無い。ユニオンジャックすらそうだ。この旗のためにこれだけ激戦が行なわれ、多くの戦死者が出ているというのに。もっと正確に言えば、読者が書かれていることを余り真剣に受けとめてはいけない理由《わけ》は、それほどそれが重要だからである。奇妙な風習すら、困惑させたり脅威を与えたりするよりは、むしろ興味深く楽しいものである。それはわれわれのカテゴリーを曲げはするが、折ってしまうことはない。

Ｅ－Ｐのテクスト構築上の戦略――「アコボ的リアリズム」とでも呼ぼうか――とその成功を仮借ない激しさで助けるこまやかな戦術の正体はまさしくこれだ、わたしにはそう思える。あらゆるイメージ、あらゆる優雅、あらゆるうなずきの狙い、最優先の狙いは、いかなるものも理路整然たる記述――それがどれほど奇妙であろうと――に抗しえないということを証明してみせることに在る。「フィールドワークと経験論的伝統」と題するＢＢＣ放送のための講義の序説――おそらく彼が自分の使命観についてもっとも明確に述べたものであろう――の冒頭に、Ｅ－Ｐは次のように書いている。「社会人類学の歴史は、未開の諸民族についての無知無学な意見に、知識学問に裏づけられた意見が徐々にとってかわる過程とみることができる。そしてこの過程においてある任意の時点で到達した段階は、おおむね、その頃利用しえた体系的知識の量と関連している」[六]。原始的諸族の文化に関する学識の裏づけのある意見の形成（つまり読めばわかる式の著者‐読者間契約がものをいうあの明敏な読者層の形成）は、ホーマーやイタリア絵画やチャールズ一世と議会の内戦についての意見に学識の裏づけを与える別な読者層の形成の場合に似て、人類学に課せられている仕事である。それは困難きわまりない課題ではあるが、その困難さは実践面に限られている。

超えなければならない障害に、言語のそれがある。「原始諸族の言語の多くはほとんど信じがたいほど習得がむずかしい」。苛酷な仕事の条件は耐え忍ばねばならない。「人類学者は孤独である。彼は自分の所属する人種と文化の親密なつきあいから切り離されている。親しいつきあい、友情、相互理解を求めるのに自分の周囲の現地人に頼らなければならない」。個人的偏向を全面的に根絶するわけにはいかない。「人は見るものをその人自身の経験とあるがままの彼（女）自身という視座から解釈するしかないのである」。とはいえ、それらは超えられない障害ではない。「〔対象部族の〕言語のすべての語の意味をそのすべての指示状況に即して完全に理解しえた〔とき〕、その社会の研究は完了したと言えるのである」。上述の諸条件は克服しえないものではない。「人類学のフィールドワークには……ある種の性格と気質が要る。……〔それを〕成功させるには〔現地人の生活に〕全面的に没入できなければならない」。個人的偏向も和らげることができる。「著者の個性差を斟酌するならば、また人類学的諸研究の総和においてこれらの個性差の効果が相殺される傾向があるという事実を考慮するならば、人類学上の発見の信頼性が問われている限りにおいて、われわれはこの問題についてあまり思い悩む必要はないと、わたしは思う」。実際われわれは、われわれの課題と不屈に取り組み続けること以外の、なにごとについても余り思い悩む必要はないのだ。「自分が探し求めているものが何か、どのようにして探すべきか、を心得ている者が、文化的同質性を保っている小民族のあいだに二年間暮してひたすら彼らの暮し方を研究し続けていれば、事実認識を誤るなどということはほとんどありえないのだ」。

こうした態度は、それが民族誌の頁に移されれば、おのずから明快このうえなく提示された一連の明晰な判断と無条件的陳述とに導くので、よほどの阿呆でない限りそれを拒むことはできない。この種の単刀直入的自己主張は、E-Pの著書のほとんどいたるところに見出される。『キレナイカのサヌーシー族』[19]には、「ベドゥイン族の人びとが神を篤く信仰していて、神が彼らにそなえている定めを深く信頼しているのは確かである」という陳述がある。『ヌアー族』には、「厳密な意味においてヌアー族には法律が欠けている」という陳述がある。『アザンデ族[20]の社会に見られる妖術、神託、および呪術』には、「アザンデ族が自然の作用とみなせるものと、呪術、亡霊、および妖術の作用とみなせるものとの差異を認識していることは疑いない」という陳述がある。『ヌアー族の宗教』には、「ヌアー族のあいだに明確に宗教的といえる感情が存在していると言いえないことは確かである」という陳述がある。また『ヌアー族における親族と結婚』には、「まれな例外を除いて、ヌアー族の女性はその境涯に十分満足しており、彼女らの夫と他の男たちは彼女らを丁重に遇していることがわかった[三]」という陳述がある。

ここで問題にされているのは上述の諸陳述が真実であるか否かということではない（もっとも、

ベドゥイン族[21]とヌアー族の女性たちについての陳述の真実性については、わたしも疑念を禁じえないが）。またエヴァンス＝プリッチャードが、注意深く吟味された、広範囲にわたる詳細な証拠をそれらの裏づけとして提出していないわけではない。それらはいわゆる付論（*obiter dicta*）などではない、文脈から外されて引用されるとそう読まれてもやむをえないが。問題は、この種の伝道的宣言をふりやまぬ雨のように浴びせること（実際、文字どおり半頁に半ダースの頻度でぶつかるのだ）が、（こまかい点は別として明らかに）一方ではリビア民族あるいはナイロート諸族[22]についての、他方ではこれほど確実ではないが、オーストラリア原住民、ポリネシア人、ビルマ人、あるいは東アフリカ人についての信憑性のある報告をつくりだしているのはなぜか、ということである。この種の断固たる啓蒙的言説がどのようにして（なぜ？　どのようなやり方で？　なにについて？）啓蒙するのかという問題である。

　まずは、この複合的問題を、どちらかというとＥ‐Ｐのスタイルで、つまり、どのように彼がそうしているのか、そうすることで彼はなにをしているのか、という二重の問いにかかわる一対の陳腐で陰影を欠いた直截な主張をもって答えよう。ついで、こんどはわたしの流儀で、彼の著作への傾向的言及という視点から、これらの主張に濃淡の彩色をほどこし、陰影を帯びさせよう。彼はどのようにそうしているのか。民族誌的解明と主な説得力の源泉へのＥ‐Ｐの接近法《アプローチ》の著しい特徴は、文化的現象を眼前に髣髴《ほうふつ》させるように鮮明に表現しうる卓越せる描写力――隠喩的に言えば人類学的スライド写真技法――である。では彼はなにをしているのか。この幻灯機式民族誌の主な効果、および主な意図は、われわれが本能的に頼っている既成の社会的認識の枠組が、例のスライド写真技法が映し出すやもしれぬいかなるたぐいの奇妙な現象にも十分適合しうることを証明することである。

わたしの知る限り、これははっきりと指摘されたこともなく、ましてや分析されたことは確かに一度もないにもかかわらず、エヴァンス＝プリッチャードの文体の強烈な視覚的特質は、彼の書いたものをたくさん読んでいる誰の目にも余りに歴然としているため、特定のイメージへの二、三の引喩を目にしただけで、彼の著書の全体を想い出してしまうほどである。

なかでももっとも有名なのは、『妖術、神託、および呪術』に出てくる、穀倉が崩壊するシーンである。白蟻が支柱まで食い破ったまさにその瞬間、それとも知らず焼けつく陽射しを避けて穀倉内にはいったまま永遠に生きて出られなかった哀れなアザンデ、つまりアザンデ族の人びとの話だ。複数の原因を衝突させて悲劇的事件を引き起こすというその一節で、E－Pが展開している妖術説の全容が、このシーンとともにわれわれの脳裡に忘れ難く刻みつけられた。〔八〕また『ヌアー族の宗教』に出てくる雄牛とキュウリ、双生児《ふたご》と小鳥の表意文字については、供犠、トーテミズム、あるいは「原始的思惟」について著述しているほとんどすべての人類学者が引合いに出すことを義務と心得ているらしい。延々と続く家畜豊産の祝祭。そして洪水が草地を襲い小高い丘の頂に農家が危うく残されていたり、砂丘に沿っていくつもの農家が数珠のように連なっているシーン。穂先が細長く柄も長い槍の波が「大地の王侯貴族さながらに闊歩《かっぽ》していく」シーン。「事実、彼らは自分たちのことをヌアー族の槍とみなしている」、おそらく彼らの社会を民族誌学全体の中でもっとも視角に訴える社会たらしめているのは、そのことである。[九] 豹の皮を着た酋長、みがき板、舞踊による決闘、ハチの巣状の家畜小舎、銃を腰の位置に低く構えて撃つ射撃法、銃撃されて火を吹いた小屋、旗をずらっと並べて誇示するアヌアク族の風習。以上のシーンがつぎつぎと走馬灯のように脳裡をかすめていくだけで、わたしの主張に同意していただけるであろう。

ここでもE－Pはすべてを完全に意識して書いている。彼の持ち前の慣用語法が光学的であり、著者が「現場に居合わせていた」ことを証明するサインが熱烈なほど絵画的であることをわれわれ読者が鋭く意識しているのと同じ程度に(実際、もしわれわれがこれらのシーンにふだんよりもうすこし注意を向ければ、そう意識せざるをえないのだ)。

ヌアー族の地で目撃した供犠に想いをはせると、二つの物が思い浮かぶ。いずれも眼前に見るように鮮明なイメージであり、わたしに言わせれば供犠の儀礼を要約している。一つは司式者が呪文を唱えながら犠牲《いけにえ》のかたわらを行き来するとき彼の右手に握られてふりかざされる槍であり、もう一つは死の瞬間を待つけものである。もっとも鮮やかな印象を呼び起こすのは、司式者の姿でもなければ彼の発する言葉でもない、彼の右手に握られてふりかざされる槍なのだ。[一〇]

『アザンデ族の王侯たち』で、著者が被調査者の記憶にもとづいて、一九世紀に生きたひとりの王について報告している例のように直接的経験が焦点となっていない場合ですら、用いられる言語はあいかわらず強烈に視覚的なものである。

グブドゥウェは背の低い男だった、極端に低いとは言えないが。……体格はがっしりしていた、とはいえ、ぶかっこうなずんぐりタイプではなかった。筋肉質ではなくゆったりした肉づきの、がっしりした体格をもつ男であった。乳房は女性のそれのように前に突き出ていたが、まるっきり女性的という印象でもなかった。言うまでもなく男の乳房だったからである。手首は肉づきがよすぎて、しわが寄っていた。前腕部は男のすねを連想させた。目はやや出目気味で、星のような鮮やかな眼光を放っていた。怒って相手の男をにらみつけると恐ろしい眼光に変わったが、激情がおさまると灰のように鈍い色になった。[二]

こうした描写は著者の強い好みを示してはいるが、それ以上に強いものと思ってはいけない。見ることに徹している者のレトリックは、彼の著作を調べれば誰でもすぐ気づくように、言語的テクストに限定されてはいないからだ。まず第一に思い浮かぶのは、最初のうちは標準的な、部族別を示す徴候《しるし》の露わな民族誌的スナップ写真――「成人式」、「釣りをする現地人」等々――のように見えるかもしれないが、少数の例外を別にすると、説明写真というよりはむしろ象徴的写真であるあの一連の驚異的な写真である。率直に言わせてもらえば、人物はほとんど静物画を思わせるほど意図の露わなポーズをとらされ、秘められた意味を思いめぐらしながら眺めるのに好都合なように対象が配置されている(あぐらをかき、ピンと張ったつなぎ綱にしどけなくよりかかっている背の高い裸の牛飼いの男。同じようにしどけない様子、一糸まとわぬ姿で、凝った造りのきせるを喫っている立ち姿の若い女。両手を組み合わせ、ひじと首のあいだで槍を愛撫している、座位の盲目の男)。それがかなわぬときは神経をこまやかに働かせた構図にする(緊張した顔つきで槍をひらめかせながら婚礼の祝宴のダンスを踊る戦士たち。豪雨の中に群がる家畜の大群。両腕を湾曲した大角《つの》のように頭上にあげて自分の雄牛に讃歌をうたっている少年)。言葉による絵画のあいだにこれらの写真が、文中の言及もなければほとんど満足な説明文も抜きで、雑然と挿入されている(「若者」、「八月の驟雨」、「きせるを喫う未婚の娘」など)。そしてその大部分は、組写真でなく、一葉だけで自己主張しているのである。

線画も挿入されている。エヴァンス＝プリッチャードは、写真が素描をすたれさせなかったばかりか、映画と写真とのかかわりのように、かえって素描の得がたい長所に気づかせる効果をもっている事実を理解したと思われる数少ない民族誌学者のひとり(ひょっとすると唯ひとりの民族誌学者)である。彼の書物は(これまた)孤立した、解説抜きのスケッチの多いことで目立つ(患部に血液を吸い寄せる療法である「吸角法用の角《つの》」、「やすらう首」「婚礼の祝福祈願に用いられる道具」など)。それらはイラストによる脚注のようにテクストの縁《ふち》を飾っているのである(言葉による脚注はごくわずかしかないし、よく知られているように、専門的な立場からする引用は事実上皆無である。これは単なる学術書とはわけが違うのだ、ということを読者はあらかじめ知っていなければならないらしい)。

最後に図型の使用がある。一組の基本的な平面図、すなわち正方形、長方形、三角形、樹木、円、弧、半径、母型、さらに言うまでもなく、より標準的な親族関係表、図、スケッチ地図など、E-Pの手にかかるとこれまたユークリッド幾何学的相貌を呈するようになる図表類も含まれる。社会的事物の輪郭のあいまいな周縁——村落、部族、季節、家畜の所有権争い、戦争、邪悪な呪術と善い呪術など——が確固とした境界線で仕切られ、明確このうえない直線および有角形として頁の上に描かれる。イワン・カープとケント・メイナードが指摘しているように、『ヌアー族』の主題——本質的には社会が諸関係系の網状組織であるという主題——が、単一図形の、つまり正三角形の反復として、最初は時空系の表象によって、ついで血統系譜の表象として、最後に政治的制度として統括されているということは重要である。〔三〕同様のことが、部族間組織、部族内諸関係、および不和確執を表象するために用いられている小区分方形(および小小区分方形)についても主張できるであろう。

挿絵、写真、素描、図表——これらはE-Pの民族誌をまとめあげていく力にほかならない。彼の民族誌は、鮮明にイメージ化された諸観念によって進展していくのであり、一つの神話(あるいは日記)が凝集してくるようにというよりはむしろ一つの風景のように彼の民族誌は凝集してくるのである。しかもそれは謎めいたものを解き明かすことをもって至上の課題としているのだ。彼の世界は、輪郭のはっきりした諸形象が——一つのささやかな単一形象にまさってそれらの大部分が——明瞭に知覚できる背景のもとで記述可能な仕方で作用している真昼の世界である。メアリ・ダグラスがある著書——もっともこの書はそれ以外の点ではわたしとはかなり違うE-P観を提示している（彼女はスタンダールを自己流の社会心理学者ぐらいにしか見ていない）——の中でほのめかしているように、E-Pがもしも人類学のスタンダールだとするならば、それは「諸欲望のあいだの微妙な緊張とバランス」への「洞察力に満ちた」[三]感覚のゆえではない（彼がその種の感覚をそなえていたとは思えない）。そうではなくて、スタンダールのラ・サンセヴェリーナ公爵夫人(23)と同じように、E-Pのアヌアク族、アザンデ族、ヌアー族、デーンカ族、シルック族(24)、およびベドゥイン族が——そしてそれらのテクストの中に彼自身が——実存し続けているという事実のゆえにである。

こうした明晰さのすべて——光り輝く、目のくらむような、唖然とさせる、……視力も奪いかねぬ明晰さ——は、わたしの主張のうちまだ不明のまま残されている第二の点を解き明かすことになるのだが、エヴァンス＝プリッチャードの民族誌学の付属品にすぎないようなものでもなければ、発見された諸事実が時代とともに古びることのないように工夫した様式上の奇抜さや修辞的装飾の一種でもなく、彼の民族誌学の核心そのものなのである。『悲しき熱帯』におけると同様、ここでも語り口はそのまま語り物である。とはいえ、『悲しき熱帯』とは対照的に、その語り物は、「部族的なもの」、「原始的なもの」、「野蛮なもの」が……それがどう形容されようとも……赤道地帯の色濃い影と密林の闇の世界であり、聖杯探求の終わりに鏡の背後にひそんでいた不透明な別の到達不可能なものである、というメッセージなどではない。それは明晰で直接的な、露わな活力に満ちた世界、認識可能で、奇妙なほど過去を思い出させる、そして見馴れたとすら言える——それでもふだん絶えず注視されている——世界なのである。

アーネスト・ゲルナーが述べているように、E-Pの仕事の永続的関心事、彼がくりかえし立ち帰って取り組む謎めいた諸問題(科学が不在な世界に認知的秩序がどのように維持されているのか、国家が不在な世界にどのようにして政治的秩序が維持されているのか、および——ゲルナー自身は言及していないが——教会が不在な世界に精神的秩序がどのように維持されているのか、という三問題)は、われわれが真に人間らしい生活の土台とみなしているものが西欧的諸制度の助けを借りることなしにどうして存在しえているのか、という単一の関心事の三位相にほかならない。[四] E-Pの古典的諸研究のすべては、われわれの文化に存在しているあるものが他の文化には欠けている、という一つの発見からはじまっている。アザンデ族の文化に欠けているのは、われわれにとって自明である自然的因果関係と道徳的なそれとの区別であり、ヌアー文化に欠けているのは国家が施行する法律と暴力の管理というわれわれの政治構造であり、『ヌアー族の宗教』に欠けているのは、キリスト教における「教義、典礼文、……聖礼典、……礼拝および神話体系」である。そしてそれらの研究は、われわれのとは別のもの――妖術、分節的社会組織化[25]、あるいは神的存在の様相的イメージといったもの――が未開の社会では十分機能している、という発見で終わっている。

最後になるが、これこそエヴァンス＝プリッチャードのテクスト構築上の戦略が、換言すれば「アコボ川的リアリズム」が遂行している、少なくとも遂行しようと意図していることなのである。この戦略が求めているのは、一見して奇怪な――非合理的、無秩序的、異教的な――観念、感情、慣習、価値観その他から奇妙さを剝ぎとることである。それも、それらの奇想的な文化的表象を形式的な普遍的秩序に整序し直すことによってではなく、人が自分自身の価値観、慣習、感情その他について語るのと変わらぬ冷静な「言うまでもなく」調の調子《トーン》で語ることによってである。それは、その調子《トーン》においても、それによって表出される仮定や判断においても、「外へくくり出す」(in-cluding out)機能を果すうえで強力であるばかりではなく、「内へくくり込む」(including in)機能にも、また実際、両機能を同時に果すのにも強力である。そしてE－Pの手にかかると、この戦略は彼が扱った多様なナイロテ族相手に有効性を発揮したが、それはまさしくこの両機能の遂行にほかならなかったのである。これらの諸族を他者としてではなく他者とは別なものとして記述するなら(つまり、彼らがこちらがその意味を洞察しえた行動をするときは聡明な人びととして、ただし理解できぬ彼ら独自の行動をするときは無知な人びととして記述するなら)、彼らはさして重要でない事柄においてのみわれわれとは違う人びとであるように見えてくる――「たいてい彼らは迷惑この上ない存在だが……戦闘のとき近くにいてくれるのには好都合な存在だ」というわけである。

民族誌に対するこの、やや弁証法的な取り組み方の不思議なところは、それがその研究対象の生活様式を正当化していると同時に民族誌学者自身のそれをもその正当性を立証していること――そして前者を遂行することで後者を遂行していること――である。この事例の場合、大学レヴェルのイギリスの文化的カテゴリーが、神判毒[26]だとか、冥婚[27]だとか、血讐[28]だとか、キュウリ供犠だとかいった奇妙な風習の理由についての筋の通った推理、信憑性のある価値観、およびよく知られている動機づけ観等の準拠枠を与える能力をもっているとすれば、それらのカテゴリーが西欧だけにしか通用しない、いわば地方的なものではなく、もっと普遍的な重要性をもつものとして推薦できるわけである。E‐Pがアフリカを論理的なかつ聡明な所――整然とした、直截な、冷静な判断力をもった、しっかりした範型にのっとった、透明な文化圏――として描きたいという熾烈な願望を燃やしていたことについては彼なりの深い理由があるのであろうが、いずれにせよ彼はそれを実行に移すことで、ある種の人生観が一般的な権威をもつことを立証する力強い議論を構築していったのである。アフリカ文化の闇を光明に変えることができれば、どの文化にだって同じことができるはずだからだ。

　このようにアフリカの原住民をイギリス色濃厚な視座から構想された世界の中に導き入れ、そうすることでこの視座の支配権を確証することは、しかし誤解されてはならない。それは、すべての見解は誰かの見解であり、すべての発言はどこかで発せられているという陳腐な意味においてでなければ、決して自民族中心主義ではない。ときおり彼について言われることとは対照的に、E‐P

は「彼の見た」アヌアク族、ヌアー族、その他の部族を黒い肌をしたイギリス人に造り変えはしなかった。ここで彼らは民族誌的文献に記述されたどの民族、部族にもおとらず、彼ら自身の空間に固有の重量感をそなえた、十全な形姿で現実化されて実存している。高度な知識に裏づけられた教訓を拝聴しようと耳を澄ましている、予約券で入場した聴衆にE－Pが語っているのは、「彼らはわれわれとまったく同じような人間です」というようなことではない。そうではなくて、彼らがわれわれと相違している点は、それらがどれほど衝撃的なものであっても、本質的にはさして重要ではない、というメッセージなのだ。アコボ川沿岸に住む人びとは、アイシス川[29]沿岸に住む人びとと同様、男女ともに勇敢かつ臆病であり、親切かつ残酷であり、賢明かつ愚かであり、忠実かつ二心あり、頭がよくかつ頭が鈍く、生気に満ちかつ退屈で、信心深くかついい加減であり、前者の性質のほうが後者よりまさっていると考えられている、というわけである。

「イギリスに住むもっとも卑小な男性もまた、もっとも偉大な男性として生きるべき人生をもっている」。これは有名な言葉である（もっとも現代に生きるわれわれは、これにはっきりと「女性」という語をつけ加えたいと思うのも当然だが）。こうした感情をイギリスを超えてアフリカへ、そしてさらに遠方の地へ（おそらくイタリアにさえも――これは面倒な事態を招くかもしれないが）広げていくことこそ、エヴァンス＝プリッチャードのスライド写真技法的民族誌学の狙いなのだ。そしてこれがどのような形容詞で呼ばれえようとも（僭越な、ロマンティックな、あるいはもうまったくトンチンカンなもの（「大英帝国的イデオロギーの再来か？」といった）、それはおつにすましてもいなければ、度量が狭いこともなく、また同情心に乏しいこともない。さらに言えば、真実に欠けてもいないのだ。

しかし問題は、何が真実であるよりは、むしろ実行可能なものは何か、ということであるかもしれない。自閉的言説がレヴィ＝ストロースに与えた、アコボ川式リアリズムがエヴァンス＝プリッチャードに与えた自信は、今日多くの人類学者にとってますます縁遠いものと思われている。彼らは半ば近代的、半ば伝統的な諸社会によって、動揺つねない倫理的複雑さがフィールドワークに課す諸条件によって、記述と分析への極端に対照的な多数の接近法《アプローチ》によって、そしてみずからの文化を代弁しうる、また事実代弁している調査対象民族によって対決を挑まれているばかりではない。何であれ他民族の生活様式についてみずから語ることが、事実語るにあたいするものであるということを知りうる方法に関する、ほとんど認識論的憂うつ症《ヒポコンデリー》にまで達している重篤な内的不安によっても悩まされているのである。

こうした自信の喪失とそれにともなう民族誌学的著述の危機とは、現代的現象であり、現代社会の情勢によって生じてきたものである。それが今日われわれが置かれている状況であって、サー・エドワード・エヴァン・エヴァンス＝プリッチャードが置かれていた状況とは異なるものである。

第四章　目撃者としてのわたし

――マリノフスキーの子どもたち――

……わたしは村に出かけた。月明りの夜空は明るかった。余り疲労は感じなかった。村に着くと、わたしはカヴァカヴァに小量の煙草をあげた。その晩は踊りも集会もなかったので、浜辺を通ってオロオボまで歩いていった。驚異だった。このような植生を月明りの下《もと》で見たのははじめてだった。あまりにも不思議な、あまりにもエキゾチックな植生だった。見馴れた物たちのヴェールをとおしてエキゾチシズムが軽やかに射し入る。林の中にはいった。一瞬ギョッとした。動悸を鎮めなければならなかった。自分の心の中をのぞきこんで、「わたしの内面生活はどうなっているのだろう」と問いかけようとした。自分に満足できる道理はどこを探してもみつからない。わたしがしている仕事は創造的自己表現というよりは麻酔剤的な営みだ。わたしはその仕事をもっと奥深い源泉と結びつけようとはしていない。それを体系づけようとはしていない。〔仕事をせずに〕小説を読みふけるなど、身の破滅だ。ベッドに横になって、みだらな思いにふけった。……

わたしを民族誌的研究に引きつけるものはなにもない。村に行き、新しいクルトゥール・クライス[1](文化圏)の印象を思い浮かべ、それに身をゆだねてみた。おおむね村はわたしにあまり良い印象を与えなかった。ある種の猥雑さがある。村々はバラバラに散在している。村民はぶしつけに哄笑し、執拗にみつめ、ウソをつくのでわたしは少しがっかりした。なんとか自分で生きる道をみつけねば……。

密林の中の二、三の小屋を訪れた。帰宅して、コンラッド[2]を読みはじめた。ティアブウブウとスィックスペンス(いずれも現地人)相手に話をした――寸時だが心が踊った。その後、再びひどい憂愁に捉えられた、心の内なる地平線の果てに広がる曇天のような灰色の憂愁に。わたしは書物から目を引き離した。はるかかの地では恐ろしい事態が進行しているというのに〔ヨーロッパのこと、しかもいまは一九一四年一二月である〕、自分が新石器時代の野蛮人のあいだにこうして安穏に暮していることが現実のこととは思えなかった。ときおり母の無事を祈りたい衝動に襲われた。自分ではどうすることもできないはるかに遠いどこかで、耐えがたいほど恐ろしいことが起こっているような気がした。……

バラ族[3]特有の舞踊の上演の写真を数枚とろうと思って村へ出かけた。半切れ分の煙草をいくつか差し出してから二、三の上演を見て写真をとったが、貧弱な出来映えだった。明るさが足りなかったのと、踊り手たちが露光に必要な何秒間かポーズを持続するのをいやがったからである。彼らに癇癪を爆発させるときもあった。特に、わたしから応分の煙草をもらったあと、みんなさっさと立ち去ってしまったときがそうだった。だいたいにおいて現地人に対するわたしの気持は「蛮族は根絶やしにせよ」という激情に決定的に傾いていた。多くの場合わたしは卑怯に、そして愚かしくふるまった――一例あげるとドマラへの旅行のときがそうだった。わたしが二本分の煙草を惜しんだばかりに彼らは協力してくれなかった。その結果わたしは絶好のチャンスの一つをみすみす逃がした。……

あえて村へ行かずに二、三通の手紙を書き、マキァヴェリを読んだ。彼の意見の多くにわたしは深い感銘を覚えた。いや、それどころか、彼が多くの点でわたしにひじょうに似ているとさえ思った。わたしがまったくヨーロッパ的な(つまり非イギリス的な)心性とヨーロッパ的な問題意識をもっているイギリス人であるという意味で。……

人物素描の試み。(a)白人。一、ホン・R・ドゥ＝モレインズ、ニックネームはダーティ・ディック――プロテスタント系アイルランド人貴族。サラブレッド級の高貴な人物なれど、手元にウィスキー・ボトルがある限り底無しの呑兵衛なり。酔いから醒めると……かなり控え目でたしなみ深く、驚くほど礼節に富み、きわめて上品なり。されど実は教育程度低く、知的教養に欠ける人物なり。二、〔通称〕「アループ」なるアルフ・グリーナウェイ。ラムスゲートもしくはマーゲイト出身の――労働者階級出の――きわめてきちんとした、思いやり深い田舎者。なににつけ口をついて出るのは「どえらいこっちゃ」の一語。そして話すときH音を省く癖あり。現地人の女性と結婚していて、そのせいか上品な人びとと一緒のときは、とりわけ御婦人たちと一緒のときは、きまりわるい思いをするなり。ニューギニアを去りたい気持みじんもなし。(b)有色人種。ディムディム(本名はオワニ)。逆上して己れの母を殺《あや》めし現代のオレステスなり。神経質で堪《こら》え性《しょう》なく——きわめて頭の切れる男。〔この地での〕ドゥ＝モレインスとの同棲生活はまったく原始的なり。ひげをそることなく、常にパジャマを着用し、壁無きあばら屋にて言語に絶する不潔の中に暮すも……本人はそれを好む。〔されど〕〔ロンドンの宣教師協会〕会館に暮すより〔ここに滞在するほうが〕はるかにましな生活なり。大勢の少年たちが身の回りの世話を焼いてくれるゆえ快適この上無し〔三〕。

これは言うまでもなく人類学の舞台裏を描いたあの傑作、われわれのいわゆる「二重螺旋」、すなわちブロニスラフ・マリノフスキーの『マリノフスキー日記』(*A Diary in the Strict Sense of the Term*)からとって構成した、自由大学向きのテクストである。『日記』はニューギニアとトロブリアンド諸島で、それぞれ一九一四—一五年、一九一七—一八年の二期にわたって書かれた(ポーランド語でだが、随所に英語の語句が、いやそれどころかパラグラフまるごと英語で書かれている文が散りばめられている)が、ちょうどその時期マリノフスキーは、あらゆる意味で、人類学史上、おそらくはもっとも有名な、そして疑いなくもっとも神話化されたフィールドワーク計画を実践していた、換言すれば、西欧の文化パラダイムから異種のそれへの旅路をたどっていたのである。

『日記』の原稿が発見されたのは一九四二年に彼が急死したあと残された書類の中からであるが、書かれてあることの妥当性についての関係者の困惑の渦中に翻訳・出版されたのは、四半世紀後の一九六七年であった。「いくつかのパラグラフは」と、マリノフスキーの教えを受けた学生にして友人、そして弟子でもあったレイモンド・ファースは、『日記』への甚だしい不安をにじませた序論において述べている(その調子《トーン》は、あたかも彼が別の場所でなにか別のことをしていられたらどんなにいいだろうと真剣に考えているかのようである)「いま読んでも読者を立腹させ、警愕させるかもしれない。読者の中には、記録がときおり示す凶暴さ、いや堕落の要素をすら……印象づけられて驚く人がいるかもしれない。わたし自身はどう考えているかと問われれば、この日記の中のある記述を嘲笑いたい人に対しては、あなたも著者と同じように、ご自分の思いを正直に点検し、正直に書いたうえで、判断したらどうですか、と言ってやりたい、ということだ」。

　これは、単にある種の性格上の要素やときおり現われるある種のパラグラフがどうのこうのという問題ではない。しかしそのことはひとまず脇に置いておいて、人類学の大家の名誉を汚すような記念碑が彼の本質を理解する近道として広く世の人びとの目を引いているいまこそ、わたしがなによりもまず言わねばならないのは、わたしもファースと同意見だということである。日記が読者を困惑させるのは事実だが、しかしそれは日記がマリノフスキーについて語っている事柄ゆえではない。その多くはネオ・ロマンティシズム的常套句に過ぎず、他の名高い『告白』の幾冊かの例に洩れず、みかけどおり多くの秘密を暴露しているというにはほど遠い代物である。[三]『日記』が読者を困惑させるのは、それが「あちら側に身を置くこと《ビーイング・ゼア》」について語っている事柄ゆえである。

正確かどうかはともかくとして、マリノフスキーが今日までわれわれの先達であり続けたのは、一部は彼が事実に固執したゆえであり、一部は彼の著作のもつ並々ならぬイメージ喚起力のゆえである。彼自身の皮肉めいた態度を逆転させるような、蛮人の中に跳び込もう式の直接参与の民族誌学と呼んでもよい学問の第一使徒としての喚起力である。『西太平洋の遠洋航海者』へのあの有名な、民族誌学のハウツーを手ほどきする序文の中で、彼は次のように書いている。「カメラ、ノート、エンピツを脇に置いて、全身全霊でいま行なわれていることに参加しよう、それが民族誌学者にとってよいことなのだ。……こうした態度が誰にでも同じ程度に容易であるとは思えない――おそらくスラヴ人の民族性は西ヨーロッパ人のそれよりは環境に適応しやすく、生来野蛮な生活に馴れやすい――が、成功の度合いに違いはあっても、それを試みることは誰にでもできる」。人が異民族の本質を把握しうるのは、レヴィ＝ストロースのように出会いの直接性から思惟の対称性へ後退することによってでもなければ、エヴァンス＝プリッチャードのように出会いの直接性をアフリカの壺に描かれた形象に変容させてしまうことでもない。ほかならぬこの直接性に己れ自身を、おそらくは己れの魂を没入させることによって異民族の本質をつかむことができるのだ。「このように原住民の生活に全身で跳びこむことから……わたしが経験しえた明確な感情は……彼らの存在様式が従来より透明となり、理解しやすくなった、ということである。」[三]

『悲しき熱帯』と『アコボ川作戦』の二著と同様、『日記』は（実は『厳密な意味の日記』のタイトルはマリノフスキー自身が決めたものではなく、これを曲解せんとする曲学阿世の徒に予防線を張るために編集者たちが案出したものである)、奇襲的な威力をもって読者を人類学的テクスト構築上の一つのまぎれもない戦略の諸特性のただ中へわれわれを投げこむ。『日記』は、好奇心に満ちた、予定外の仕事の観のある他の二著におとらず非典型的民族誌であり、同じように型破りの書き方で書かれているので、これもやはり教室で教科書を読むような落着いた読書法には抵抗する書物である。

わたしが引用したこの書物からの抜粋が証明しているように、『日記』がわれわれの面前に突きつけている問題——あの潤滑油として煙草を使うやり方やスラヴ的民族性はひとまず置いて——、つまりこの書がほぼ全面的に没頭している問題は、全存在を挙げて現地社会に駆けこむような、民族誌学へのこうした取り組みをしようとする場合、われわれが跳び込むべき対象は原住民の生活に尽きるものではまったくない、ということである。風景がある。孤独がある。現地に住むヨーロッパ人たちの存在がある。故郷とそこに残してきたものがある。使命感とこれから赴こうとしている任地についての思いがある。そしてもっとも震撼的な、民族誌学者自身の情念のきまぐれ、体質上の弱点、思惟の転変常なき性《さが》がある。つまりあのか黝《ぐろ》いもの、自己がある。原住民に果してなりきれるか、という問題ではない(これは古来港町として名高いアルフ・グリーナウェイやラムスゲートの労働者階級であれば、多少の差はあれクリアできる問題だ)。それは複雑多岐な生活をどう生きぬくか、七つの海を同時航海するにはどうしたらよいか、という問題なのである。

世界中の読者あるいは傾聴してくれそうな聴衆に向かって話しかけている『悲しき熱帯』や、誰であれ(退役軍人でも歴史家でもよい)英軍の軍事日誌を読む人に語りかけている『アコボ川作戦』と違って、『日記』はおそらく出版されることをあてにして執筆されたものではない。少なくともマリノフスキーが生前出版をめざして手を打っておいた形跡は無い。もっとも、執筆にさいしての慎重さと(翻訳で読んですら明瞭にわかるほどの)熱情を思うと、読者たるもの首をかしげたくなっても無理はないけれど。自分の聴衆に向かって話しかけるスタイルで書かれる文学作品ジャンルに属するものとして、書く自己から読む自己に伝達されるメッセージとして読まれると、この書物が提示している問題は決して一般的水準のものではなく、未開の森林に帰りたくても帰ることを許されぬ分身霊さながらにマリノフスキーの(のちにわかるように彼のだけに限定されぬ)民族誌的著述につきまとう問題にほかならない。つまり、月明かりの夜な夜なと神経を苛立たす原住民とが、束の間の興奮と人を殺《あや》めたくなるような凶暴な絶望とがかなでる不協和音から、異邦人の生活様式を記述する真正の報告書を汲み出すにはどうしたらよいか、という問題である。もし観察する行為がそれほど個人的な仕事だとすれば、つまり影濃き浜辺をもの思いにふけりながらそぞろ歩きをするようなものだとすれば、観察にもとづく知見もまたそうではなかろうか。主体がそこまで拡大すれば、対象はその分縮小するのではなかろうか。

ここでも次のことを理解することが不可欠である。すなわち、わたしがたったいま問題を記述するにさいして用いた語彙(そして主としてマリノフスキーが感情移入的フィールドワークを神聖化したために、いまではそうした語彙を用いるのが普通だが）の特異性にもかかわらず、この問題は、「遠いかの地で」民族誌家が経験してきたことから「帰国してのち」語ることへの移行をいかに切り抜けるかを問うものであって、性格上心理学的なものではなく、むしろ文学的なものである。そうした問題が発生するのは、文化人類学的記述の構築に対して eyewitness ならぬ I witness すなわち目撃者はわたしだ的な接近法《アプローチ》というまじめな駄じゃれを弄して定義することも可能な取り組み方を採用する民族誌学者にとってである。事実そのとおりであって、この場合の「わたし」の現実的内容がどのようなものであれ——ポーランドのクラクフ市出身の神経衰弱的傾向をもつ人であろうと、（わたしがこのあとすぐ取り上げようとしている著作家を先取りして言えば）地球の裏側に直立するタイプの人であろうとも——ほぼ同じような形式で問題は発生する。自分の民族誌学の中心に自分の感性の活動範囲——つまり自分の分析力や社会的コードの活動範囲ではなく——を位置づけることは、一つの明確なテクスト構築法を、すなわち自分という人間を信頼しうるものとして表現することをとおして自分の報告書を信頼しうるものとして表現していく方法を、己れに課することにほかならない。民族誌は、一九二〇年代と一九三〇年代には遠回しに、今日ではますます露骨に、内省的傾向に転じている。説得力をもつ「目撃者としてのわたし」であるためには、まず説得力をもつ「わたし」とならねばならないらしい。

　この難業に取り組むさいのマリノフスキーの主なやり方は、二つの根本的に対立するイメージ、すなわち彼がさまざまな言い方で（もっとも、明けの明星とか宵の明星とか金星とかいろいろ言い替えてみても、いずれも同じキンキラキンなものを指していることに変わりはないが）「有能にして練達の民族誌学者」、「現代人類学の最先端を行く冒険家」、完全に職業的な「専門のフィールドワーカー」、および「わずか二、三〇〇〇人の、事実上裸体で暮している〈野蛮人〉……の年代記者にして代弁者」と述べている対立的な諸イメージを、己れの民族誌的著述の中へ投影することである。[四] 一方にひかえているのは完全なコスモポリタン、すなわち、ほとんどどんな未開の状況の中にも潜入していって蛮人が考えるように考え、蛮人が話すように話し、ときには彼らと同じように感じ、同じように信じることができるほどの広大な適応能力と万人同胞的感情とをかねそなえた人物である。他方にひかえているのは骨の髄まで研究者である人、すなわち、ラプラスのような大科学者すら自分に甘い人物と思わせかねないほどの、客観性に徹した、私情を超えた、完璧かつ厳密な、規律正しい、峻厳な真理に献身して悔いぬ卓越した科学者である。高尚なロマン主義と高度の科学精神、詩人の情熱で此処・今の直接性をつかみとり、解剖学者の情熱で直接性からの抽象を敢行する、という二種の営みを一つにくくるのは容易ではない。

　マリノフスキーが、彼のテクストから離れたとき、どの程度両者の一方であり、どの程度他方であったか、は容易に決めがたい。同じ太平洋諸島を対象とした民族誌学者のマレット[4]は、マリノフスキーのことを、極度に内気な未開人の心情の中にはいりこむことのできた人と考えていた。彼の師傅《しふ》であったフレーザーは彼を根っからの科学者とみなしていた。別のあのすぐれた合理主義者ハヴロック・エリス[5]も同様の考えであった。ファースはマリノフスキーと話したときの印象として、フィールドワークにおける彼の「参与はほとんど常に彼の観察にとって副次的な位置しか占めていなかった」と述べている。ところが、ファース同様彼の弟子にして友人、そして信奉者でもあったオードリー・リチャーズに言わせると、マリノフスキーは「ともに暮す他民族の人びととかなり親密な関係になりうるコツを身につけていた」。初期の弟子であったがのちに師のおそらくはもっとも痛烈な個人的かつ職業上の敵となったエヴァンス＝プリッチャードに言わせると、「彼はトロブリアンド諸島の原住民を熟知するようになった」のは事実だが、しかし「自然科学書風の外見を与えようと努めた」ため、「饒舌と些事へのこだわりの泥沼」[25]ともいうべき彼らに関する数冊の書物を著わした。おそらくは、『日記』――あらゆる矛盾の例に洩れず、どんな結論を引き出すことも可能な書物だ――すら、その本質を定義するのが不可能な書物である。ただ一つはっきり言えるのは、彼のテクスト（上述のおそらく個人的色合いの濃いさまざまな判断は、これにもとづいてなされているようだ）の内部における彼はあたかも――彼自身が読者によってどちらのタイプとして受けいれられるのか、こころもとない気持でいるかのように執拗に、うろたえつつ、そして奇妙なくらい神経質に――両方のタイプであり続けた、ということである。

『サンゴ礁の庭園とそこで行なわれている呪術』から

　本書においてわれわれはトロブリアンド諸島人その人に遭遇しようと思う。他文化の人びとに彼がどう見えようとも、彼自身にとっては彼はなによりもまず庭師なのである。自分の土地に対する彼の熱愛は正真正銘の農夫のそれと変わらない。土を掘り返し、種子《たね》をまき、そして植物が芽生え、成長し、熟し、念願の収穫を産む過程を見守ることに、彼は神秘的な喜びを経験する。彼という人間を知りたければ、ヤムイモ園かヤシ林かタロイモ畑の中で彼と会わなければならない。死サンゴの白い露頭部に囲まれた黒か褐色の土壌を掘り返していたり、「魔法の塀」——最初は芽生えてまもない緑色の植生の中の黄金を思わせる閃光を放ち、やがてヤムイモの群葉が織りなす豊かな花輪の下陰でブロンズ色か灰色の渋い色合いを見せる塀だ——で庭園を囲う作業をしている彼に会わなければならない。

『バロマ』から

フィールドワークの現場では諸事実の混沌ともいうべきものを直視しなければならない。それらの中には余りにも些細なことなのでとるにたらないと思われるものもあれば、余りにも巨大な姿を現わしているので、一挙に全貌を把握するはずの鋭い一瞥をもってしてもとらえきれないものもある。しかしこれらの、いわば生《なま》の諸事実は科学的事実では全然ない。それらはまったくとらえどころのない代物《しろもの》であって、ただ解釈によって、永遠の相の下で眺めることによって、それらに内在している本質的なものをつかみとって固定することによって、はじめて定義されうるのである。法則と一般化のみが科学的事実であり、フィールドワークは、生の諸事実を一般的規則に服属させて、混沌とした社会的現実を解釈すること以外のなにものでもない

のである。[六]

『野蛮人の性生活』から

読者は、原住民が性というものを究極的には快楽の一源泉としてではなく真面目で神聖なものとして扱っている、ということを見出すでしょう。彼らの慣習と考え方は、性が本来具有している、生《なま》の物質的事実をすばらしい精神的経験に変容させ、性交のさまざまな技巧をロマンティックな愛の魅力でおおい包むことのできる力を剝ぎ取るようなことはしない。……性のもつ哲学的な神秘は、そして詩人にとって性が有する魅惑と人類学者にとって性が有する興味は、おそらく、まったく官能的なものとロマンティックなものとの融合に、そもそもの初めはもっとも個人的な出来事であるものがはらむ広範囲に及ぶ、重い社会的意義に在るのだ。

『西太平洋の遠洋航海者』より

いかなる学問領域における科学的調査であっても、その結果は率直にかつ公明正大に公表されるべきである。物理学や化学に実験にもとづく貢献をしようと思う者で、実験のすべての手順の詳細な説明、用いられた器具・装置について、観察の仕方、観察の回数、そのおのおのに要した時間、計測ごとの値の近似度等についての正確な記述をぬきにしてそうしようと思う者はひとりもいまい。……このような民族誌学的情報源のみが疑問の余地ない科学的価値を有する、とわたしは考えている。なぜなら、一方には直接的観察の結果、および原住民による陳述と解釈との結果があり、他方には著者による推定があるが、両者を明確に区別できるのはこの種の情報源を相手とする場合に限られるからである。

どこから引いてもこの調子だ。ここに露呈しているのは、マリノフスキーがトロブリアンド諸島の原住民について書きあげた二五〇〇頁を超える大著全巻をとおして（いや全巻の多くの頁に、と言い直そう、反経験論的な、壮大な夢想の書と思われては困るので）、まるで修辞上のチックのように交替で現われては消え、消えては再現する巡礼者としての人類学者と地図作成者としての人類学者――同業者をそう名づけて二分したのはわたしだが――とのあいだに揺れている彼の姿だ。実際、〈ここで語っているのはわたし、著者ですよ〉式の段落の大半において、二種のアイデンティティは行から行へ進んだり退いたりするので、読者は自分の署名を必死になって模倣しようとしている、風変わりで大真面目な署名偽造者を見る思いがするほどだ。

ここでも断らねばならないが、マリノフスキー自身が「内面性」における自分のほんとうの姿を、あるいは「外面性」において自分はこういう人間だと思わせたがっている姿を知っていないわけではない。むしろ彼はその両方の姿について確信があり過ぎるのだ。彼以前のどの民族誌学者よりも、また彼以後の民族誌学者の中ではもっとも鋭敏に、地面がゴツゴツしているヤムイモ園のつるとサンゴの中を根っからの蛮人といっしょにうろつきまわる行動から、節度ある法治国的な社会的現実を永遠のパラグラフの中に刻みつける作業へと移行することが、どれほど困難であり、一寸先は闇であるのかを絶えず意識し、読者にも絶えず意識させている民族誌学者は、実にマリノフスキーその人なのである。『西太平洋の遠洋航海者』において彼は、Ethnography（民族誌学）とイニシャルを大文字で綴りながら——Ethnographer（民族誌学者）と同様、彼はほとんどいつもそう綴っている——書いている。「民族誌学において、部族の生活の変幻きわまりない諸相の中に表現されている……野蛮な生《なま》の資料と……学問に裏づけられた、最終的な調査結果の発表とのあいだに横たわる距離は……途方もなく大きい」。この自覚、フィールドワークの技法についてのそれでもなければ、社会理論についてのそれでもなく、あの聖なる調査対象「社会的現実」についてのそれですらない、人類学における「言説問題」——学問的権威をもつ発表をいかに著わすか——についての自覚、これこそ彼が後世に残したもっとも重要な遺産であるかもしれない。それが彼の念頭からもっとも離れなかった自覚だったことは疑いない。

『日記』が出版されて不注意な読者にもわかるように事実を劇化してみせるよりはるか以前に、マリノフスキーは「あちら側にいること《ビーイング・ゼア》」にかかわる問題を、必ずしもそのもっとも生産的な形式においてではないにせよ、もっとも根元的な形式で提出した。彼は、極限的には観察者と被観察者とのあいだに介在する感情的距離を事実上消失させるか、あるいは消失させたと主張する調査様式と、極限的にはそうした距離を絶対に超ええぬ域にまで近づけているか、あるいは近づけたふりをする分析スタイル（彼がどれほど一貫してそれを追求したかにかかわりなく）、この二つを同時に彼は構想したのである。かくして、最終的には民族誌学的経験の原型的契機をなしているもの、すなわちその経験を吸収してしまうことと、書き下してしまうこととの二機能のあいだの緊張関係が、途方もない程度まで高められてしまった。マリノフスキーの著作群においては、この緊張は多かれ少なかれ遠ざけられているだけではなく、先ほどから指摘しているように、実は執拗な両義的発言によって、つまり、さっきは底知れぬ神秘かと思うとこんどは勝ち誇る法則・法律という具合に、この緊張は修辞的に利用されてさえいるのである。とはいえ、マリノフスキーのフィールドワークがその胸裡にいまなおいきいきと生きてはいるが、彼の分析上の理念だけはその胸裡に死に絶えているどころか軽蔑すらされているあの後続する民族誌学者たちにとって、問題はそれほど単純ではなかった。しばしば考えられているように彼らが欲したのは「参与観察」なる調査方法だったのではない(それは実は方法ではなく願望に過ぎないことが判明する)、「参与記述」という文学的ディレンマだったのである。

できるだけ散文的用語で言い直すなら、問題は調査の所産のうちに調査過程をどのように再現表象すべきかということである。すなわち、ある社会、文化、生活様式その他、あるいはその成員、文化を担っている者、その代表者その他の人びとの幾人かとの遭遇を一つの理解可能な関係に導き入れるような仕方で民族誌を書くにはどうしたらよいか、ということである。心理主義的解釈の介入に先手を打って再びてっとりばやく言い替えるなら、目撃者としてのわたしを記述する著者を、原住民自身が挿絵を描く物語の中に入れてやるにはどうしたらよいか、という問題である。「あちら側にいること《ビーイング・ゼア》」の概念について言えば、自己反省的、冒険主義的、あるいは観察至上主義的なそれよりはむしろ本質的に伝記的なそれに忠実であるということは、テクスト構築への告白主義的接近法を忠実に守るということにほかならない。するとこんどは、レヴィ＝ストロース、エヴァンス＝プリッチャード、およびマリノフスキーが彼らの寓話、回想録、あるいは夢想の中に閉じこめようと努めた現実世界のペルソナが、すなわちいろいろ奇妙なことを試してみた結果もっと奇妙な苦しみを味わう羽目となったあのこしらえものの自己が、著作そのものの中にどっと流れこんでくることになる。

個人間の出会いとしてのフィールドワークと信頼できる報告としての民族誌とを両立させるもっとも直接的な方法は、マリノフスキーがなぐり書きのポーランド語を使って己れの不純な思いを隔離するために用いた日記という形式を、きちんと整った公的なジャンルに、つまり世人が読むに耐える書物に書き直すことである。本質的にはこれこそケネス・リードが、目撃者としてのわたしを強調するスタイルの民族誌を書きあげようとした最初にして最良の企ての一つと言える著書『高き渓谷』においてなし遂げたことである。

オーストラリアの人類学者リードは、自国と英国でマリノフスキーの初代の弟子たちの薫陶を受けたあと、数年前に引退するまでシアトルのワシントン大学の教授をつとめた。彼はマリノフスキーと同じ地域で（とはいえ、近海の群島よりはむしろニューギニア本土で、第一次大戦のさなかよりはむしろ第二次大戦直後に)フィールドワークをした。そして、マリノフスキー同様、民族誌学への全身没入的接近法《アプローチ》と散文への言いたいほうだい的接近法《アプローチ》とを採用している。しかしそれ以外の点では、少なくとも著書を作成するさいの凝りに凝った自己演出法に関しては、これほど相似ていない著作家はいまい。ドストエフスキー的な不可解の闇とコンラッド的な曖昧のぼかしとは裏腹に、リード的「わたし」は、自信、廉直、寛容、忍耐、善良さ、精力、熱情、および楽観主義に満ちている。自分は正しいことをなし、ふさわしいことを述べるのだというほとんど断固たる決意に満ちている。『日記』が未開人のあいだに暮してその女性たちに流し目を送る、いわばパリのカフェにたむろす知識人のようなイメージを表出しているとすれば、『高い渓谷』のほうは、なにを考えているか見当もつかぬ田舎教会の牧師のイメージを表出している。

「ではいったいなぜ」と、リードは『高い渓谷』の序文の第一頁で問うている。以来この種のクローズアップ的観察の民族誌における標準的な書き出し、その主要な特徴となっている一節である。

ではいったいなぜ、人類学的著述の大半は、あれほど無菌的なのか、一民族の生活の臭いを感じさせるような具体的記述に乏しいのか。あれではまるで陳列ケースの中にピンで止められている蝶も同然だ。違いと言えば、こちらの標本は何色なのかさっぱり見当もつかないことが多いし、飛んでいる姿も決して見せてはもらえない。一般論的記述を除いては、飛んでいる姿も死ぬ姿も決して見ることはないのだ。

フィールドワークに従事する人類学者はユニークな経験をする。まったく異質な文化の中に暮すということがいったいどういうことなのか、を他のなんぴとも彼ほど親密には知りえない仕方で知るという経験を。しかも宣教師も、政府の役人も、貿易商人も探険家もあずかり知らぬ親密さでそれを知るのだ。人類学者だけが、ともに暮す民族からなにものをも求めない――なにものをも、つまり……彼らの生活が織りなすテクストを理解し味読するコツ以外のなにものをも求めないのである。[七]

同業者同士で祝杯をあげているかのようなこの最後のセンテンスは別として（というのも、これではわれわれ人類学者が著述の公刊を望んでいるということを少なくとも彼が認めていることになってしまうからだ）、リードは、並々ならぬ率直さと寛大さとをもって、研究対象たるパプア族[6]の人びとに近づこうとしているらしい、いやそればかりか、ほんの少々ではあるが、そうした接近の仕方の報いすら受けているらしい。「いまふりかえってみると」と彼は書いている、「あのときわたしは完全に有頂天になっていたと思う。わたし自身の能力についての確信と自己発見とが、他の人びとへの共感と、彼らがわたしに伝授してくれた他者受容の教えに対する感謝とに結ばれて一つとなったときの精神状態を定義しようとすれば、完全な有頂天という言葉しか思いつかないのだ」。これは「われわれ現代人」には容易に嚥《の》み下せぬ自己耽溺である。トクヴィルがどこかで述べているように、われわれがもはや決してすることを許されぬ唯一のことは自己讃美であり、それゆえ「わたしはなんという厚顔無恥な輩《やから》であろう」というマリノフスキーの告白のほうがわれわれの心耳には誠実さを率直に表わしている声のように聞こえる。にもかかわらず、リードが主な資料提供者をあの相手を仰天させる強烈なパプア式抱擁で抱きしめ(彼らはこちらの生殖器をギュッと握りしめるのではないかと思われるほど強く抱きしめる、そのときほど自分が「現地の生活に融けこんでいる」気になることはない)、「彼(資料提供者)が……わたしの手の圧力のうちに、わたしの有する唯一の贈り物にしてわたしが受け取る必要のある唯一の贈り物を感じていること」を希望するセンテンスをもって擱筆する頃には、現代の懐疑論的解釈学の頑固一徹な使徒でもない限り、少なくとも多少は宗旨変えしているであろう。かの贈り物の正体について彼がいかような推測をめぐらしていようとも。

かくして、リードの分厚い書物は、一連のはなやかに飾り立てられた、少々凝り過ぎの小道具からなっている。乳白色の微光を放つ靄と明滅する茶色い眼光。それらに包まれて彼の控え目な、どちらかというと内向的な気質は、数多くの試練を思わせるさまざまなパプア族の現実生活の諸相を通過させられてゆく。数例を挙げよう。彼が宿舎で使っていたあの夢見がちな現地人の少年が課せられた、あの残酷な血まみれの成人儀礼。突然児童期から引き離され、強制的に結婚させられて「女性」となる運命におびえる隣家の少女。喧嘩っぱやいが憎めない、それなりに立派なところもある、不満家の男が、無実の廉《かど》で植民行政当局(もちろんオーストラリアの、だ)の手で投獄された事件。リードは言う、「未開人の生活の本質を経験してみたいという〔わたしの〕欲望は……個人的な必要にまでなってしまった。そしてそれを満たすことは調査から得られる知識に役立つものにとらず、わたしにとって重要であった」。実はここでわれわれが直面しているのは別種の探求である。しかしこの探求はフッサール[7]的な純認識作用《ノエシス》や推量可能な他者を求めるというよりは、むしろ罪の贖いと許容されうる自己とを求めるものである。そしてそれは失敗に終わらない、成功する。少なくともわれわれはその成功を熱心に、過剰に確信してやまない。

こうした確信を得る手段はなにかと言えば、きわめて重々しいスタイルで書かれてはいるが、しかしきわめて見事に構成されている一連のドラマの提示である（リードの文体は——プルーストの効果を狙いながらたいていはローレンス・ダレル[8]のそれに近いところに到達する——その種のものが好きな連中からは「詩的」と呼ばれ、嫌いな連中からは「胃のもたれる」と呼ばれるあの多血症的文体の一つである）。それらのドラマのおのおのにはそれぞれ主役の名前——マキス、アセモ、タロヴァ、ゴルワイツォといった——をつけられた一章が割り当てられており、孤立のイメージ（青緑色の水を静かに湛えている池や沼、謎めいた神秘を漂わせる不動の灌木林）からはじまり、混乱した理解のイメージ（飛び交う意味不明の声、風にひるがえる頭飾りの羽根）を通過し、最後に魂を霊感で満たすあの緊迫し苦痛に満ちた啓示の瞬間に到達する。

あの給仕の少年の物語を一瞥しよう。われわれはこれを一例として取り上げることができるのだが、それはすべてのドラマが同じような構造をもっているばかりか、実に同じようなメッセージ

──「憐れみが魂を浄化する」という──すらもっているからである。ここでの啓示的瞬間は男子の成人儀礼であり、しかもこの場合、木の葉を固めて棒状にしたものを少年の鼻の中に乱暴に押しこんで鼻血を大量に出させるという儀式である。

〔その残酷な儀式が給仕の少年〕アセモにとってどういう意味をもっているのかを、血まみれの男子の最後の者が砂浜をふらふらと歩きだした瞬間、わたしは突然悟った。……彼を捜そうと近づいて……彼が立っているところへあと数歩まで来た。同年齢の仲間と同じように、彼の両腕はふたりの大人の男によってかかえられていた……彼らの頭部にひるがえる羽毛と彩色が、なんの飾りも帯びていない少年の裸身とは著しい対照をなしていて、少年の裸身にほとんど犠牲の小羊に通じる無垢を添えていた。……少年はわたしの視線に気づかなかったと思う。彼自身の目には、いましも加えられようとしている暴力行為からなんとかして己れの身を守るすべを誇示しなければならない現実しか見えていなかった。わが思いが張り裂けんばかりに彼の上に注がれたことに彼がそのとき気づかなかったはずはない。わたしの五感が完全に閉め出され、一瞬われわれふたりだけが、光と水が微光を放つ中、一つの空所を隔てて向かいあい、群衆の騒音と悪臭が認識の境界線を破ろうとして果せぬ遠方の侵入者にしか思われなかったのは、単に彼の苦悩への共感のせいばかりではなかった。わたしが過去数ヵ月のあいだに彼から少しずつ学んできたすべてのことが、ここ数週間の別離ゆえにいっそういきいきしたものにされて、わたし自身のこころにもどってきた。あの日急に彼が出て行ったあとわたしの胸に残された空白の大きさにわたしが気づいたのはそのせいだった。その喪失感がいっそう鋭く胸にこたえたのは、彼が現在置かれている苦境を正当化するような一切の理由づけを無視して行なわれた一連の非個人的な出来事を背景にくっきりと映し出された彼の姿を、いまわたしが見ているからであった。……

この瞬間〔アセモはわたしのこころの中で〕海図の無い時間の大洋の中へいやおうなしに突き放された一民族の定かならぬ憧憬のすべてを象徴していた。そして突然わたしは悲痛な不毛感に襲われた。それは、あたかも過去が未来の世界への有効な見取図をいまなお呈示しているかのようにふるまっている民族への共感と、外から押しつけられた現実の限界が見えなくなるほど将来起こりうる出来事の予見に幻惑されている民族への、魂の深部でうずいている同苦の痛みとが合成してつくる不毛感であった。これこそまさしく少年アセモが立っている状況であった。彼の〔成人儀礼の〕身許引受人は、少年が潔めの木の葉による攻撃を受けているとき、彼をわたしから見えないようにした。しかし、彼よりもっと年長の老人がこの苛烈な使命を果したあと脇にのくと、アセモの前額部から流れ落ちる鮮血は、相対峙する敵勢同士を和解させるために捧げられた絶望的な犠牲《いけにえ》のように見えた。

その日このあと行なわれたいくつかの出来事は奇妙なほど竜頭蛇尾の感をまぬがれない。もっとも緊迫感と暴力性は激しさを増す一方だったのであるが。……アセモの血が川の水を赤く染めたのは、彼の身にかかわるすべてのことがわたしに告げられた直後であった。このあと彼が蒙った苦痛は不必要な反復、つまり極端まで行かずにはすまない〔パプア人の〕はためにも疲れる傾向の一例であるように思われた。

そういうわけで人格を変容させるこうした内的激情の瞬間がつぎつぎと起こること(ぜんぶでおそらく一二はある)が、リードの民族誌を推進させる語りの路線を構成している。結局リードは、二年間この種の反復される興奮を経験したあと、出血が止まらぬ潰瘍という不治の病いに罹《かか》った。彼がこんな結末を迎えることになるのは予言できたと思う。もっとも近い病院すら海岸沿いのかなり遠いところにあった。そこへ飛ばされるよりはむしろ村落の見える範囲内にある、地方医療助手の家に留まるほうを彼は選んだ。まもなく村人たちが彼の病床のかたわらにやってきて、彼を彼らの世界に引き寄せはじめる。「かつてはあれほど異様に響いた彼らの名前すら、いまではわたし自身の心の動きそのままに舌頭からまろびでるあの生活のリズムをもってこだましてくるのだ」。そして病癒えて村をあとにするときには、魂の救いを約束するあの抱擁がある。そして一〇年後には日記とも言えず学術論文ともいえぬ、マリノフスキーを苦しめたディレンマをまぬがれた――と彼が思う――絶妙な形式の著作を彼は世に問うのである。

この記録は純粋に主観的なものである。〔パプア族の〕生活の質のいくぶんかを……わたし自身の目に映りしままに、わたし自身の文化的背景をとおして、好き嫌いをとおして濾過されてきたままに、わたし自身の長所と短所によって修正を加えられしままに、読者に伝達したいと願って書いてきた。研究者として修練を積んで多少の客観性を身に着けてきたおかげで、パプア族の人びとの特性描写をするにさいしてひどい誤りは犯さずにすんだと思うし、わたし自身を……以前よりは明確に……見ることができるようになったと思う。にもかかわらず、本書執筆の動機が人類学者にふさわしい業績を示すことだけだったとしたら、このような書物を書きはしなかったであろう。また、執筆目的がわたし自身を洗いざらいさらけだすことだったとしたら、こんなことを書く気にはならなかったであろう。わたしはこの二つの両極端の中庸を行くよう努力してきたつもりである。

おそらくそのとおりにちがいない。しかし、マリノフスキー自身の場合にも言えることだが、こうした事情に詳しいロラン・バルトがいみじくも「日記病」と名づけた病癖がそう簡単に治るものかどうか、私的な自己を公的発表にふさわしく仕上げていく習性がそうやすやすと抑制できるものかどうか、疑わしい。バルトは悪戯《いたずら》っぽく「熟慮」と題した小論の中で次のように自問している。

わたしは公刊を目的として日記をつける(べき)であろうか。自分の日記を「作品」化できるであろうか。……古来、己れの秘められた気持を吐露する日記の目的と考えられてきたものは……すべて「真摯さ」の利点と特権とに結びついている(自己表現、自己弁明、自己判断の真摯さである)。しかし精神分析は、とりわけサルトルによる無意識的不誠実[9](mauvaise foi)に対する批判は、「告白」の不毛性を抉り出した。真摯さは二流の自己表現法に堕ちてしまったのだ。〔八〕

日記作家の課題は――(バルトの視座より広くもあれば狭くもある)わたし自身の視座から定義すれば、民族誌のテクストを構築するさい目撃者としての自己を強調する接近法《アプローチ》をする人はすべてこのカテゴリーに属する――バルト一流のリビドー論的言い方で彼が述べているように、著者を欲望対象として構成していくことである。すなわち、「作家から人格へと切り換えるあの猿環を操作して読者を誘惑し……〈わたしはわたしが書くものよりも価値がある〉ということを証明してみせることである」。非本質的なもの、不確実なもの、非本来的なものについての意識がこの種の著述に、近年ではこの種の著述の書き手にまでつきまとって離れない。「奇妙な逆説だ！ もっとも〈直截な〉、もっとも〈内発的な〉著述形式を選択した結果が自分がもっとも下手糞な大根役者であるという発見だとは」。

要するに「〈わたし〉を読解することは容易だが、それについて書くのは容易ではない」と言いたいのだ。ちなみにいますぐ人類学的著述を、あるいは少なくともこの種の著述のうちもっとも探究心と独創性に富む作品をふりかえってみるがよい。日記を業績化しようともくろむテクスト構築様式とそれに執拗につきまとう文学的不安とを垣間見せるしるしは、到るところに見いだせるはずだ。〈日記病〉はいまや流行病《はやりやまい》である。それゆえ、ズバリ熟慮という標題がつけられている。

こうした気分——認識論的、道徳的、思想的、職業的、および個人的懐疑のすべてを指す、そのおのおのは他のすべての懐疑を糧にして増大し、ときには絶対懐疑主義《ピュロニズム》の域にまで達することがある——をどのようにして伝達するかということは、それ自体一つの問題である。それについての概観などできはしない。第一そんなものは専門家ではない聴衆にとってあまり意味をなさないであろうし、専門家の聴衆にとってはそれはすでに多くの人の手によって十分になされている。[九] リードとマリノフスキーを手本にしてなされた一つの事例を取り上げることは、望ましいこととは思われない。というのも、われわれがいま話題にしているのが新世代の民族誌学者たちのことである以上、状況はなお混乱していて、相対的な足場すら確立されていないからである。実際われわれには見当もつかないのだ、〈著者〉と言える者がいったい誰なのか、そもそも饒舌調で言説を展開する者が誰なのか、言説を延々と展開し続ける——つまりは民族誌の言説のことなのだが——のは誰なのか、が。

それゆえ三つの最近の実例をきわめて手短かに、きわめて恣意的に、しかも前線からじかに送られてきたニュースを読み上げるような単刀直入な仕方で、考察したいと思う。これらは調子《トーン》、主題、および独自の接近法において（質においては、のちに示すように言うまでもなく）相異なってはいるが、それにもかかわらず明らかに同じ様式で構成されている。すなわちポール・ラビナウの『フィールドワークについての省察』(*Reflections on Fieldwork*)、ヴィンセント・クラパンザーノの『トゥハミ族』(*Tuhami*)、およびケヴィン・ドゥワイアーの『モロッコでの対話』(*Moroccan Dialogues*)の三作である。

この三作は、「マリノフスキーのディレンマ」、「参与的記述」、「日記病」、「目撃者としてのわたし」、その他どう呼ぼうと勝手だが、前記の流行病がいま到達している地点を感得させるのに、多くの理由からして便利である。おそらくなかでももっとも重要な理由は、これら三作が通常の懐疑家を勢揃いさせた、いわば架空のグループをなしているだけではなく、まさしく一緒に成人してきた三人組という一グループをなしているということである。ほぼ同年齢で同じ地位、そして同じ程度の名声をもつ彼らは互いに個人的な知り合いであるばかりでなく、互いに相手の業績に反応しあってきたし反応し続けており、したがって彼らの著書のおのおのは、出版当時から、終わっていると言うにはほど遠いどころかまだ全面的に舞台で演じられるには至っていない進行中の対話を深めるのに貢献しているように見えた。三人ともモロッコでフィールドワークをし、彼らのうちの二人は、上に挙げた目撃者としてのわたしを打ち出す著作のほかに、もっと標準的な種類の民族誌を上梓している。彼らが構成しているのは小さな世界ではあるが、しかしれっきとした世界でもあるのだ。

それは同時に簡略化された世界でもある。これらの著述のおのおのは、先陣を切ったラビナウがポール・リクール(10)から借用したのを受けて他のふたりが彼から借用した標語を用いれば、「他者を迂回して自己理解に達する」〔一〇〕ことに関心をもっているにもかかわらず、それぞれ別種の似非《えせ》日記をつくりあげ、相異なる現地調査型人間をその中心に据え、最後に互いに似ても似つかぬ真摯さの隘《あい》路《ろ》に直面する。彼ら三人は期せずして、マリノフスキー的な対象没入的民族誌学の理念の遺産相続者たちの身に起こっている運命の大半を体現している。

テクスト形式に関する限り、ラビナウの著書はさまざまな資料提供者との出会いの継起として構成されている。活力の衰えたカフェ経営者、ごまかすのがうまいアラビア語教師兼商店主、半都会人にして半田舎者の、しかも半友好的な浮浪人、および神経衰弱的な村のインテリとの出会い。彼らそれぞれとの出会いの意味は、著者自身の言うように、次の出会いによって決定され、やがて失望落胆させる結末へと導く。言ってみれば古めかしい『感情教育』なのだ。『あるモロッコ人の肖像』なる副題をもつクラパンザーノの研究書は、浩瀚な、当て途なく漂流していく、解釈過剰に流れる精神分析タイプの著書である。万事心得てる風の質問者と生活破産者の自己暴露者とが(この場合は用心深く「助手」と呼ばれている他郷者《よそもの》のモロッコ人という第三者をも含むが)、わずらわしい外界の喧騒を締め出した心理療法室の中に閉じこめられて対話する仕組みである。そして最後にドゥワイアーの書物(こちらの副題は『疑問符付されし文化人類学』である)もまた同じように対話の形をとっている。もっともこちらは精神分析的というよりはむしろ民族誌学的な対話であって、渾然とした統一性を維持している、いや維持するよう努めている。資料提供者は多かれ少なかれ正統的な一連の話題——割礼、移民、祭礼、結婚、喧嘩、パーティーといった——をとおして誘導されていく。一つの話題に先立って必ずインタビューの状況にとって外在的な、しかし関連するもろもろの出来事についての所見が述べられ、話題のすべてが取り上げられたあとには彼のとは違う人類学研究法に対する、いや実を言うと人類学の研究を行なうこと自体に対する執拗な批判が延々と展開されるのだ。

　そういうわけで、これらの著作家がこれらの著書をまとめあげる意識として役立たせるために発明した——「発明する《インヴエント》」と言ってももちろん「構成する《コンストラクト》」の意味であって「騙す《インポウズ》」の意味ではない——「複数のわたし」、換言すればバルトのいわゆる大根役者、誘惑する自己は、そこで用いられているテクスト形式に照応している。前者が後者を定義しているのだ。

　ラビナウと言えば国外を放浪するフレデリック某をここでも連想させるが、彼はいわば仲間、同僚、道連れであって——熟語にこだわれば相棒(copain)であって——ことが起こるとそれに応じてさまざまな男をともない、あちこちの家のドアをノックして歩く(これがモロッコ人や女性が相手だと、浮気女は別だが、こんなやり方では彼らのこころに届かない)。どちらかというとお節介な人物であり、ことにつけ気を回し過ぎるタイプなので、たいてい偶発的な、おおむね底の浅い、うたかたのように消えさることが多い社交的衝動に駆られて、癒しの効果があるとかいう降霊会にとびこんだり、路傍の喧嘩に割ってはいったり、田園風ののどかな集いにまぎれこむのだ。こうした、あっちへふらふらこっちへふらふらの経験あさり屋のイメージがはじめて姿を現わしたのは、実はモロッコにやってくるまえからで、ロバート・ケネディが暗殺されて二日後にシカゴを去ったときが端緒であり、再び同市をあとにして六〇年代のニューヨークにもどってきたあと（「わたしが留守にしていたあいだに〈革命〉が起きていた」）も続いている。したがってモロッコ滞在は、あれほど教化的影響をもっていたにもかかわらず、幕間《まくあい》劇として、とりとめない挿話風の出来事群からなる一章として、あとに別の出来事が続いて起きて意味を補う過渡的な一章として表現されることになる。フィールドワークのあとに生活があるのだ。「この書物を執筆していたおかげで、わたしは再び別な地盤で生きはじめる……ことができるようになったらしい」。

しかしながら彼の著書の頁に現われるラビナウは（わたしがあくまでも彼らの書物の頁の内部で、活動している限りの彼と彼の同僚について述べているのであって「現実の人間」としての彼らについて述べているのでないことは言うまでもない）彼自身にとって漠然としているばかりか他の人びとにとっても漠然としている、きちんと描き切れていない人物であるのに対して、彼の頁に躍動するクラパンザーノのほうはきわめて明確に定義されており、あたかも彫刻刀できっちりと彫り上げられ、仕上げられ、ヤスリで磨かれたような人物である。つまり文人タイプの人間なのだ（実を言うと、これはクラパンザーノ自身による自己定義である。もっともここでもフランス語の *homme de lettres* で言い替えられると、それよりもっとましな響き、つまりエマソンよりはサルトルを連想させる結果となる）。[一二]

トゥハミは「文盲のモロッコ人タイル製造職人で……周囲の人びとから局外者《よそもの》扱い、いや追放者扱いすらされている。「暗い、窓のない〔都市の〕あばら屋にひとり暮しをしており」、自分のことを「気まぐれで執念深い魔女、ラクダの足をもった……アイシャ・カンディシャという名の精霊」と結婚していると思いこんでいる。そして、かなりとりとめない暮しについてのかなりとりとめない話を急に思いついたように語りだす——やれこんな病気だとか、あんな仕事だとか、巡礼の旅や夢や無くし物や性的空想などをとりとめなく。自分の落度や欠陥を気にしている民族誌学者兼治療師の著者はつぶやく。「わたしはトゥハミの前で氷りついたように小さくなっていたのだろうか」と。「わたしは彼が知っていること全部を……いやそれ以上の知識を所有したかった」。「おそらくわたしは、わしをひとりの人間として認めてほしい、という彼の内なる叫びを聞き洩らしたのだ」。著者は自分が聞いているキメラじみた怪奇で断片的な話を、現代西欧文化の高峰ともいえる精神的偉人たち——ラカンとフロイト、ニーチェとキルケゴール、ダヌンツィオとジンメル、サルトルとブランショ、ハイデッガーとヘーゲル、ジュネ、ガダマー[11]、シュッツ[12]、ドストエフスキー、ユング、フライ、ネルヴァル——と結びつける、曲がりくねった冗長で堅苦しい文章をとおして。書き終わる頃には、彼はメクネス市のメディナ出身のこの無気力な日雇い労働者を何人かのどえらい人物に、事実たとえばサルトルの描いたジュネにまでなぞらえている。「ジュネ……さながらに、トゥハミが『彼の暮しの諸事情を意識するのは、それらが失われた楽園という始原のドラマを反復しているかに思われる限りにおいてであった』」。なぞらえる相手がドストエフスキーの地下室の住人になると、「おそらく〔ドストエフスキーの小説の〕ヒーロー……むしろアンチヒーローに似て……彼は犠牲者であることから……利益を引き出しているのだ」となる。しかし比較の白眉と言えるのはネルヴァルだ。「このフランスの浪漫派作家と……トゥハミとのあいだには驚くべき類似点がある。トゥハミ同様ネルヴァルは愛した女性たちをさまざまな屈折像に分解し――不可思議な存在論的身分を有する複数の独立した人物像に凝縮した」。彼はわれわれの時代のアンチヒーロー、すなわちラカンのいわゆる存在の欠如態[13](*manque à être*)、サルトルのいわゆる「主体としてのわれわれ」、ジンメルの社会的個人である。この尻の重い資料提供者の顔をこの念入りに仕上げた「肖像」に合致させるのは少々困難だとしても、肖像画家の顔のほうは明々白々であるように思われる。

ドゥワイアーの書物は、すでに述べたように、一対一方式の対話書――彼自身の言葉を用いれば、「自己と他者」(Self and Other)――であって、永遠の対話者とも言うべき自他のイニシャルを大文字化する常套手段を使って、自他が「ときには互いに挑発しあい、ときには相手に調子を合わせる……相互依存的存在になっていく」消息を強調している。〔三〕しかしながらこの場合目的は、その種の相互作用が必然的に頼りにしている不安定な地盤を暴露することである。すなわち出世主義、欺瞞、巧妙な操作、おそび小規模な帝国主義といった鉱脈である。それゆえ自己は修辞的に誇張されるよりはむしろ同じく修辞的に抑制されることとなる。ドゥワイアーの「われ」は彼のテクストの中を浮遊してもいなければ、テクストを呑みこんでもいない。「われ」が居すわっていることをみずから詫びているのだ。

ドゥワイアーの見解によれば、クレタ島人にウソツキが多いという例の逆説にも似て彼自身のそれを含む人類学のほぼ全部が「不正直で……性《たち》が悪くて、自分の利益のために真実を歪めるものである」。「あらゆる問いを提起し」、そのすべての答えを評価しようとする「西欧社会の基本的目論見」の延長に過ぎなくて、帝国主義的、侵略的、かつ破壊的である。その調査活動は「最善の場合でも」「個人的絶望」に追いやるものである。それを駆り立てる主な動機――もちろんそれは隠蔽され韜晦《とうかい》されているのだが――は「自己を〔防衛し〕……他者を遠ざけ武装解除し〔つまりは支配し〕たい」という欲望である」。人類学の前衛ですら、こうした陥穽《かんせい》におちいらぬよう必死で努力しているにもかかわらず、その深みにはまってしまうのだ〔真理の探究という美名で偽装された西欧イデオロギーの力はそれほど強い〕。ラビナウの「自己と他者は余りにも抽象的、余りにも一般的であって、自己は他者をうとんじる態度を示す」という言葉と、クラパンザーノの「想像力を刺激するような他者への称讃は……自己自身への自己充足的称讃にほかならない」という言葉を見よ。ポゴーの有名な一行をここでも用いるなら、われわれは頼りにならぬ語り手に出会っているのであり、そしてその語り手はわれわれ自身なのである。

ここで生じてくる問題は、言うまでもなく、このようなことを本気で信じている者がそもそもなにかを書くことができるものかどうか、ましてやそれを出版する気になどなるだろうか、ということである。ドゥワイアーは少なくとも自分のためにこの問題を解決している。つまり彼の「対話」――言葉、すべて言葉、言葉、言葉以外のなにものもない世界――を報告文にする仕事への徹底的に事実を重んじる接近法《アプローチ》を、それらの対話における彼の役割へのこれまた徹底的に内向的な接近法《アプローチ》と結びつけることによってである。

資料提供者のモロッコ人(クラパンザーノのタイル製造職人よりはきちんと話をまとめられる裕福な六五歳の農夫)とのインタビューは、すでに言及したように、形式・内容ともにきわめて標準的で、いくらか平板に流れているとさえ言えるほどである。ドゥワイアーがあれこれの事項について質問し、農夫がそれに答える。たとえば、「あなたはなぜ子どもたちに割礼を受けさせるのですか」「それが義務だからですよ」。「あなたがパートナーに求める性質はなんでしょう」「信頼できることがパートナーのもつべきもっとも重要な性質です」といった具合いに。明らかにこれまで二回くらいしか町に行ったことのない農夫は、ドゥワイアーが彼らの会話を法廷速記録のように正確で完璧で、多少片寄ってはいても貴重な情報をもたらす報告として「書物にする」許可を求めると、いいですとも、と間髪入れず答える。それからインタビューをめぐって、その前置きとして、また事後の反省文として、またインタビュー記事の脚注として、あれやこれや、これやあれやの感想を、これでもか、これでもか、と書きつらねる。「なんだってあんな質問をしたのだろう」、「わたしが実際にやっていることはなんだろう」、「彼はわたしのことをどう思ってるんだろう」、「わたしが彼のことをどう思っていると彼は考えているのだろう」等々と際限がない。

こんな対話速記録風民族誌と注釈つきの魂探究記との最終結果はどうかといえば、残忍なほど真摯な良心に押しつぶされそうになり、熱情的な使命感を帯びた、ほとんど耐えがたいほど真剣なフィールドワーカーのイメージである。御苦労にも彼は自分の真剣さを弁護する大真面目な「あとがき」すらつけている。「ぶしつけな文体のほうが……内容にふさわしかったかもしれない」、いやいや、自己を暴露し他者を保護するということは「決して……冗談事ではないのだ」。ドゥワイアーの〈わたし〉、つまり彼が書いている〈わたし〉の中には、他の人びとの反応のうちに自分の姿を垣間見ようと努める適応性に富む経験収集家もいないし、プロレタリアの悲惨を文学的カテゴリーの中に同化してしまう世馴れたインテリもいない。いるのは断固たるモラリスト、今世紀最後の怒れる男、あるいはフロベールのいわゆる「未来のイエズス会士」、つまりは最初の怒れる男だ。「著者が行間に充満している」、いや過剰に充満している人類学的テクスト――テクストが創造する自己とテクストを創造する自己とがほとんど寸分違わないものとして表象されているテクスト――を生産しようとするこれら三者の企て（それにこれまでわたしが読んでいる他の人類学者たちによる企ての大半――実際それらはほとんど毎週のように発表されている）について少なくともわたしにとって最終的にもっとも興味深いことは何かと言えば、それは彼らのテクストに浸みわたっている強烈な不安の調べである。ここには自信がきわめてわずかしか見られない、かなり見られるのはまぎれもない不快感だ。用いられているイメージは、マリノフスキー風の、内面的弱さを補うような学問的厳密さをうかがわせるようなものでもなければ、リード風の、自己拒絶を一掃するような熱烈に抱擁する親密さのそれでもない。そのいずれもここでは余り信用されてはいない。用いられているのは疎縁、偽善、無力感、支配、幻滅のイメージである。現地に融けこむことは単に実際上困難であるだけではない、そうした試み自体になにか堕落的なものが感じられるのだ。

ラビナウにとってこのなにものかの名称は「象徴的暴力」である。村の中に醸成されているにもかかわらず資料提供者たちが暴き出されることを好まない葛藤を暴き出すために多様な人びとからなる彼らをわざと対決しあうように仕向けたことを反省して、彼は次のように書いている。

わたしの反応は本質的に暴力行為であった。それは象徴的レベルで実行されたが、暴力であることに変わりはなかった。わたしは資料提供者たちの誠実さを踏みにじるような行為をしていた。……わたしは〔自分のやっていることが彼らを〕強制し、ほとんど中傷まがいのことまでして、それまで彼らが必死でわたしから隠そうとしてきた彼らの生活の諸相を説明させる結果となることを知っていた。……ある種の象徴的暴力が自分たちのフィールドワーク経験にはないと主張する研究者たちに対しては、わたしはあなたの言うことを信じない、と答えるまでだ。象徴的暴力は調査状況の構造に本来的に属しているものなのだから。

クラパンザーノにとって、それはエロス即タナトスの欲動である。彼がトゥハミの知っていることを全部、いやそれ以上の知識を所有したいという自分の欲望について述べている、先に引用した行をさらに展開しているところを見てみよう。

わたしは常に、互いに相手を完全に知り尽くしたいというヒーローとヒロインの強迫的な欲望についてダヌンツィオが『死の勝利』(一九〇〇)において描写している文章に魅惑され続けていた。この種の知がほんとうに獲得されうるという仮定は、全面的な性的占有がありうるという信念――ダヌンツィオの理解によれば全面的な自己消滅に終わる占有だが――か、もしくは他者が完全に把握されうるもの、つまり標本にまで縮小されること、そのいずれかに拠《よ》っている。情熱の目標たる一者と学問の所産たる他者とは、実はそう容易に分離されうるものではない。両者は言うまでもなく幻想的なものである。

ドゥワイアーにとって、それは支配欲である。

> 観想的構え〔ドゥワイアーが言いたいのは観想的〈見せかけ〉のことだ〕は……人類学に浸透していて、自己と他者との対決を偽装し、この学問が自己の傷つきやすさという問題と取り組む力を奪ってしまう。……この構えは、他者の潜在的挑戦を弱めるような仕方で他者と対決してきた。このことは、人類学者をして自分からすすんで他者と出会うことを可能にさせてきた支配欲に無くもがなの新次元をつけ加える。つまり他者に常に挑戦し続けているあの支配欲が、いまでは他者が自己に挑戦することを許さない認識論によって支えられているのである。

この種の憂うつな見解はさらに進展して、もっと憂うつな見解になっていく。それは、バルトがそう思っているように（「その欠陥は実存的なものだ」[三]）、目撃者としてのわたしというジャンルに本来的に属しているのかもしれないし、あるいは属していないのかもしれない。しかしながらそれが著作の、少なくとも現代の著作の特性をなす傾向をもつことは確かである。現代の著作においては、個人的経験として構想されている民族誌学者のフィールドワークの表象が、換言すれば「他者を迂回して自己理解に達する」という表象が、著者意識が幅を利かす執筆態度の中核に置かれているからである。「わたし」について書くのはひじょうにむずかしい。「わたしはわたしが書くものよりも価値がある」ということを証明することはひじょうにむずかしい。「二義的なイメージのレパートリー」を避けることはひじょうにむずかしい。真摯さのディレンマは前述の表象の下で書くすべての民族誌学者を待ち伏せしている。一部の民族誌学者たちにとっては、このディレンマの不可避を看取した結果は、民族誌学を逃れてメタ科学的省察へ、文化的ジャーナリズムへ、あるいは社会的実践活動へ走ることを意味している。そして他の民族誌学者たち、つまり決断力に富み、すぐ狼狽したりしない沈着さをもち、重い責任を負わされている人類学者たちにとっては、それはマリノフスキーの遺産が残した文学的難問に立ち向かうために二倍の努力を傾けることを意味している。「目撃者としてのわたし」だけでは完全に健やかとはいえないかもしれないが、それが生気にあふれていることだけは確かである。

たとえばいま、われわれの目の前にケネス・リードの一冊の書物がある。この書物は本論の原型が書かれたのちに出版されたもので、一九八一年と八二年に約三〇年ぶりにニューギニアの原住民の村落に、二回の短い夏の旅行をしたときの経験を記述している。タイトルは『高い渓谷にもどってきて――一周してもとの場所にもどると』[一四]。前著と比較するとずっと陳腐な書き方で書かれており（前著にみなぎる叙情性がもどってくるのは、断続的に彼が昔現地に滞在していたときの情景を想い出したり、前著『高い渓谷』から引用したりするときに限られる）、去年《こぞ》の武士《つわもの》いずこに在りや式の懐古趣味的な言い回しにふけってみたり、この書物は奇妙なほど気乗りのしない、義務とあらばやむなしといった調子の消極性がある。あたかも著者は昔フィールドワークした地に立ち帰るなどいかがわしい仕儀であって、ましてやその経験について書くなどいかがわしさもきわまるということを知っているかのようである。

いまでは町には舗装された市街、公共水道、電気施設、それにホテルや居酒屋もあり、酔っぱらいの姿も目立つ。着ているものはほとんど洋装である。彼のもっとも親しい友人――例の熱烈に抱擁する男だ――はどうかというと、「かつてわたしが書いたすべてのことの中に彼の存在が息づいている。……わたしと彼とのかかわりはわれわれ西欧人が愛している者とのあいだに結ぶかかわりにおとらず複雑なものであったが、われわれ両者を隔てる差異の世界がつきつけるより大きな障害にもかかわらず、いかなるかかわりよりも強かった」。その彼も、いまは死んでいない。愚劣な酔っぱらい事故で、ホテルのバーでしたたかに飲んでよろけながら家路についているときトラックにはねられて死んだ。もう一二年まえのことだ。村の家屋は製材所で造られた板で長方形に建てられ、屋根はトタン波板が用いられている。主要な儀礼はもうとりおこなわれていない。ファンダメンタリズムのキリスト教が盛んである。広場には呻き声の洩れ出るトラックや車でいっぱいだ。「いまではお金が重視されている。……泣き叫ぶような笛の音はもうアセモ渓谷に聞かれない。……風景には、かつて〔若者たちが〕長い頭飾りをつけて草原から突然姿を現わした頃には無かった空虚感が漂っている（若者たちはいまでは日中ずっと学校で勉強漬けだ）……」

いつも正気を保っていて、過去の泥沼にどっぷり漬かっている老人に見られまいと用心怠りないリードは、上述の変容がいやでも彼の内面にもたらす憂うつと必死で闘っている。女性たちの地位はずっと良くなっている。若者たちは夕方から夜明けまで続けられるディスコダンスをすることと二流の映画を見に行くことに新しい娯楽を見出している。相異なる集団間の接触の機会ははるかにふえたし、居住地外への旅行の機会もずっと多くなっている。原住民の中には著者よりも裕福になった連中がいる。しかも、これらはすべてむしろ望んでなされていることだ。だから著者もわれわれ読者も納得できない。「このたびは現地を去るのに未練を感じなかった。実を言うと、あと二日間しか残されていないと知ったとき、ほとんど安堵感を覚えたほどだ」。

この書物は一つの著作へのあとがきであるとともに、一つの生涯へのあとがきでもある。あるいは彼自身が示唆しているように（そうであることを自信なげに否定することで）、五〇年代について彼が書き記したことを「在りし日の雰囲気のかすかな痕跡しか残されていない状態になるまで」完全に修正する一連の脚注である。とはいえ、それにもかかわらず、いや部分的にはそれゆえに、それなりの消極的な仕方で、この書物は『高い渓谷』におとらず感動的な書物なのである。たとえ前著ほどの情熱性と内面性はそなえていなくとも、また前著ほど見事に仕上げられてはいなくとも。[二五]

第五章　われわれ対われわれでない人びと
――ベネディクトの旅――

『人肉嗜食《カニバリズム》の効用』から

われわれはカニバリズムの合理性に対してこれまで十分な評価をしていない。実際カニバリズムにはひじょうに多くの、しかもひじょうに卓越した動機が考えられるため、人類はこれまでそれらのすべてを一つの普遍的構造にまですっきりとまとめあげることができず、したがってカニバリズムの効用をその分少しでも有効に発揮できるようなさまざまな相異なる、そして相矛盾するシステムを案出してこざるをえなかった。

実際この一九八〇年代に至ってわれわれは、カニバリズムに関する問題が提起されさえすれば直ちにその長所を異例なほど高く評価しうる水準に達している。われわれはすでに、人類の進歩の結果すたれてしまったとわれわれの父祖たちが考えた数多くの奇怪な原始的慣習に解釈の手がかりを求めてきた。われわれは、大国が組織的大虐殺《ポグロム》という古来の便法に頼って生き延びてきたのを注視してきた。われわれは煽動家《デマゴーグ》の出現を見てきた。道義的に危険なほどの極端な理想主義に耽って滅びたとわれわれがみなすあの国々においてすら、われわれは、もっとも穏健な個人的意見の持ち主が死刑に処せられるのを見てきた。わが国においてすら、あのありふれた無害の困りものたる労働争議のピケ隊を背後から射殺するというような卑怯なふるまいがなされている。そんなわれわれがカニバリズムを看過してきたというのは、まことに奇妙なことである。

人類は何千年ものあいだ、人肉を食べてみる実験を試みてきた。そして、その手段にこと欠くことはなかった。とりわけ重要なのは、カニバリズムが、敵に対する憎悪を深い情動をもって満足させる無比の手段を与えることによって、集団内の連帯感と他国人《よそもの》に対する反感とを醸成する機能をもつことが証明されたことである。実際、もっとも高潔な感情のすべてがカニバリズムと両立しうるばかりではなく、その慣習によっていっそう強められる結果ともなることが判明した。政治家たちがそれを得ようと模索している過程をわれわれが長年見なれてきたあの特別な至上の救済策を、われわれが再発見したとは思えないであろうか。……

まず必要なのは、カニバリズムの慣習と結ばれてきたあの高貴な道義的感情を疑問の余地ないものと考えることである。われわれがヒロイズム、忍耐力、および自己抑制力が商業と富の追求にあれほど深く傾倒している世界から消えて無くなっては困ると憂慮する余りカニバリズムの問題を見逃がしてきたことは、不運なことであった。五大湖地方とミシシッピー川流域の大草原に住む勇敢なインディアン族の中には、むしろそれらの美徳を保持する目的のためにカニバリズムを利用してきた部族が複数いる。彼らにとってその慣習は、人間の卓越性に捧げられた至上の称讃の身ぶりであった。昔の旅行者によって語り伝えられた話として、そのいのちを死に至らしめることが部族の勇敢さをことほぐ大いなる機会となる三人の敵のうち、二人は丁重に食卓に供せられ、残る一人は手を掛けずに見逃がされたというのがある。この男は往生際が悪く、拷問を加えられたとき泣き叫んだ、というのがその理由であった。……

以上が、世界の諸民族のあいだで行なわれてきたカニバリズムの唯一の倫理的効用でないことは言うまでもない。たとえば、捨てられた亡骸《なきがら》をきれいに片づける手段として、カニバリズムがもっとも血縁の濃い近親者への思いやりの表現であるような複数の部族もある。つまり、ほかに思いやりを表わすすべがありえない者たちに対する最高の愛撫とみなされているのだ。……

カニバリズムはまた究極の攻撃性の興奮をひきおこす絶好の機会でもあった。一見してそう見えるような軽薄な戯れなどでは決してないということが、最近証明された。実際われわれはきわめて広範囲にわたってこの問題をつきつけられてきたので、文明の進歩のためにも、この慣習の重要性を強調しないわけにはいかないのである。イタリアのファシスト派黒シャツ党やガリバルディ支持の赤シャツ党を特徴づけている同胞への憎悪を子どもっぽく大げさにかつ嘆かわしく煽動するような習性などとはまったく無縁に、ヴァンクーヴァー島のインディアンは、カニバリズムの儀式的行事において、きりもなく続く儀礼と禁忌によって抑制された高度の興奮を味わっていた。……〔部族の一貴族が秘密〕結社の一員となるべき時が来ると、彼は森かぶどう園に隠棲する。諸霊が彼にとり憑いたと噂される。ここで、ほとんどミイラ化した死体が調理され、こげて煙を出す。定めの時刻になると、その高貴な若者は、激しい興奮のさなかに、カニバルの霊を身に帯びて村に帰ってくる。結社の一員が若者の前に前記の死骸を運んでくる。その間に、激しいリズムと緊張でからだを震わせながら、若者は人間の肉体を希求する舞踏を舞う。彼は他の人びとに危害を加えぬよう首輪で動きを抑制されている。彼はくり返し恐ろしいカニバルの叫びを上げる。しかし前に置かれた死骸に噛みつくと、忘我の感情は彼のもとを去り、彼は「おとなしく」なる。……

共同社会にとってこれ以上無害な行事がありえなかったことは明らかである。一年ごとに一体の無用な死体だけで、現代社会においてわれわれが罵声や暴力映画や勤勉な一家の死を請負う殺し屋の誓約といった形で無器用にまかなってきた暴力への渇望を十分に満足させていたのだ。

とはいえ、カニバリズムのもつこれらすべての効用は、それが愛国心の大義に役立つ効用と……比較するなら、とるにたらないものとなる。復讐という共通の目標としての敵意に満ちた要素を抑止し続けられるようなものはなにもないことを、われわれは十分知っている。この要素は、「われわれの敵の血を飲むまでは」と誓うわれわれの決断をいきいきと表現するよく知られたさまざまな演説の文句や比喩によって、高度の効用にまで高めることができる。とはいえ、われわれはすこやかな健康と活力のみなぎる若者たちを大勢、しかも悲惨な苦痛によって死に至らしめることでこの目的を追求することが不可欠とみなされてきた。われわれ以前の人類による〔カニバリズムの〕実験についてわれわれが無知であることを、この事実ほど嘆かわしく示しているものは無い。人類という種をもっとも広範囲に魅惑してきたのはほかでもない次のようなカニバリズムの位相である。すなわちこの慣習のおかげで人類はひとりの孤独な敵の死から、なんなら事故死でもかまわないが、もっとも強烈な情動的満足を得ることができ、敵が根こそぎ、からだも魂も全滅するのを至当とする信念に役立つ、徹底的かつ納得できる仕方で復讐を味わうことができたということである。

〔たとえば〕ニュージーランドのマオリ族[1]は、祝祭の前に敵のからだから入念に入墨された頭部——敵がなによりも誇りとするもの——を切り取り、周囲の柱の上に据えて、次のように嘲弄する。

おまえは逃げようとしたが、おれの足が速くて追いつかれた。
おまえは料理され、おれの口に合う食物とされた。
おまえの父はどこにいる。彼は料理された。

おまえの兄弟はどこにいる。彼は食われた。
おまえの妻はどこにいる。おれの妻となってあそこに座っている。

現代の戦後文学に記録されているような、戦争における情動的満足の破綻を熟知している人なら誰でも、われわれ現代人のあいだに見られる精神的崩解のあらゆる徴候を示す情動的心理複合《コンプレックス》を再建するための期待できる工夫を、カニバリズムの中に必ず見出せるはずである。なにかがなされなければならないことは明らかである。ニュージーランドのマオリ族の文化から汲まれたこの智恵以上に期待できる示唆はなさそうである。

それゆえカニバリズムの有用性は十分立証されている。現代の戦争とその余波のうちにいま広範囲に探し求められている諸目的が、比較的無害なカニバリズムの方法によって達成されうるという事実を考えるなら、再び別の国家的プロパガンダの深みにはまるまえに、これを代用する可能性を本気で考えることが望ましいのではなかろうか？　十分にその効果を証明されている現代の周知方法を考慮に入れるなら、われわれになじみのない計画を採用することにもわれわれは新たな確信を与えられる。かつては、こんな不馴れな慣習を国民に周知徹底させることが果してできるものか大いに疑ってしかるべき場合でも、現代ではもっと大胆に試してみることができる。まだ時間のゆとりのあるあいだに、戦争とカニバリズムのどちらを選択すべきか熟考すべきではなかろうか〔二〕。

ルース・ベネディクトが一九二五年頃この慎しやかな提案をおこなったとき、彼女は四〇歳近かったとはいえ、人類学者としての経歴をはじめたばかりで、書かれて四半世紀以上もたってからマーガレット・ミードが（彼女以外の誰が思いつくであろう）ベネディクトの著書『ナーハラス』から引用して発表したものである。この提案は彼女のほとんど全散文を定義する諸特性、すなわち情熱、冷静さ、直接性、および、ここでの彼女の手本である巨人的作家のそれにほとんど匹敵するといってよい完璧な非情さを示している。彼女はスウィフトの機知も、激越な憎悪ももってはいなかった。また論ずべき症例が目の前に実在していたので、彼女はスウィフトの発明的才能を必要としなかった。しかし彼女には確固とした目的意識とその峻烈さとがあった。

ベネディクトの著作にみなぎるこの鋼鉄のような気質、決然たる率直さを核とする文体は、これまで必ずしも正当に評価されてこなかったと思う。部分的には、これはおそらく彼女が女性であったせいであろう。女性というものは、専門職をもった女性すらも、辛辣さへの傾向をもつとは考えられていなかった（もうひとりの辛辣なタイプの著作家、メアリ・マッカーシー[2]の手本を見れば、こうした女性観に反論する気になったかもしれないが）。それは部分的にはおそらく、彼女が、どちらかというと柔らかい調子の叙情詩的言説をかなりたくさん書いていたにもかかわらず、同時に著作の本文が実際に伝達しているメッセージとは無縁な、高所をめざして進め式の説教調で書き始め、書き終わる傾向があったせいかもしれない。そして彼女の豊富な仕事の大半は、おそらく、彼女と実像以上に大きく見えるミード――彼女の学生、友人、同僚にして最後には彼女の信望の管理者(「所有者」の語のほうが適切かもしれない)にまでなった――との合作の所産であった。頁の上で見る限り、これほど似ても似つかぬ師弟はいなかったであろうけれど。だが、理由はなんであれ、彼女の追随者と批判者双方の大部分が思っていたように、彼女の直観的で、薄い透明感を漂わせる、楽天的で、ロマンティックな気質は、彼女のテクストに露呈している気質とは食いちがっている。

スウィフトとの関連、いや彼個人を超えて英語圏で彼が自他ともに認めるその名手であったあのきわめて特別な社会批判の様式との関連は、ほかならぬこの自意識的なひとまね芸以上のものに依拠している。この芸は読者を煙《けむ》に巻くための手段なのかもしれないのだ。あの関連は、ベネディクトが人類学者としての経歴の最初から最後まで、事実上他の戦略を一切排除して、くりかえしくりかえし、例の批判様式が主として依拠している修辞的戦略に、すなわち余りにも見馴れたものと甚だしく異国風なものとをそれらが交替して現われるように並列する戦略に依拠しているのである。スウィフトの著作と同様に(そしてこの伝統に棹《さお》さして仕事をした他の著作家――モンテスキュー、ヴェブレン、(3)アーヴィング・ゴフマン、(4)およびかなりの数にのぼる小説家たちと同様に)、ベネディクトの著作においても、文化的に手近かにあるものが奇妙な、恣意的なものとして表現され、文化的に遠く隔ったものが論理的かつ直截なものとして表現されている。その結果、われわれ自身の生活形式が奇妙な民族の奇妙な諸慣習となる。そして現実のであれ想像上のであれ、はるか遠方のある国に住む人びとの生活の諸形式が、事情さえお膳立てされればこちらにあってもおかしくない行動となる。つまり、あちらがこちらを困惑させ、われわれでない人びと（つまり米国人でない人びと）がわれわれを狼狽させる結果となるのだ。

　記号を変えて異他的なものを身近かなものとして描写する戦略は、風刺と言われることがもっとも多い。しかし、風刺という語は余りにも意味が広いと同時に、余りにも狭い。余りにも広いというわけは、文学的揶揄には他にもいろいろ――マーシャル[5]のとかモリエールのとかジェームズ・サーバーのとか――種類があるということである。余りにも狭いというわけは、風刺には必ずしも嘲弄や露骨なユーモアは含まれないからである。ベネディクトを読むとひじょうに乾いた、ひじょうにもの静かな冷笑的意見がよく出てくる。「〔ズニ族の〕民話は常に、善人について彼らが職につくのに消極的であるという話を語る――そのくせ彼らが職につかないことは決してないのだ」「自分からすすんで首吊り自殺をするか、座禅して冥想三昧になるか、自分の資金は一ペンスも使わないとかしたらよかろうに[三]」などが好例である。だが、ベネディクトの著作群に浸みわたっている調子《トーン》は生真面目さのそれであって、嘲りのそれでは全然ない。彼女の文体が喜劇的なものであるのは事実だが、それはその目的が人間にありがちな気どりをひっくりかえすことにあり、その態度が世俗的であるにもかかわらず、その世俗性があきれるほど真剣なものだからである。彼女のアイロニーは誠実そのものである。

　彼女にとってもっとも身近かな読者の信念と習慣をアフリカの魔女とアメリカ・インディアンの呪医のそれに（あるいはわれわれの引用が示しているように、食人風習の民族のそれに）結びつけて論じることから生まれてくる本質的にユーモラスな効果は実に大きい。余りに大きいため、彼女を高名にした著作『文化の型』と『菊と刀』においてベネディクトが見事にそうした効果を抑制しえたことが、著者たることをことさら意識する作家の「言説性の創始者」としての彼女の業績の基礎とすらなっているほどである。ちなみに両書ともに終始一貫、〈他民族を見るのと同じ目で自民族を見よ〉という手法で構成されている。この種の手法を表わす総称語としてわたしが案出した〈自己土着化〉(*self-nativising*)は、きわめて自然にかつきわめて容易に、文化的馬鹿笑いを誘い出すものであって、『ペルシア人の手紙』と『カンディド』の「食人民族について」から『ミカド』(6)、『有閑階級の理論』、および『降雨王ヘンダーソン』(7)に至るまで(ホラス・マイナーの『ナシレマ族に見られる身体儀礼』やトマス・グラッドウィンの『潜伏期と馬科的潜在意識』のような文化人類学の枠内に現われた嘲弄については言うまでもない[三])首尾一貫して用いられてきているので、この技法は民族誌学そのものに組み込まれているらしい。ベネディクトがしたようにパロディを客観的な肖像描写に、社会的嘲笑を道義的訴えに変容させるためにそれを露出することは、この技法の伝統に逆らって書くことにほかならない。

それはまた教化的民族誌という一つのジャンルを、すなわち改善することを意図して創設された民族学、というと聞こえはいいが実態は(『山岳民族』におけるような)道徳家的ポーズか、(『旧弊な生活にとってかわる新生活』におけるような)大仰な自意識か、あるいは(『後進社会の道徳的基礎』[四]におけるような)イデオロギー的先入見によって歪められた不細工な人類学を仕上げていくことでもある。ズニ族の馬科的心性とか日本人の恥文化といったもののリアリティは、今日もなお大いに議論の余地のあるものではあるが、いずれも注目すべき業績であることに変わりはない。しかしそれよりさらに注目すべきことは、それが、ベネディクト自身ほとんどまったく、あるいはたいしてやってもいないフィールドワークから生まれた業績でもなければ、彼女がおそらく関心をもっていない体系的な理論化から生まれた業績でもない、ということである。それはほとんど全面的に、内容は乏しいが確信に満ち、精巧をきわめ、なによりも断固とした力強い解説的スタイルの、換言すれば明確に表現された明確な見解の発展過程から生まれたものなのだ。「古い一五世紀の時禱書の木版の頁は」と、おそらく一九二〇年代のある日、日記に彼女は書いている。「木版に使われた木の材質の制約を正直に示しながらも、〔一九世紀末と二〇世紀初頭に空白行の技法を駆使した木版師〕ティモシー・コールの贅《ぜい》を尽くした版刻技術すら及びもつかない心地良さを与えてくれる。さらに、レンブラントのエッチングは一行一行が金属にくっきりと刻みつけられているが、その一二行の文字は、一九世紀の全文化をもってしても伝達しえない愉悦と究極感とを呼び醒ます[五]」。

その点では言葉も変わらない。

事実、木板と金属板と同じように、着手の手がかりとして言葉が目の前にあれば、同じことが起こる。ベネディクトのスタイルは、専門の人類学者としての彼女自身と同様、いわば生まれながらの成人のおもむきがある。それは、彼女が書いて発表しはじめるや異例の早さで人類学者として認められ、その学問的中心であったコロンビア大学の大学院で博士号を得た初期の専門的研究にすでに、多かれ少なかれ完成態で存在していたものである。彼女の世界的名声のもといである後期の著作群――第一作は四七歳のとき、第二作は死の二年前、五九歳のとき出版された――は、このスタイルをより壮麗に、より大規模に展開しているに過ぎない。

それが大学時代に彼女が書いていた文章のうちに前史をもつことは言うまでもない。フェミニズム的伝記の不毛な断片がその母胎であるが、それらの原稿は、彼女が人類学に転じたとき直ちに捨てたものである。また彼女の詩作もその別な母胎である[六](もっとも彼女のスタイルと詩作との関係については、たいてい誤った解釈がなされている)。しかし民族誌学としての彼女のスタイルは、始めから終わりまで変わらない。すべて、断固とした調子の鋭く刻まれた行文である。

一九二二年の著述から引用しよう。

> いわゆる大草原《グレイトプレーンズ》のインディアンは東西の各平原の諸部族と、節度を欠いた幻視《ヴィジョン》の追求を共有している。幻視《ヴィジョン》に関連するある種のかなり形式化された概念すらも、大西洋岸と太平洋岸双方に見出される。そういうわけで、それぞれの地方での支配形態はきわめて多様であるにもかかわらず、幻視の力を獲得する方法は、孤独と苦行をみずからに課すことであった。あるいは、常にそうであるかもしれない。もっと形式的な次元で見れば、広大な領域を通じて、幻を視る

力は一つの呪文で得られた。この呪文を唱えるとある種の動物か鳥か声が嘆願者に顕現し、彼と言葉を交わす。彼に授けられる特別な能力を述べ、歌謡、警告、禁忌を伝え、そしておそらく一連の儀式的行動を課した。以後、このとき彼に告知したものは、彼の〈守護霊[七]〉となった。

一九三四年の著作から引用しよう。

ズニ族は儀式好きな民族である。真面目さと他人に迷惑をかけないことを最高の美徳と心得ている民族である。彼らの関心は、豊潤で複雑な儀式的生活に注がれている。仮面をつけた神々への崇拝、神癒崇拝、太陽崇拝、および聖物崇拝は、祭司と暦で定められたしきたりとをともなう儀式の形式的、制度的な内実である。彼らの注意を圧倒的に引きつける点で、儀式と張り合えるようないかなる活動領域も存在しないのである。[八]

一九四六年の著作から

日本人を理解しようとするいかなる試みも、「己れの分際をわきまえる」ということが彼らにとってどのような意味をもっているか、という問いから始めなければならない。彼らが位階・秩序に頼って生きていることとわれわれが自由・平等の至当であることを信じて生きていることとは両極をなしている。それゆえわれわれが、位階性《ヒエラルヒー》にありうる社会的機構としての正当な評価を下すことはむずかしい。位階性への日本人の信頼は、国家に対する個人の関係についての日本人の概念全体の中で基本的な位置を占めている。家族、国家、宗教的および経済的生活といった彼らの民族的諸制度のいくつかを記述することによってのみ、われわれは彼らの人生観を理解することができるのである。〔九〕

この種の文章をいくら並べてみても、すべては同工異曲である。同じことが、物理学における運動の法則におとらず否定しがたいものであるかのように、あるいは弁護士の訴訟事件摘要書のように要領良くまとめられたものであるかのように思えてくるまで、これでもかこれでもか、と反復される。変わるのは実例だけである。彼女のように語るべき真理が一つしかない、しかもそれが例の唯一の根本的真理――「大草原のインディアンは忘我的体験に憧れる」とか「ズニ族は儀式を重んじる民族である」とか「日本人は長幼序列を重んじる民族である」とかいった――であるような真理の語り手であることがかもしだすヤマアラシ的雰囲気こそが、ベネディクトの著書の同業者的読者を、彼女の仕事を威厳に満ちたものとみなす人びとと、それを偏執狂的なものとみなす人びとに二分させる元凶である。しかしそのことはまた彼女にあれほど多数の読者をもたらした長所でもあるのだ。いわば手脚の緊張を解いた、即興的スタイルで、つまり一度に一七もの別のことを喋り、ふと頭に浮かんでは消える思念に驚異的な適応力を示し、かりにそんなものがあるとすればの話だが、空白行のうず巻模様の文字で書き流すスタイルでほぼ同じような効果を収めたミードとは違って、ベネディクトは彼女の原則に一意専心することによって読者大衆の寵児たりえたのである。

どちらかというと周囲の世界と争っている審美的精神と、実用的知識を得ようと血眼の現実的な読者大衆との通常は起こりそうもない遭遇が最初に生じた著作は、言うまでもなく『文化の型』である。簡潔で、生きいきとしていて、見事なほどきちっと組み立てられているこの本は、二四カ国語以上の言語で二〇〇万部近く売れた。この書物が読者の心の琴線に触れ、彼らの共感を誘い、彼らにメッセージを送ったことは明らかであった。実にタイミングの良いテクストの誕生であった。

この著書の文学的形式はあまりにも単純にして簡潔、かつ輪郭が明確なものだったので、これを読んで激昂した人びとすら忘れかねるほどの強い印象を残した。三部よりなる記述的構造(極端に対照的な三部族文化)、二分法的な概念的類型論(根本的に相対立している二種の気質)、および著書全体を支配している単一の隠喩(利用しうる諸可能性の織りなす世界文化の〈虹〉から選びだされた二者択一的生活様式)、この三要素が組み合わされれば、その構成はこのうえなく元素的たらざるをえないであろうし、その構造はこのうえなく明白なものたらざるをえないであろう。ガリヴァーの『世界の最果ての諸国への旅』と同じように(もっともこちらは四部に分かれ、一つの隠喩を用いるのにも均衡がとれていたが)、この著作は読者のこころからいつまでも消えないのだ。

ベネディクトのフウイナム、ブロブディングナグ、およびヤフーは、ズニ族、クワキウトル族、およびドブ族である。この三者の組合わせは、彼女のテクストにとって語り的枠組(一連の出来事に説明的論理を押しつける筋で結ばれた複数の物語)よりはむしろ、提示的枠組(ある慣習体系に道徳的色合いを押しつける主題的仕掛け)を提供している。『文化の型』は引用されるために書かれた書物ではない。参照のためにこの書に赴く者は、ひとりもいない。プエブロ・インディアン、北西海岸沿いに住むインディアン、あるいはメラネシアの社会生活に関する実際上の諸問題を解決するために、この書物をめぐって「ほんとうにそうだろうか」という過熱気味の論争がいくつも起こったにもかかわらず、論争者のうちひとりでも実際にこの書物を参照した者がいたとは思われない。[8] 先述の三者のうち二者が彼女の現地調査と無関係であったことは言うまでもない。現地調査にもとづく知識を彼女が多少とももっていた一者の場合ですら、ズニ族に関する彼女の著作のきわめて制約された性質を考えれば、それは彼女本人が再検討した資料の重要な一源泉ではなかった。[10] ベネディクトが巧妙な取引をしていたのはこの箇所だけではない、著書のほとんど至るところでやっている。記述においてだけではない(民話を除けば、彼女が最初の記録者である資料は、事実上、皆無である)、まぎれもない書き変えの類い——読者を仰天させるていのものだ——においてもそうだ。彼女の実在のラグナッグとリリパットは、小説の中の彼らと同様、第一義的には読者の心理を惑乱させることを狙って創出されたものである。

実際、読者は彼らに惑乱させられる。その理由は彼らが実際ズニ族がしているようにわれわれを非難しているからか(あなたがたはなぜ協力してことに当れないのか)、クワキウトル族がしているようにわれわれをカリカチュア化しているからか(奴隷たちを焼き殺して地位を得るなど、誰の目にも明らかな浪費でしかないではないか）、あるいはドブ島民のしているようにわれわれを責めているからか（「良い人、つまり成功者とは他人から土地をだましとる人のことだ」ということをあなた方も半ば信じているではないか）、のいずれかである。[11] この著書の全体、とりわけもっとも奇異な風習――ズニ族の通過儀礼、クワキウトル族の詠唱、およびドブ族の住居に関する取り決め――の詳細な記述でびっしり埋められた三章は、ブレフスキュ人の裁判手続きやラプタ人の言語学がもっているのと同質の、なにか別のもの、本国にわりと近いどこか別の国について語っているかのような雰囲気を漂わせている。探究のすべては、不変の対立語、つまり指示されているものが欠けていること――つまりときおり脇ぜりふのように現われては思い出させる引喩の機能――が明らかな鋭い対照がつぎつぎと展開されることによって果されている。寓意、すなわちイソップ物語の内部で分泌されてくるあの深い意味だけではなく、負性空間的記述もまた欠けているのである。そこに存在している大胆にして明確なものは、実は不在なもの、すなわちわれわれの食人種的顔貌をかたちづくっているのである。

この支配的な比喩的表現――すなわち自己批判としての途方もない他者性のことで、われわれが出会っているのはわれわれでない人びとであって、彼らはわれわれではない人びとであるということ――の周囲に集められているのは、換言すれば、あの長大な民族誌的三章をひとまとめにしている観のある短い主題推進的五章に集められているのは、アポロ的対ディオニソス的[9]および多様な選択肢が織りなす虹といった、より露わで機械的なイメージである。これらの騒々しいイメージは、主張点を完全に明確化するために用意されている。ところが実際は主としてそれをぼかすのに役立っているにすぎないという事実は、ベネディクトの仕事がミードの仕事への誤った同化のされ方をされていること、およびベネディクトの仕事が記録文学的なものであると誤解されていることとともに、ベネディクトの仕事につきまとっている皮肉の一つである。ときには控えめのほうが効果があるという例である。若い頃詩人だった人なら知っているはずだが、明晰であろうと努力する余り、曖昧なままにしておいたほうが最善の効果を発揮するはずの主張を、かえってわかりにくくしてしまうことがあるのだ。

ベネディクトのアポロ的／ディオニソス的の対立は、彼女の言葉を用いれば「中庸を守り、既知の地図の範囲内にとどまる〔人〕」と、五感が彼に押しつける限界を脱出して、別なる経験の次元へ突入しよう……とする〔人〕」との対立をさすが、これがニーチェの『悲劇の誕生』からとられたものであることは言うまでもない。もちろん彼女のほかの多くの概念はこの書物に由来してはいない。多様な選択肢の織りなす虹構造という隠喩は、これまた彼女の場合例は少ないが、音韻学からとられたものである。「文化的生活においては、話し言葉におけると同様、〔身体的に利用しうる諸可能性の一覧からの〕選択が一番必要なものである」。そしてそれはディガー・インディアンの有名な諺「初めに神は万人に粘土製の茶碗を一つずつ与えた。彼らはこの茶碗から彼らの生命を飲みこんだ」――彼女の書物の題辞に使われている――に要約されている。これら二つの比喩、すなわち根本的に相容れない両極端の気質という比喩と、互いに他を排する一組の選択肢群という比喩とは、民族誌の素材をそれが具有する根元的特殊性から救い出すために、換言すれば、記述の次元で単数的なものを含意の次元で一般的なものにするために、考案されたものである。詩を媒介として成立する科学――「未開の文明」の研究――こそが、生物学におとらぬ厳密さを帯びた文化分析の土台でなければならないからだ。

われわれが必要としているわれわれ自身の文化過程についての理解は、迂路を通ることによってもっとも能率的に到達しうる。人間と人間の動物界における直系の先祖とを結んでいる歴史的諸関係は複雑をきわめているため、生物学的進化の事実を立証するさい、証拠としてこれを用いることはできない。そこでダーウィンは甲虫類の構造を用いた。人間の複雑な身体的組織では複雑化している過程が、単純な素材では透明で説得力に富むものだったからである。文化的機制の研究においても事情は同様である。われわれは比較的単純な人間集団の内部で組織されている思惟と行動の研究から得られる啓蒙のすべてを必要としているのである。

こうした甲虫類の分類（ダーウィンのようなヒューマニズム的傾向の強い学者が選んだ素材としては驚くべきイメージだ）は、しかしながら、人類学者としてのダーウィンに期待してもおかしくない類いの文化的変異の説話主義的表現、つまり科学的筋書きをもつ歴史的物語に導かず、文化の類別と名づけてしかるべき文化的類型のカタログをつくりあげようとする試みに導く。ベネディクトがほんとうに追求しているのは「過程」や「機制」ではない（著作に見出されるのは「統合」と「異常」に関する、分析的というよりはむしろ勧告的な一般的所見に過ぎなくて、過程や機制などどこにも提示されてはいない）。ここでも彼女がむしろ求めているのは、差異にものいわせる方法である。困るのは、彼女が別のことを約束しながら一つの仮説を検証していると読者に必ず理解されるようにするすべを心得ているらしいことである。そのくせ彼女が実際にしているのは（そして、しているとみずから承知しているのは）、彼女の著書の有名な――あるいは悪名高い――最後のパラグラフが述べているように、「文化の相対性の認識」という批評原則を力説することであった。次のように。

文化の相対性の認識は、固有の価値観を帯びている。……それは慣習的な意見に挑戦する。そして、そうした意見をもつように育てられてきた人びとにきわめて不快な思いをさせる。昔から言い伝えられてきた諸原則を混乱の中に突き落すので、いきおいペシミズムをかもすことになる。……〔しかし〕新しい意見が人びとの慣習的信念となるやいなや、それは善き生を守るもう一つの信頼にあたいする堡塁となる。かくしてわれわれは、より現実主義的な社会的信念に到達する。そして人類が自然のままの生《なま》の生活資料からみずからのために創出した共存している、それぞれ平等な価値をもつ生活様式を、希望の根拠として、寛容の新たな基礎として受けいれるようになる。

ある人類学者が読者を不安に陥れることを望む余り、人間の存在可能性の合理的な一覧表をつくることに熱中しているとすれば、それは主として、彼女が仕事をしていた思想的環境によって説明されるのが筋であろう。もっとも彼女は人類学者として遅咲きであったことと、隠喩的な性質のために、そうした環境にこころからくつろげたためしはまったくなかった。複雑多岐な現代社会に埋もれて偽装されたり隠蔽されるかしている社会生活の本質的要素を探り当てるという無比の任務を課せられた学問領域という人類学観は、二つの世界大戦のあいだに、おそらく最大の隆盛を見た。もっとも、こうした人類学観は第一次大戦以前にもデュルケーム(『宗教生活の原初形態』)のうちに存在していたし、第二次大戦後にはレヴィ＝ストロース(『人類学の基本構造』[10])のうちに維持されていることは言うまでもない。合衆国ではフランツ・ボアス、ポール・ラディン、ロバート・ロウィー、マーガレット・ミード、およびエドワード・サピアが、英国ではブロニスラフ・マリノフスキー、C・C・セリグマン[11]がそうした人類学観と、それにともなっていた、未開社会は「自然が与えた実験」、人類学のガラパゴス諸島であるという未開社会像とを共有していた。しかしそれは、ベネディクトの感受性の想像的中心にあった、未開社会はわれわれ自身の社会のビックリハウス的な種々の鏡像(長く延びた顔、つぶれた顔、歪んだ顔等々)にほかならないという未開社会観と適合しない。

当時あの、人類に至福をもたらす国家像が構想されたように、「真の科学者」であろうとする(少なくともそうしたふりをしようとする）試みこそ、あの二種のバケツという類型論、曲線無き弧形という考え方へ、そして、何年も前にエルジン・ウィリアムズがベネディクトの書物が伝達するすべてと矛盾すると鋭く指摘した[三]「平等な妥当性をもつ生活形態」に関するあの災いをもたらす最終行へ導いた元凶である。やがてベネディクトも、このことに少なくとも半ば気づくに至った。そして、もっとも確実に彼女自身の著書といえるあの書および「わずか」三五万部しか売れなかったとはいえ、永く売れ続けることはもっとも確実な『菊と刀』を産み出すもととなろうとは彼女自身信じていなかった方法論的奇想の数々を脱ぎ捨てた（あの不運な――またしても、不運にも人びとの記憶に永くとどまる――一章だけは別として）。

西欧の想像力は、かりにこれほど広漠として捉えどころのないものについて話が通じる程度に語られうるとしての話だが、他民族のあれこれと実際に接触するにつれて、それらの他民族の他者性についてかなり多様な表象をみずからのために造り出していく傾向を示してきた。アフリカは暗黒の中心でトムトム太鼓、魔術、口にするも恐ろしい残酷な儀式を特徴とする。アジアは腐朽し崩壊しかかった大邸宅で、初心を忘れたバラモンの徒、贈賄収賄を恥じぬ高級官吏、放蕩三昧の王族を特徴とする。オーストラリア原住民、オセアニアの諸民族、およびアメリカ・インディアンは人間性零度の人びとで、原親族、原宗教、原科学、および近親姦の起源の宝庫である。しかしながら、最後に残された未開の異邦にして多少は探検もなされたことのある日本は、われわれ西欧人にとってもっと決定的に他者であった。それこそとりつく島のない対象であった。エッシャーの素描にも似て、コンピューター処理をほどこせぬ、きちんと整い、精巧をきわめ、せわしげに働き続ける得体の知れぬ法外ななにものかであった。『蝶々夫人』とハーンの『こころ』から『講和の申し入れ』、『象徴の帝国』に至るまで、日本(もちろんイギリスを除いてだが、『ガリヴァー旅行記』に判断基準以上の重要な存在として登場する唯一の現実の場所である)は、はるか遠方にあるだけではなく地図から洩れている「おかしな場所」として見られてきた。「日本人は合衆国がこれまで戦ったもっとも異質な敵である」と、ベネディクトは『菊と刀』の冒頭で述べている。日本はわれわれの武力にとってばかりではなく、われわれの理解力にとっても一つの挑戦である、というのだ。「西欧諸国が人間性に帰属する事実として受容するに至った戦争の約束事は、日本人にとっては存在していなかった。このため太平洋戦争は島の海岸に一連の上陸作戦を敢行する以上のもの、未曾有の兵《へい》站《たん》学上の難問以上のものとなった。敵軍の性質を探るうえでの主要な問題を提示するものとなった。われわれは敵に対処するために、まず彼らの行動様式を理解しなければならなかったのである」。

ベネディクトの書物の偉大な独創性(それは言うまでもなく戦中における彼女の情報宣伝活動という任務から生まれた)と、この書に対するもっとも峻烈な批判者すら感じずにはいられなかったある種の力の基礎は、彼女が、異様な観念の金縛りになっている国民の住む異様な世界という日本人観を緩和することによってではなく逆に強調することによって日本と日本人の謎を解こうとした事実に在る。「われわれが知っている文化」を「想像を絶する未知の文化」と対照させる習性が、ここでは頂点にまで押し上げられている。あたかも、アメリカ・インディアン諸族とメラネシア諸族との遭遇がほんとうに類を異にする民族と遭遇するための準備体操であったかのように。そればかりではない、対照化操作が、かつての『文化の型』では暗示的かつ一般的な水準にとどまっていたのに、いまでは——特定のこの習性とあの習性との対立といった具合に——明示的かつ特定的となっている。わたしは以前『菊と刀』に瀕出する「アメリカでは」、「日本では」といった類いの対立的な言い回しを数えてみようと思ったことがあるが、この途方もない数字に達しそうな退屈な作業にうんざりしてやめてしまった。しかし、この言い回しの反復がかなでる単調な調べは、この書物の全篇に響きわたっている。

眠りについて

眠りは……日本人のもっとも完成された特技の一つである。彼らはわれわれ西欧人にとっては一睡すらできぬようなひどい状況のもとでも……完全にくつろいで眠る。このことは日本人を研究テーマとする西欧の学者たちを驚嘆させてきた。アメリカ人は不眠症を、精神的緊張の徴候とほとんどかわらないものとみている。われわれの規準に照らすと日本人の性格には高度の緊張がある。……アメリカ人は睡眠を自分の強さを維持するためにしなければならないものと考えることに馴れており、われわれの大半が朝目覚めたときまず考えるのは、自分が前夜何時間眠ったか計算するということである。睡眠時間の長さがわかれば、われわれはその日、自分がどれだけ精力的かつ能率的に活動できるかわかるからである。日本人が眠るのは、われわれのとは別の理由からである。

食べることについて

日本人の思想によれば、こころならずも食物が欠乏することは、自分がどれほど「強靭」であるかを試す絶好の試練の時である。……食べるものが無い〔状態〕は、〈欠乏に耐える〉ことができることを証明する機会である。……〔己れの〕強さは精神の勝利をかちとることによって高められこそすれ、カロリーとビタミンの欠乏によって低められることはない。日本人は、アメリカ人がからだの栄養補給と体力とのあいだに働いていると仮定している直接的交流を認めない。

性と結婚について

日本人は、妻に所属する領域がエロス的快感に所属する領域に侵されぬよう囲ってしまう。これら二領域は、それぞれ平等に公開されている。アメリカ人の生活においては、前者は公衆に属すると男が認めている領域であり、後者は内密な私事に属する領域であるという事実によって截然と分かたれているのに対して、日本では両者は分かたれていない。……合衆国では恋愛と結婚は不可分なものとする理想があるが、日本人はそのような理想を掲げない。

男らしさについて

〔同性愛は〕道徳によって裁こうとする態度に不向きな、微妙な〈人間固有の感情〉の領域に属する。それはそれにふさわしい位置にとどめて置かれるべきものであって、家族生活の維持に干渉すべきものではない。それゆえ、男性が……同性愛者に〈なる〉――西欧に見られる言い回しだが――危険というのは日本では考えられない。……日本人は合衆国で行なわれている成人男子の受け身的な同性愛にとりわけ衝撃を受ける。日本の成人男性は、同性愛の相手に少年を求めようとする。成人は受け身的役割を己れの沽券《こけん》にかかわることとみなしているからである。日本人は男性が自尊心を失わずに実行しうることに彼らなりの限界をもうけているが、それはわれわれ西欧人の引く限界とは異なっている。

飲酒について

日本人はアメリカ人の完全禁酒の誓約を西洋人の奇妙な気まぐれの一つとみなしている。……酒を飲むことは、正気の男ならみずから拒むことはしない楽しみの一つなのである。とはいえ、アルコールは些細なくつろぎの類いに過ぎなくて、正気の男子ならこれに耽溺することもまた潔しとしない。日本人の考え方によれば、人は同性愛者になるのを怖れないのと同様に飲んだくれになることを怖れない。そして事実、アル中的な飲んだくれは、日本では社会的問題ではないのだ。

善悪について

〔人間の魂には元来、悪は宿っていない、悪と戦うことは美徳のうちにはいらない〕この種の教説は、アメリカ人の心耳には、自己耽溺と放埒《ほうらつ》の哲学に導くもののように聞こえる。しかしながら日本人は……人生の課題は己れの義務を果すに在りと考えている。彼らは、道義上の負債を支払うことはすなわち己れの欲望と快楽を犠牲にすることであるという事実を、こころから受けいれている。幸福の追求こそ人生の真剣な目標の一つであるという思想は、日本人から見れば、あきれかえった不道徳な教えとしか考えられない。

幸福な結末について

〔日本では〕小説と劇が〈ハッピーエンド〉で終わることはまれである。アメリカの読者・観客は葛藤の解決を切望する。彼らは主人公たちが葛藤を乗り超えて幸せに生き続けると信じたい。その美徳が報われることを確認したい。……ところが日本人の読者・観客は男の主人公が悲劇的結末に至り、美しい女主人公が運命の糸車ゆえに殺害されてしまうのを見て涙を滂沱《ぼうだ》と流して感動する。この種の筋書きは一夜の娯楽——芝居——の頂点をなしている。人びとがわざわざ劇場に足を運ぶのは、これを見るためなのだ。……日本で製作される現代の戦争映画すら同じ伝統に棹《さお》さしている。これを見るアメリカ人がよく言うのは、平和の尊さをこれほど効果的に説いている映画は見たことがない、ということである。これがアメリカ人特有の反応であるのは、これらの映画が戦争の課す犠牲と苦悩とを描くことに全関心を注いでいるからである。……終幕のシーンは勝利ではない、万歳と叫びながらの突撃ですらないのだ。泥土に深く埋まった平凡な中国の町における一夜の休戦であったり、三つの戦争から生き残った一日本人家族の三世代を代表する、それぞれからだの不自由な、足を引きずって歩く、盲目の三人の姿であったりする。……英国系米国人の好きな〈華々しい行進〉といった興奮させる背景はここにはまったく欠けている。……そもそも戦争が行なわれるに至った目的すら語られないのだ。スクリーン上のすべての人物が全身全霊をもって〔天皇陛下に負うている恩義に〕報いているという一事が確認されれば、日本人観客は満足するのである。それゆえにこそ、日本においてこれらの映画は軍国主義者たちの宣伝の具とされたのだ。これらの映画を見ても日本人観客が平和主義に熱情を燃やすことはないと、資金提供者たちは知っていたからである。

この書物のなかごろにある、全篇を代表していないとはいえない、わずか一〇頁から引用された以上のさまざまな主張の経験的妥当性は別としても(実際それらの中には、調査された社会というよりは、むしろ想像された社会からの報告書のように読めるものがいくつかある)、それらの主張を次から次へと無情に積み重ねる方式、一つが完結しないうちにもう次の主張がくり出されるやり方こそ、ベネディクトの議論に並々ならぬ活力を付与しているものである。彼女は、もっぱら列挙のはらむ力だけで、実際見てのとおりの説得力を発揮している。それも興味深いことに、外国人のは言うまでもなく、彼ら自身の国民性まで不可解に思っているらしい日本人識者のあいだでも、彼女は説得力をもっている。われわれ対われわれでない人びとという対立図式は、丸ごと信じこむか、同じ程度に丸ごと疑うかという二者択一を迫る異様なひたむきさでかき集めたゴッタ煮風の情報源(伝説、映画、日本人亡命者および捕虜とのインタビュー、学術的著作、新聞記事、ラジオ放送、「古文書の類い」、小説、議会演説、および軍の機密情報からなる)から引き抜いた、これまたとてつもない範囲にわたる種々雑多な材料をつらぬいて追究されている。文字通り「あちら側に腰をすえて」の調査から戦争によってだけではなく聴覚障害といや気《け》によっても引き離されていたベネディクトは、想像力による「現地調査」を著書の権威の出所とする――すなわち理解を絶する対象のあちらからここ、ここからあちらへと注意を移動させ、一頁ごとに、彼女のいわゆる「〈これはちょっとおかしいんじゃないか?〉という常在の問い」と対決しつつ書き進めていく。

しかしながら、「彼ら」が奇妙に思える例から逆に「われわれ」のほうが奇妙に思える例へと移動していくこの短い一連の引用だけからでも推察できるように、このように相異なる二文化のあいだを強引に通過していく間に不協和音的歪みが現われてくる。著者一流の大作戦を本来の筋道から少々ずれさせてしまう意外な逸脱が現われてくる。運航不能となった軍艦を救出した米艦隊司令長官の功に報いるに勲章をもってすれば十分という考えを信じられない日本人から、日本人は自害のうちに自己実現を見出しうるという事実を容易に信じられぬアメリカ人に至る道筋を著者が辿るうちに、なぜか読者の目に日本は常軌を逸した気ままな民族というイメージをますます希薄にしていき、他方なぜかアメリカは同じイメージを濃くしていく。これは否定しがたい事実である。日本人の「行動におかしいところがある」というのは実は真っ赤な嘘で、おかしいのは事実を逆立ちさせて見ている連中のほうなのだ。書物のはじめのほうではわれわれが戦った相手の中でもっとも異質な姿で現われた敵が、おわりのほうにくると、われわれが打ち勝った敵の中でもっとも筋の通った生き方をしている国民となっている。日本の新聞は敗戦を「日本の究極的な救済に全面的に貢献するもの」と宣言した。日本の政治家はマッカーサーの核の傘の下で祖国をめでたく治めた。そして天皇は、現神《あきつかみ》たることを否認すべしという占領軍総司令官の勧告に促されて、自分は実際には神とみなされてなどいないが、外国人はそう思っているようだし、国のイメージのためにも神格を否定したほうがよかろうと思うのでそうするのだ、と愚痴をこぼした。

アジア人のほうがこのように倒錯的な考え方から実用主義的な考え方へ、アメリカ人のほうは理性的な考え方から偏狭な地方人的思考へと奇妙にも移行していき、太平洋のまん中へんのどこかで硬直性と柔軟性とがいれ替わる過程、これが『菊と刀』が語る真の物語である。もっとも、ここでも、この物語が語られるのは、きちんと筋立てのできた物語としてよりはむしろ実例の列挙によるお説教という形式においてである。東洋の神秘を解きほぐそうとするおなじみの試みとしてスタートしたものが、最後には西洋の明晰さが不完全なもののとして脱構築されてしまう——しかも余りにも完璧に——のである。『文化の型』におけると同様、われわれが最後の頁に来ていぶかしく思わざるをえないのは、ほかならぬわれわれ自身のことなのである。西欧文化の確実性はいったい何に依拠しているのか。それがわれわれ自身のものであるという事実を除けば、たいした確実性が残されているわけではなさそうだ。

そういうわけでまたもや、そしてこんどはもっと力強く、というのもベネディクトは前著よりもっと自信に満ちて(『文化の型』では彼女が訴訟事件で被告を弁護する弁護士のような筆致で書いているとすれば、『菊と刀』では被告に判決を下す裁判官のような筆致で書いている)アメリカの例外者至上主義を、それに対してことさら人目を引く異様な他者の例外性——アメリカのよりもっと例外的な——を突きつけることによって、解体してみせる。だがここでもまた、それこそ彼女が事実やっていることであり、やっているつもりのことであり、そして最終的にかなり立派にやり遂げたことであるという事実がぼかされている。しかも、しばしばまったく見えなくなるほど徹底的にぼかされている。そしてここでも厄介な事態——すなわち彼女の仕事が彼女をとりまく知的環境に誤った取り入れ方をされていること——を引き起こしている元凶は、彼女自身の著作の最良の誤読者であるベネディクト本人があいもかかわらず奨励している、同じ解釈上の踏み越しである。

真珠湾攻撃、バターン死の行進、ガダルカナル、および憎悪を舌足らずにわめき散らす近視眼的サディストたちが大勢出てくる無数のハリウッド映画から二、三年たったのちに彼女が書いた日本人論、思えばなんという並々ならぬ勇気であろう。このベネディクトの勇気についてはこれまで少なくともときおり論壇で注目されることはあったが、どういう道をとるのが時代を前進させるのか、どういう方向が時代を向上(危険を冒すほどに向上)させるのかという問題に関するアメリカ人読者の既成観念に彼女のこの著作が及ぼした破壊的影響については、まだ注目されていない。文化人類学の研究論文を読むさい求めてはいけないものについてまだ教えられていない大学生は、この書物の鋭い風刺性を感じ、戸惑うこともあるが、にもかかわらず、この著作に関する一般的概念はせいぜい、それが日本人の扱い方を教える心理学および政治学の教科書であって、その考え方は少々突飛で、実証的裏づけは少々弱く、道徳的には少々曖昧さを残しているという評価でしかない。この書物がこれまで書かれたもっとも辛辣な民族誌の一つであることはまちがいないし——「(日本人が)自殺事件を大きくとりあげるのは、アメリカ人が犯罪事件を大きくとりあげるのと変わらない。日本人はわれわれと同様、他人が自分に代わって大それたことをしでかしてくれたかのように楽しんでいるのだ」——これまで書かれたもっとも苛烈な揶揄《やゆ》的著作であることも確かである(「(日本人の道徳的義務感は)彼自身につきまとって離れぬ自分の影のようなもので、たとえて言えば、ニューヨーク州の農民が借金の抵当《かた》にはいっている土地について絶えず思い悩むように、あるいはウォール街の投資家が安値で売り急いだ株価が値上がりする数字を見て絶えず後悔しているように、絶えずその影におびえているのだ」)。それにもかかわらず、この書物は一つの学問領域とそれを専攻するのに必要な感受性を訓練するための小テキスト、人間やってやれないことはない、という楽天的人生観の手引きとみられているに過ぎないのだ。

　以上がまさしく、この書物が書かれた思想的および政治的脈絡（書かれたのが戦時下および終戦直後であったがゆえに、思想的‐政治的脈絡と言ってもよい）である。己れの著作を単なる文学的作品のレベルから学問的著作のレベルにまで高めるのに必要であるとベネディクトが思ったもの、それはもはや自然発生的実験室、「元素的諸形式」(*formes élémentaires*)、あるいは人類学が「寄与」しなければならないものを端的に示す「甲虫を観察してごらん」式のイメージではなかった。それどころか、「国民性」、「政策学」、および「距離を置いて異文化を観察すること」であった。そして彼女の周囲に集まった人びとは、彼女のいるところどこにでも顔を出す弟子のマーガレット・ミードだけではなかった。ミード自身、もっと大規模なカンバスと、もっと戦略的な目標に向かっていた。心理学専攻の戦士、宣伝活動の分析家、諜報の専門家、計画策定者からなる組織的集団が、ベネディクトのまわりに結集していた。いわば軍服をまとった学者集団である。

　アメリカの社会科学におけるこの特別な時期の物語（それはまさしく一つの時期であった。なぜなら一九五〇年代の末期に至ると、そうした動向は、とてつもない大きな成果を約束しながら期待外れの結果しか出せなかったために息の根を止められ、終わりを告げたからである）について冷徹な分析的手法で書かれるのは、今後の課題である。これまで書かれているのは逸話、過大な讃辞、老練な学者の回想に過ぎない。だがベネディクトは、そうした類いの文体、目的、気立て、彼女なら気質とでも呼びそうなものが、余り得意ではない。ここでも、彼女が自分の主題について語っているとき言っていることと、なぜ主題について語っているのかその理由について語っているとき実際に言っていることとが、うまく噛み合わないのである。

『菊と刀』は『文化の型』と同様、読みはじめて五〇頁のところで、ようやくほんとうの内容が語り出され、本質的には最後から五〇頁くらいのところで語り終わってしまうので(つまりベネディクトの言葉は大半の道徳劇と同様、おのずから書物の中心部で最高調に達するので)、書物の冒頭部と終結部でこの彼女の迷いがもっとも顕著に現われる。第一章「課題——日本」は打ち寄せる波のように太鼓を打ち鳴らす調子で書かれ、最終章「対日戦勝記念日以降の日本人」は軍隊の任務内容指令の調子で書かれているが、両章ともに、内容にふさわしいかたずを呑むような切迫感をはらむこの著書を、時代が要求していたと思われる国家の御用学問という枠組みの中に位置づけている。「[合衆国政府が直面している]問題が軍事的なものであるにせよ、あるいは外交的なものであるにせよ、またそれが高度な政策上の問題によって提起されたものであるにせよ、あるいは日本軍の前線の背後に落下される予定であったビラが含む問題によって提起されたものであるにせよ、あらゆる洞察が重要であった」。しかしながら諜報局敵国民戦意分析部とその任務を受け継いだ海軍後援民間機関コロンビア大学現代文化研究調査所のいかにもインテリくさいスタイルが、ベネディクトの矛盾に満ちた世界に侵入してきて、もっとも致命的な作用をするのは、最後から二番目の「子どもは学習する」の章においてである。空中散布のビラと高度の政策とからなる文化人類学に添えられた頓呼法的表現は、それらを生みだした興奮とともに勢いを失っていく。しかし『文化の型』における文化相対主義に関する諸頁と同様、『菊と刀』において羞恥心、罪責感、幼児のおむつ、および幼児へのからかいについて論じている諸頁は、持続的な影響力があり過ぎたと言ってよかろう。この内気で上品で、うつの傾向と尊大さとをあわせもった、そしてまっとうな考え方の持ち主とはとうてい言えない女性が、審美的な人間行動観を積極的な調査活動を至上とする社会科学の飾り物で覆いつくしたいという願望を起こすに至った動機はなんであろうとも(自分が時代おくれであるという意識、皆に追いつきたいという欲望、信じたいという意志、あるいは人類学をもってしても癒しえぬキリスト教的理想主義であろうとも)、それらは彼女の個人生活の濃い霧にまぎれて見えなくなっている。

しかしながら、こんな粉飾作業を彼女が楽しんでやっていないことは、育児法を論じている章において自信に満ちた記述的語法から急に自信なげな因果論的語法に変わるところにみてとることができる。階層社会、道義上の恩義、「諸感情の環で結ばれた輪」、および克己心といった日本的概念について論じている、簡潔な、論点をしぼった、中間の諸章においては、すべては一つの図柄の中の一点の問題、すなわちある慣習、認識、信念、あるいは価値観を、それが——少なくとも日本人にとって——意味をなすようにどう文脈の中に位置づけるかという問題に尽きる。この書物の中でもっとも長くて、またもっとも漫然と書かれている章「子どもは学習する」において著者の筋書きは心的機制の探求に転じる。つまり、熱が沸騰と火傷《やけど》を誘発するように、日本人が「他人から嘲笑されることに耐えられない」、剪定されていない庭園を嫌う、鏡を神器として神社に奉納する、自分たちがあがめている神々を慈悲深いお方だと思っている、という諸事実の理由を説明できる心理的傾向を誘発するような特定の社会的慣習を探求する営みに転じたのだ。文化の諸形式についての言説が、軌道からずれて、文化を動かす梃子《てこ》についての言説になってしまっているのである。

ここで梃子と言っているものはもちろん、いく枚も重ねたおむつだとか、子どもを口汚く罵る母親だとか、同年齢集団内の弱者に対する虐待だとかといった、悪名高いとは言わないまでも、おなじみのと言ってよい慣習である。しかし興味深いのは、それらが、煉金術的な書物に見えるほど本来は知的自律性に富む書物の中に出てくるにもかかわらず、大部分、彼女自身の創見によるものではない、ということである。事実上あっさり片づけられているおむつ使用の慣習がイギリスの熱狂的人類学者ジョフリー・ゴアラーからの借り物であることは言うまでもない。ベイトソンが去ったあとゴアラーをコロンビア大とワシントン大の人類学研究者サークルの中へ導き入れたのはミードであるが、ベネディクトはあの大盤振舞いの観のある「謝辞」の中からほとんど露骨にといってよい省略をしている。そのくせ本文の中では、かなり冷静に「日本人の生活の中で排便のしつけの果している役割を強調してもいる」人類学者として彼を引用しているのだ。(子どもを見捨てたふりをしたあと急に抱きしめたり、その逆をしたりして)からかう慣習の意義をベネディクトは重視しているが、これはベイトソンとミードが一九四二年に発表したバリ島文化に関する研究論文から借用したものである。この慣習は、後者のいたるところで追究されているテーマである。そして同年齢集団の中における専制的支配の慣習もまたゴアラーの戦時下の報告に拠《よ》っている。ここでは少なくとも短い引用はなされているが[一三]。

これらの慣習に関する借り物の知見の導入のされかたも応用のされかたも不器用不細工であり、ベネディクトの書物にとって外在的位置しか占めていないことは、章の進行そのものに見てとれる。つまり不安気にそれらをやり過ごしてから、ほとんどほっとした感じで――桜の花、茶会、漆器で囲まれた日本人の生活の――肖像描写へと立ち帰り、結論に向かうのである。しかし異質な要素がかもしだす緊張がもっとも効果的に現われる叙述は、またしてもマーガレット・ミードからの借り物である。ベネディクトが亡くなって一〇年後に師であるこの年長の女性のペルソナを自分のものにしようとして著わしたと言ってもほとんどさしつかえない――その結果、自分に先立って道を拓いた師をあたかも自分の後継者であるかのように見せてしまう復讐的著作となった――ベネディクトとその著述について論じた書物の中で、ミードは、腹の虫を抑えかねるといった怨念を晴らすような調子で――それさえ無ければ聖人伝のおもむきさえ漂う書物であるにもかかわらず――『菊と刀』がどうしてあのように洛陽の紙価を高めるに至ったか、その理由を述べている。

ルース・ベネディクト自身、自分が用いてきた方法は実は世界の安全を守るうえで役立つのだ、という考えにくら替えしてしまった。これらの同じ方法を解明する何冊かの他の著書が読者を敵に回してしまったのは、洞察を導き出すために彼ら自身が用いている方法を余りにも徹底的に暴露したため、それらが読者のこころに不快な反響を残すようになったためである。ベネディクト自身は精神分析的方法に頼ることをしなかった。ということはフロイトの身体部位説に頼ることをしなかったということである。彼女にとってそうした人間観はなんの意味ももっていなかったからだ。このことがこの彼女の書物を、もともと一九四二年にジョフリー・ゴアラーが展開した日本の天皇についての洞察に抵抗を感じた——いまは逆に称讃しているわけだが——読者にとって味わい深いものとさせたのだ。そればかりではない、彼女と同世代の大半のリベラル派知識人と共有していた、アメリカ文化に対する彼女の懐疑ゆえに、彼らは日本文化の諸長所に対する彼女の共感的理解を受けいれつつ、しかも自国文化にも同じような共感的態度をとるよう強いられていると感じずにすますことができた。そしてこの懐疑はまた、それを余り強く感じていない人類学者の行く手を阻むつまずきの石をとりのぞく役割をも果したのであった。『菊と刀』は、大佐が将軍に、艦長が提督に、〈ちんぷんかんぷんな専門用語〉を使って相手の癇癪を招くのではないかと心配せずに言及できる類いの書物、〈長髪を好む知識人の考え出す仮説〉はう呑みにすまいと用心している下院議員に渡してもとがめを受ける心配のない類いの書物である。論点がきわめて手際よく、かつ納得せざるをえないように展開されているので、左翼傾向のよほど強い人たちと、長年にわたる自分の日本人経験についてきわめて明瞭な、そしてたいていは不正確な概念をつくりあげてしまっている人たち、かつてわれわれが別の文脈において〈老陶工〉(old China hands)と呼んでいた人びとを除く、ほとんどすべての仮想敵の読者を、この書物は武装解除してしまった。[一四]

文化人類学の書物を著わす仕事の成功は、他のすべての仕事と同様、日頃どういう人たちとつきあっているか、に全面的にかかっている。彼女自身が、それゆえ彼女にとってバプテスマのヨハネ的存在であったベネディクトがどのような種類の言説共同体に属すべきかを決めてしまった以上、ミードは彼女がそこから逃げ出せないように死物狂いの努力をする。なぜなら彼女は、ベネディクトがその拠点にとどまる姿勢がいかに不安定であるか、世界救済のための人類学への〈回心〉が実はどれほど完璧からほど遠いものであるか、また提督のために書かれた民族誌というイメージが実際に頁に書かれているものを見るとどれほど容易に消えてしまうものか、を感じているらしいからだ。いや彼女だけではなく他の人びとも同じように感じていると本人が感じているらしいからだ。そういうわけで、ベネディクトをあの言説共同体から引き抜いて論じることは、その仲間に入れて論じることと同様、一つの解釈行為なのである。それどころか、もし他の誰かに先立ってそう言ってよければ、それなりの野心から発する議論の余地ある解釈行為なのである。

ベネディクトを読むときは、ゴアラー、ミード、アレクザンダー・リートン[12]、あるいはローレンス・フランク[13]のような人たちを念頭において読んではいけない、スウィフト、モンテスキュー、ヴェブレン、W・S・ギルバート[14]のような人たちを念頭において読むべきだと主張することは、彼女が著書で語っていることの本質に対するある特定の理解を主張することにほかならない。『菊と刀』が無学な者でも涙なくして読めるように化粧した政策的パンフレットでないことは、数隻の船の最初は船医としてついで船長として航海したルミュエル・ガリヴァーが書いたとスウィフトのいう『はるか遠方の幾つかの異国への旅行記』四部作が児童書でないのと同様である。スウィフトに似て実は外国へ行くことはほとんどなかったベネディクトが執筆したのは、スウィフトが自作について述べたように、「世の人びとを楽しませるためというよりは、悩ませるため」であった。もしも世の人びとがそのことに気づかなかったとしたら、哀れとしか言えまい。

第六章　こちら側にいる《ビーイング・ヒア》ということ

——ともあれそれは誰の生活か——

今日の午後すぐわたしはアッバ・ジェロームとともに〔エチオピア人の女性〕エマウェイシュに会いに行った。〔彼女の歌の〕原稿を彼女自身の手で記録する——あるいは息子に口述する——ことができるように、彼女にペンとインキとノートブックを贈るためであったが、同時にそうすることで、調査隊の隊長であるわたしに協力してくれれば君には望みの品を贈るよ、というメッセージを暗示するためでもあった。

彼女の原稿のことに言及して、いつぞやの晩、君が歌ってくれたような恋の歌をいくつかノートに書いてくれると有難いのだが、とわたしが言ったとき、エマウェイシュの口から発せられた言葉は、「フランスにも詩があるんですか」、「フランスにも恋はあるんですか」であった。〔二〕

人類学者がどれほど白亜の塔から遠く離れたところに——ポリネシアの棚状海岸やアマゾン河流域の炭化台地に、あるいはアコボ川[1]やメクネス[2]やパンサー・ハーンに——研究テーマを探し求めようとも、彼らはやはり講壇や図書館や黒板やセミナーからなる世界を相手に調査報告書を執筆するのである。これこそ人類学者を産出し、彼らにいま実際に従事しているような仕事に従事する資格を与えている世界であり、彼らがしているような仕事が人びとの注目にあたいすると評価されるためにはその内部に居場所をみつけてやらなければならない世界なのである。あちら側にいること自体は葉書的経験に過ぎない（「カトマンズに行ってきました——あなたは行かれましたか」といったあいさつ程度の）。自分の人類学的業績が読まれ……出版され、書評され、引用され、教えられるようにするのは、ほかでもない、こちら側にいること、つまり学者集団の一員であるということなのである。

そのこと自体は格別目新しいことではない。一九二〇年代以降、民族誌学界から金持ちの好事家連中が去っていったのはたいへん結構なことであった。鑑定家、コンサルタント、旅行記作家の類いもろくな民族誌は書いていない（少数の宣教師がよい仕事をしているが、大学教授——たいていはドイツの大学の——のような装いをしたうえでの仕事である。すべての人類学者の足元になんらかの講座か教授職が用意されている——コレージュ・ド・フランスからオックスフォードのオール・ソールズまで、ユニヴァーシティ・カレッジからモーニングサイド・ハイツ・カレッジまで——という事実は、今日では当り前なことのように思われる。おそらくは、もっと学問的に精緻をきわめた研究職——古文書学とか地衣類学のような——も少数ながらあるにはあるが、多くはない。

とはいえ、ほとんどすべての民族誌家がなんらかの大学人タイプであるという事実はすでによく知られていて、まさかそんなことはあるまいという推測を裏切るものではあるけれど、こうした自己分裂的実存がかかえている諸矛盾（わずか数年のあいだ、ときおり家畜飼養家やヤムイモ栽培者を相手に取っ組み合いをやって、その後は定年まで教室で講義したり同僚と論戦をたたかわしたりしてすごすこと）が鋭く感じられるようになったのは最近のことである。他民族の人びとを彼らが住んでいるところで調査のまきぞえにし、彼らがいないところで彼らの代弁者として語るという二種の営みのあいだに開いているギャップは、常に甚だしく大きいにもかかわらずあまり気づかれずにきたが、それが突然、異様にはっきりと見えはじめた。かつては専門用語が難解で近づきにくいと思われていたものが、〈われわれではない人びとの〉生活を〈われわれの〉著作の中に組み入れるようになった結果、道徳的、政治的、さらには認識論的な意味でデリケートなものに転化した。レヴィ＝ストロースのうぬぼれ、エヴァンス＝プリッチャードの自信過剰、マリノフスキーの軽挙妄動、ベネディクトの鉄面皮的冷静さなど、いまでは遥か遠い過去のことのように思われる。

いま手元にあるのは、謎めいた他者を、彼らの原住地で彼らとやりとりし、同じような経験をした人びとが書いたものを読みあさったという事実を根拠に、説明しているのだと主張する営み全体につきまとう不安、苛立ちが瀰漫《びまん》しているという事実である。この不安、苛立ちは、ひるがえって、さまざまな、つまり興奮の程度がさまざまな反応を招いている。正典的著作と目されているものへの、さらには正典性という思想そのものへの脱構築的攻撃、人類学的著述を武力以外の手段による帝国主義の延長とみなすイデオロギー批判的暴露、そうした病弊の治療法としての自己反省、対話、他言語思考《ヘテログロウシア》、言語的戯れ、修辞的自己意識、遂行表現的翻訳、逐語的録音、一人称的語りといったものである。〔二〕現実が外国へ輸出されるといったいどうなるのか、というエマウェイ的問いは、いまや至るところにある。

かつては、未開の、部族的、伝統的、あるいは民俗的という形容詞をかぶせて呼ばれていた、人類学者が主に研究対象としている世界、今日では、誕生後の姿をとどめる、近代化の途上にある、周縁に位置する、あるいは文明の下に埋もれた、という形容句で飾られる世界と、人類学者がそうした世界を研究するさい主な根拠地としている学界という場所とは、ディムとダーティ・ディック[3]の時代、コロンビア大学現代文化研究所の時代とは大きく変わっている[4]。植民地支配の終焉は、問いかつ見る側の人びとと問われ見られる側の人びととの社会的関係の本質を根本的に変えてしまった。人間を対象とする諸科学で扱われる赤裸々な事実、型どおりの研究手順、および背景の状況が明らかでない知識への、また実際、学問的知識一般への信頼の衰退は、人間科学が従事しようと努めている営みについての向こう側、見る側の概念をも同じように根本的に変えてしまった。古典的形態の帝国主義、本国とか領土とかいうものと、古典的形態の科学至上主義とは、玉突きにおける突きと玉さながら、ほとんど同時に没落してしまった。状況がそれほど単純でなくなったのは、人類学の等式の「あちら側にいる《ビーイング・ゼア》」と「こちら側にいる《ビーイング・ヒア》」という両辺において、第一世界の文明の利器と第三世界のかなでる民謡とが、今日では等式の均衡を保っているというよりはむしろ嘲笑して均衡を失わせているからにほかならない。

植民地の原住民から独立国の国民に至る、人類学者が主としてその文化について書き著わしている人びとが、法律的、イデオロギー的、かつ現実的に変容を遂げたという事実は、(現在のウガンダやリビアやカンプチアがかかえているアイロニカルな状況のいかんにかかわらず)民族誌学的行為が行なわれている道義的脈絡《コンテクスト》を全面的に変えてしまった。もともと植民地ではなく南米の奥地とか「太平洋のまん中に浮かぶ」鎖国とかいうレッテルを張られてきたに過ぎないあの範例的な他の地域――レヴィ＝ストロースのアマゾンとベネディクトの日本――は、東西ドイツ、南北朝鮮の分断、コンゴ民主共和国(現ザイール)初代首相ルムンバの暗殺、スエズ紛争、およびベトナム戦争が世界の政治的文法を変えてしまったとき以来、まったく違う光の下に立っている。地球上に孤立した諸民族が離散させられているという比較的最近の出来事――フランス国内のアルジェリア人、クウェート国内の韓国人、ロンドン市内のパキスタン人、およびマイアミ在住のキューバ人がそれだ――は、多様な民族的心性のあいだの境界的空間を縮小することによって上述の過程を拡張しているばかりである。ジェット機による海外旅行の流行もこれに拍車をかけていることは言うまでもない。つい最近まで人類学的著述が依拠していた主な仮定の一つ、すなわち、その研究対象たる民族と民族誌を読む読者とは分離されうるだけではなく、事実、道義的に分離されている、前者は記述の対象であるべきで語りかけの対象であってはならない、後者は知識を提供されるべき存在であって前者の文化にまきこまれるべき存在ではない、という前提が、いまではかなりな程度まで消滅している。世界は依然としてその構成要素をそなえてはいるが、それらのあいだの通過、移行は以前よりはるかに頻度を増すとともに、その安全性も著しく減少している。

こうした調査対象と読者との相互的混融は、あたかもギボンが突然古代ローマの読者層を相手に執筆する運命となったり、M・ホメイスが『ボヴァリー夫人』における地方生活の描写に関する諸論文を *La Revue des Deux Mondes*（二世界評論）に発表する羽目となったりする場合のように、現代の人類学者が執筆するさい修辞上の目的について迷わざるをえないようにさせるであろう。現代の人類学者にとって自説を納得させるべき相手とは誰のことであろうか。アフリカ文化研究者か、それともアフリカの原住民であろうか。アメリカ文化研究者か、それともアメリカインディアンか。日本文化研究者か、それとも日本人か。いったいどちらなのか。そして彼らに何を納得させるべきなのか。事実を正確に記述していることをか。想像力豊かな理解か。道徳的深遠さか。それらすべてだと答えるのは簡単だが、実際にそう答えているテクストを産み出すことは、それほど簡単なことではない。

実を言うと、書く——つまり民族誌を執筆する——権利そのものが危殆《きたい》に瀕しているらしい。かつて植民地化されたことがある民族か祖国喪失の漂泊民族が（民族固有の仮面をつけて母語の詩行を吟じつつ）地球規模の経済と高度な国際政治と世界文化の舞台に登場しはじめたことによって、われこそは未開の文化の護民官、未見の民族の代弁者、誤解されてきた習俗の理解者なりという人類学者の自負を維持し続けることは、ますます困難になってきている。マリノフスキーがはじめてトロブリアンド諸島民と遭遇したとき彼の口からほとばしりでたあの歓喜の叫び「われ発見《エウレ》せ《カ》り！」――「所有権を手に入れたという感じ、彼らの文化を記述するのはほかの誰でもないわたしなのだ、……彼らを創造する〔のはこのわたしだ〕」という感情――も、OPEC、ASEANの世界、「事物が分解していく」世界、またトンガ王国民の出自がワシントン州のインディアン部族であることが判明した世界では、(もっともヨルバ[5]民族、シンハラ[6]民族、ティワ[7]族を発見して狂喜した人類学者たちの叫びも同様であるが)僭越至極であるばかりか、純然たる喜劇としか響かないであろう。「いまや奇妙キテレツとしか言いようのない〔もの〕は、未開民族のことではなく、彼らについての文化人類学的記述そのものなのだ[三]」と、メタ民族誌学者ジェームズ・クリフォードは書いている(とはいえ、おそらく彼の本音は「いまや、いかがわしいとしか言いようのないもの……」であろう)。

文化人類学が奇妙キテレツな(あるいはいかがわしい、あるいは搾取的な、あるいは圧制的、あるいは凶暴な)ものとなったわけは、現在民族誌を執筆している文化人類学者の大半が、主として、彼ら自身経験していない、また経験したいとも思わないある歴史的脈絡――すなわち植民地化を媒介とする異民族との遭遇――において形成された一つの職業にたずさわっているということである。他のすべての学問領域と同様、人類学においてもあの遭遇が依拠している非対称的権力関係(この権力関係は形態上どれほど変化を蒙っていても、消失してはいない）から距離を置きたいという欲望は一般にきわめて強く、ときには圧倒的なほど強いため、民族誌学という概念そのものに対して少なくとも両価的な態度を生みだす。

われわれがフィールドワークと呼んでいる〔あの〕儀礼的反復を特徴とする他民族との対決は、西欧と非西欧世界とのあいだで行なわれてきた一般的闘争の特殊ケースにすぎないのかもしれない。帝国主義者と帝国主義の（西欧の）批判者の多くが同じように信奉している根強い神話は、単一の決定的な征服、占領、あるいは植民地権力の確立があったという神話であり、それと類を同じくする突然行なわれる非植地化と独立の達成という考え方に補完的神話を有している神話である。両神話とも、軍事的手段によってであろうと、宗教的および教育的洗脳によるものであろうと、行政的施策によるものであろうと、あるいは、現代ではこちらのほうが一般的に用いられているが、外国援助を隠れみのにした複雑な貨幣政策的、経済的操作によるものであろうとにかかわりなく、くりかえし行なわれる圧制的行動、鎮撫活動、叛乱の鎮圧といった事実を暴露する圧倒的な証拠に適正な理論的重要性を与えようとする試みを阻む作用をしてきた。……われわれは少なくとも、大勢の、学問的野心に燃えた、学界での地位も確立された実践的な人類学者によってくりかえし行なわれている現地調査の実践が、西欧とその他者——非西欧世界——とのある種の関係を維持せんとする持続的な努力の一部であったという可能性を排除

することはできない。[四]

フェイビアンの『時間と他者』のすべての陳述が右の引用ほど露骨であるわけではないし、高飛車的なものであるわけでもない。しかしそこに投影された気分(「いまや人類学の未来について憂慮せざるをえない現実的理由がある。帝国主義の終焉は……人類学と名づけられてきたものの終焉を意味するであろう」という、別の書評家が警告として述べ[五]、ある調査計画が趣意書の中で用いた言葉に表われている気分)は、あのライトモチーフに通じる調べをかなでている。フォークナーにおける南部と同様、人類学において過去は死に絶えていないどころか、過ぎ去ってすらいない。帰国したフィールドワーカーたちが「西欧とその他者との関係」を整序する仕事から離れて執筆活動を続けていこうと努力している姿は、かってそうした仕事に参加しようとして執筆の努力を続けていたフィールドワーカーにおとらずありふれている。人類学を西欧社会の神秘化めざして内攻させていくことからポストモダン文化の国際的ごた混ぜ料理をとおして人類学を外向的にまきちらすことにまで至るさまざまな示唆が提案されているにもかかわらず、前述の二つ以外にどのような仕事をなすべきか、と問われると、答えは定かではない。民族誌学の道義的基礎があちらにいる側の非植民地化によって揺さぶられていると同時に、その認識論的基礎もまたこちらにいる側における表象化——民族誌学のそれであれ、なんのそれであるとにかかわりなく——の本質についての一般に容認されている諸説への信頼の一般的喪失によって揺さぶられているという事実があるが、そうした事実によって、前述の状況はさらにいっそう恐るべきものと化し、苦境と危機の到来をヒステリックに叫ぶ者まで出ている。学界では論争を招く接頭辞（ネオ、ポスト、メタ、アンティ）と伝統的価値観の転覆を狙う書名（『美徳のあとにくるもの』（*After Virtue*）、『方法に逆らって』（*Against Method*）、『信念を超えて』（*Beyond Belief*））が突然爆発的に出現した事実に面食らった人類学者たちは、「それはまともな仕事なのか」という悩み（彼らの文化を記述するわれわれとはそもそも何者か）にさらに、「はたしてそれは可能なのか」という悩み（フランスでエチオピア民族の恋を歌えるのか）をつけくわえなければならなくなった。後者の悩みに対処する用意は前者のそれよりももっと不十分だったにもかかわらず。他民族のことを自分が知っているとどうして知りうるのか、という問いは、彼らが実際的、経験論的見地とは異なる見地から問い馴れてきた問いではない。「証拠は何か」、「それはどのようにして収集されたのか」、「それは何を示しているのか」、「言葉が世界に、テクストが経験に、著作が生活に所属する仕組みはどのようなものか」といった問いは、彼らが問い馴れてきた問いとは類をまったく異にする。

　彼らは、少なくとも彼らの中のこころある者は、習い性となった技法のおさらいをすることに満足せず、いまではこのような問いを提出することに馴れはじめており、なかには、やや不規則にではあるが、それに答えようと努めている者さえいる。もっともその理由は、彼らが答えなければ他の分野の者たち——言語学者、意味論学者、哲学者、およびもっとも望ましくないケースだが、文芸批評家——が彼らに代わって答えようとするであろうから、ぐらいのところかもしれないが。

〔民族誌学的言説の理想としての〕「表象化」――というよりはむしろ「喚起」――がはらんでいる意義のすべては、それが民族誌学を模倣《ミメーシス》から解放するだけではなく、「対象」、「事実」、「記述」、「帰納」、「一般化」、「検証」、「実験」、「真理」、その他類似の概念、つまり空虚な呪文として以外は民族誌的フィールドワークの経験にも民族誌の執筆にも等価物を見いだせない諸概念からも解放するということにある。科学的修辞の規準に合わせたいという強い促しゆえに、博物誌特有の安直なリアリズムが民族誌的散文の支配的様式となったが、しかしそれはまやかしのリアリズムである。そしてそれは一方では、「文化」とか「社会」といった非実在物を、あたかもそれらが多少ぶかっこうなものであるとはいえ十分に観察可能なおばけででもあるかのように「記述する」という不条理を助長し、他方では、舞台で役者が彼らの演技を構成し位置づけるのに用いるせりふから切り離して、しかも観察者の下塗り的言説それ自体が行為を記述する仕事を十分果せる客観的形式であるということを頭から信じこんで、反復的行動パターンを「記述する」という、同じように愚劣な行動主義者流の自負をも助長している。博物誌的リアリズムのはらむ問題点は、しばしば言われるようないわゆる観察対象の複雑さにあるのでもなければ、十分に厳密かつ反復可能な方法を適用していないところにあるのでもない。ましてや、記述言語が一見して手に負えない代物に見えるということにあるのでもない。そうではなくて、「記述する」、「比較する」、「分類する」、「一般化する」といった固有の修辞と、表象化的意味作用を果しているのだという自負とをともなう、視覚効果万能論的な指示的言語イデオロギーの機能不全にあるのだ。民族誌学には記述対象といったような「もの」はない。つまり記述言語が比較、分類、一般化の指標的対象として「表象している」原初的外見なるものはない。民族誌のうちに存在しているのは、むしろ言説である。しかしそれもまた、構造主義、民族科学(ethno-science)、対話学といった、見当違いも甚だしい民族誌学の翻訳的方法の主張にもかかわらず、ものなどではない。後者はいずれも、原住民の言説かその無意識的行動パターンのいずれかを表象しようと企てており、それゆえにこころの中で博物誌の犯した罪を犯しているのである。〔六〕

右の引用文は人類学のような粗略な学問領域を記述するには少々立派すぎる文章で、首尾一貫性にも欠けるきらいがある。しかし、著者の主張は、それがいかに息切れした熱病的なものであるにせよ(タイラーはこのあとすぐ、民族誌は「一種のオカルト的記録……謎めいた、逆説的、秘教的な、現実と空想の結合物……言うなれば現実と錯覚させる空想世界の空想とみまがう現実である」と述べている)、「それについてそれらしく語ること」は、ヴィトゲンシュタイン(あるいはガダマー)以後の哲学、コリングウッド[8](あるいはリクール)以後の歴史学、アオエルバッハ[9](あるいはバルト)以後の文学、ゴンブリッジ[10](あるいはグッドマン)[11]以後の絵画、フーコー(あるいはスキナー)[12]以後の政治学、クーン[13](あるいはヘッセ)以後の物理学、これらの諸学にふさわしい標語であると同様に民族誌学にもふさわしい標語である、という、近年ますます流布してきた認識を反映している。「喚起作用」が問題を解決するか否かにかかわりなく、逆説が問題の位置を確定するしないにかかわりなく、人類学に問題があることだけは明らかである。

いま、にわか雨のように幾人かの名前が現われたが、諸芸術、諸科学全般において行なわれている方法論上の厳しい自己反省の営みを見わたすなら、その数は南洋のスコールのように一挙に増大するであろう。しかしこれらの名前の列挙だけでも、事実上ひとりの例外もなく「事実、記述、帰納法、真理」に対して少なくとも未練は感じている民族誌学者たちが現在直面している問題の諸次元を垣間見させてくれる(おそらくは「喚起している」)。標準的なテクスト構成様式——および標準的な読解様式——に疑問符を付す、この広く見られる傾向は、安易なリアリズムを不安にさらすだけではない、その説得力を衰えさせもする。「自然誌」つまり博物誌が精神的犯罪であるか否かはともかくとして、それを読む者にとっても書く者にとっても、それはもはやそれほど自然な、つまり当り前なことではなくなっているらしい。キップリング[14]とリョウティ[15]の同時代の著作家たちから受け継いだ職業にたずさわる者につきまとう良心の憂うつ症《ヒポコンデリー》があるだけではない。パラダイム、エピステーメ、言語ゲーム、先入主、判断中止《エポケー》、発語内行為、S/s、問題圏《プロブレマティク》、志向性、解答不能《アポリア》の問題、およびエクリチュール——「言葉で事を行なうにはどうしたらよいか」、「われわれがみずから語っていることは、われわれの本音でなければならないのか」、「テクストの外部なるものは存在しない」、「言語という獄舎」——といった標語に悩まされている学界で文化人類学に従事することから生じてくる著者は誰かという自己懐疑もまた存在する。言葉が経験を記述するのに不適格であり、ある言葉を別な言葉に変換するだけでおわりがちな傾向をもつことは、詩人と数学者双方を長いあいだ悩ませてきた問題である。しかし民族誌学者に限って言えば、それはむしろ新しい発見に属する。そしてその発見は彼らを、少なくとも彼らの一部を混乱に——もしかすると永続的な、おそらくは暫定的な混乱に——陥れた。

この混乱は、永続的なものではないかもしれない。なぜならそれを引き起こした不安は、不安の原因そのものを明確に認識することによって克服されうるからである。根本的問題は他民族の生活様式について物語ることにともなう道義的不確実性でもなければ、それらの物語を学問的な枠組みの中に流しこむことにともなう認識論的不確実性でもない。両者はいずれも十分現実的なものであり、常に存在するものであって、民族誌学には不可避なものである。問題はむしろ、これらの事柄がもはや職業的学問領域の神秘によって隠蔽されることなく公然と議論されるようになった今日、著者たることの責任の重荷がにわかに重みを増したように思われることである。ひとたび民族誌的テクストが見透され注視されるようになるやいなや、それらがつくられた、それも説得するためにつくられたものであることがわかるやいなや、それをつくる側の人間の責任はそれだけ重くなるわけである。まず何よりも、このような状況が既成の学界内に不安を醸成し、論敵に向かって事実そのものに立ち帰れと叫び、力への意志も露わな挑戦状を叩きつける雰囲気をつくりだしているのかもしれない。とはいえ、十分な不屈さと勇気があるなら、そうした状況に馴れることもできるであろう。

目前に迫っている時節の行方が人類学のはらむ論証的エネルギーを蘇生させるのか、それとも四散させてしまうのか、著者としての責任を引き受ける強さを回復させるのか失わせるのか、それはこの学問領域(もっと正確に言うなら、フィールドワークを実践していると称している人びと)が、この学問の目標、意味、動機、および調査方法のすべてが問い直されている状況に適応できるか否かにかかっている。右に批評された「言説類型の創始者」(それに批評の対象にはされていないが少くとも重要な位置を占めている他の人類学者たち)はいずれもこの学問領域を現在の形にもたらした人びとであるが、彼ら自身克服しなければならない途方もなく困難な、定式化と説得法にかかわる諸問題をかかえていた。いわゆる不信の一時的停止がとくに積極的に実践されたことなど一度もなかったのである。にもかかわらず、彼らの壮図の正当性に対する激しい批判を、あるいはそれを実行することが果して可能なのか、不可能なのではないかという批判の攻撃を、彼らは少なくともかなり免れてきた。彼らがやっていたことは、奇妙なことであったかもしれないが、称讃にあたいすることであった。困難なことではあったかもしれないが、納得できる程度には成就されうることであった。だが、今日、民族誌を執筆するということは、著者と読者の双方にとってこのような前提が死語と化しているという自覚に立って書くことを意味している。無垢の仮定も方法的懐疑の効用もおのずから与えられるようなことはない。実は相関係数と有意性判定テストの場合を除けば、それらは全然与えられないのである。読者に(著者たる)己れの中途半端な信念を中途半端に納得させようと努めている中途半端な信念しかもっていない著作家の簇生は、少なくとも表面的には、ひじょうな力強さをはらんだ著作を産みだすのにとりわけ有利な状況とは見えないであろう。つまりレヴィ＝ストロース、エヴァンス＝プリッチャード、マリノフスキー、およびベネディクトの著作が明らかになし遂げたこと、すなわち生が多様に営まれうる事実の意識を拡大するという仕事――その短所がなんであれ――をなし遂げられるような著作を産みだすのにとりわけ有利といえる状況ではなさそうである。とはいえ、人類学がその仕事を持続するためには、そのことが生起しなければならない。民族誌学の鉱脈をただ掘り進むだけか(「民族誌学についてあれこれ考えるのをやめよ、ただそれを実践せよ」)、それとも実践から逃避して思弁に走るか(「民族誌学を実践するな、ただそれについて考えよ」)の二者択一を避けることができれば、それは可能なはずだ。必要なのは芸術に匹敵しうる技芸《アート》のみ。

それが――小さくは専門的技術に似た、ある伎倆の達成や大きくは大衆の蒙を啓《ひら》くような著作といったものであるよりは、むしろ――技芸《アート》の一種であると主張することは、換言すれば、民族誌学がそれ自身のジャンルを生きいきした能動的状態に保つことにもっとも直接的に専心している営みであると主張することは、著者という任を引き受けるという重荷がどれほど重かろうとも、それを避けることはできないと主張することでもある。つまりその重荷を「方法」だとか「言語」だとか、あるいは(当節とりわけ人気のある戦略だが)「民族そのもの」――それも原住民との共著によって書き改められた（おそらくは「着服された」のほうがより的《まと》を得た言葉であろう）――にも移しかえることはできないのである。邪悪な行為か戯れることのできぬゲームといった民族誌学観に対抗しうる道があるとすれば、民族誌学とは、量子力学やイタリア・オペラにも似た想像力の作品、前者の方法論的厳密さには欠けるが、後者ほど破天荒ではない作品であるということを告白せざるをえないであろう。民族誌学を引き受ける責任あるいは信用は、それを夢見た伝奇物語《ロマンス》作家の戸口以外の戸口に置くことを許されてはいないのである。

民族誌を執筆するということは物語を語ったり、絵画を制作したり、象徴的表現をこねあげたり、修辞的文句を散りばめたりすることを含むと主張する（実際には指摘すると言うべきである。というのは、色透視図法[16]やピタゴラスの定理と同様、一度でも見られたものはもはや目にはいらぬわけにはいかないからである）者は、たいてい、それもしばしば激烈な抵抗に遭遇する羽目に陥るが、その理由は、少なくともプラトン以降西欧に流行している、想像されたものと想像的なものとの混同、虚構的なものと虚偽なものとの混同、ものごとを理解することとこしらえあげることとの混同にある。現実はみずから記述されることを好む表現法を有する、現実の本性そのものがわれわれが苦もなくそれについて語ることを要求する――スペードはスペード、バラはバラだというふうに――、さもないと幻想、見かけ倒し、自己欺瞞に陥る、こういった奇妙な考え方は、言葉がそのまま事実を写しているとする立場が失われれば事実そのものまで失われてしまう、というもっと奇妙な考え方に導く。

こんな考え方が正しいはずはない。万一正しければ、大作、凡作の別を問わず、本書で論じられた著作のほとんどすべてが(いやそれどころか、現在公刊されつつある事実上すべての民族誌が)、実在するなにものかへの指示機能を欠いていると判定される羽目となるであろう。「これは鷹だ、あれは青鷺だ」式の単刀直入の文章は、フィールドワークの報告か特定テーマに関する調査の類いならいざ知らず、人類学の文献には実際きわめてまれにしか出てこない。この学問領域が一般読者の注意を引きつける権利を何に基礎づけるかといえば、それはこの種の熟練した調査技術をそなえた小壮学者たちの著作の上にではなく、レヴィ＝ストロース、エヴァンス＝プリッチャード、マリノフスキー、およびベネディクトといった類いの大家たちの建てたきらめく白亜の塔の上に、なのである。自分はあたかも光を一方向にしか透さないスクリーンを透して見るかのように世界を直視している、神のみが見ているときに露わにされるありのままの姿の他者を見ているのだ、という人類学者の自負は、事実広く行きわたっている。しかしそうした自負そのものが一つの修辞的戦略、説得法なのである。それを全面的に放棄しても、なおかつ読まれうる、というのはおそらく困難であろう。かといって、それを全面的に維持し続けて、しかもなお信用してもらえるということも同じように困難であろう。いったいどのような「実話小説」が、つまり現実の時間に現実の場所で生きている現実の人びとを題材にして書かれたどのような想像的著作が、巧妙な贋作以上の域に達しうるのかは定かではない。しかし、人類学が現代文化の中で一つの知的勢力として存続し続けるためには、その問いに対する答えを発見しなければならないであろう——もしも人類学が置かれてい的な文学的状況（人びとからほめちぎられている学問的な母方の伯（叔）父と、勘当されている文学的な父とのあいだに生まれたという状況）がラバ的不毛に導くことがないようにするためには。

『デヴィッド・コパーフィールド』のように著者の存在が浸透しているテクストと、『動く身体の電気力学』のような著者不在のテクストとのあいだに介在する諸テクスト中少なくとももっとも民族誌学的な著述のもつ「中継的な」本質は、人類学者たちが世界で進行している政治的諸関係の広範囲に及ぶ再構築と、「記述」そのものの本質についての同じように広範囲に及ぶ再考とにからめとられて身動きできなくなっている今も、依然として文化人類学の難所であり続けているのである。この再構築がはじまったばかりで、この再考がまだまったく着手されていなかった時期においてすら、かの本質は人類学の難所であったにもかかわらず。人類学者の課題は、依然として次のことを証明すること、もっと正確に言えば、さまざまな時代の文化を例にして、さまざまな手段を用いて証明することにある。すなわち実際に起きていないことについての架空の物語や、計算可能な諸力が生みだす計量可能な現象についての報告として提示されることのない、他民族の暮らしぶりについての記述が著者の信念を伝達しうるということを。神話形成的な言説様式（『神曲』や『赤ズキンちゃん』など）と客観主義的な言説様式（『種の起源』や『農民の暦』など）とは、それぞれの目的にかなう適切さをもっている。しかしながら、少数の風変わりな例を除くと、民族誌学は昔も今も常に変わらず、その素材をいかがわしい天啓物語を展開する好機として扱ってもいなければ、絶対化された世界からおのずから現われ出る物語として表象してもいない。

人類学者という職業をいくつかの重要な点で文学的職業とみなすことには危険がある。そうした企ては、ある種の言語哲学と同様、単語の意味いかんにすべてがかかっていると見られてもやむをえない。その中心的な争点はすべて概念上のもので、きりもなく分析をほどこされ、きりもなく未解決のまま放っておかれる——「文化とは何か(文化は何処《いずこ》に在りや)」、「社会は行動の原因であると言いうるか」、「親族なるものは存在するか」、「制度は思惟するか」等々を見よ——。それはむしろ言語を罠とする誘惑とみてよいかもしれない。つまり、競争の熾烈な市場で知的な商品を売りさばくために考案された技法とみるわけである。おそらくもっとも俗耳にはいりやすい言い方をすれば、世界が階級的偽善と欺瞞的意識と秘密結社的規定に充ち満ちているかにみえる今日、それは(非情の)科学の仮面をつけた(はなもちならぬ)イデオロギー——ぶち破られて素顔がのぞく仮面、暴かれて醜貌さらすペテン——ととることもできよう。文体にことさらな注意が払われ、ジャンルが強調される時代はいつでもそうだが、唯美主義に陥る危険がある。つまり民族誌学者とその読者の双方が、入れ墨や魔術について執筆することの価値は、書かれたテクストの快楽に尽きると信じこむようになる可能性である。その場合、文化人類学は読まれる商品になってしまうのだ。

しかし、それらの危険は敢て冒すだけの価値がある。いくつかの中心的問題が、事実われわれが戯れたいと望む言語ゲームをめぐって提起されているせいばかりではない。人びとの注目を浴びたいというますます熾烈になる死物狂いの競争心の在るところ製品の質の向上もありえず傾向主義的な議論も起こりようがないという理由にもよるし、また読者を喜ばすために執筆することは、少なくとも読者をこわがらせるために執筆するのとくらべて、まだしも弁護の余地があるという理由にもよる。それらの危険が冒す価値があるというのは、それを冒せばおのずから、ある人間集団の意識を別の集団の生活様式（の一部）に対して、またさらには彼ら自身の生活様式（の一部）に対して（少しばかり）開くということがどういうことかについてのわれわれの理解を徹底的に訂正することになるであろう。（せいぜい完全な失敗を免れる程度のことしかできぬ）この課題の本質は、現在的なものを刻印すること――世界の生命線の内部のいずれかの特定の時、場所の出来事であるということが「どういうことなのか」を言葉で伝達すること、パスカルの名言を借りれば、かしこでよりはむしろここでのこと、かのときよりはむしろいまのこととして言葉で刻みだすことである。[七] 民族誌学がそれ以外の何であろうとも――マリノフスキー的な経験探求であろうと、レヴィ＝ストロース的な秩序への渇望であろうと、ベネディクト的な文化的アイロニーであろうと、あるいはまたエヴァンス＝プリッチャード的な文化的勇気づけであろうとも――それは何よりもまず真に現実的なものの言語化、あるいは生命力の文章化である。

読者（といってもその大部分は「現代文化」とあいまいな呼称で呼ばれているあの特異な生存形式への学問的参加者であり、事実上その全員が少なくともパートタイム的にその生存形式に参加している者たちであるが）に、彼らが読んでいるものがほかでもない、ある場所、ある時、ある集団のあいだで生活が営まれているさまを身をもって知っているある人が執筆した信頼できる報告書であるということを信じこませるこうした能力は、民族誌がなさんと努めているそのほかのなんであれ——つまり分析し、説明し、うろたえさせ、祝祭し、徳性を高め、言い訳をし、驚愕させ、あるいは転覆することであれ——それらの機能およびそれらを果したのちに休止する機能を可能にする基礎である。〔八〕人類学のこちら側にいる《ビーイング・ヒア》とあちら側にいる《ビーイング・ゼア》の両位相をテクストによって結びつけること、(すなわち前述のように、今日では相異なる心的状態に在る同じ人びとであることがまれではない)同一民族のあいだで書かれたものと彼らについて書かれたものとが共有する地盤を想像力を駆使して構築することは、いかなる読者にであれ何ごとかを——といっても理論でもなく方法でもなく、教授職の放つアウラですらない、それらがどれほど重要なものであろうとも——説得することができる人類学の力の源泉かつ始源である。不平等な力をもつ諸民族(性別、人種、階級、カルト等々)のあいだに利害の共通化が生じてくるという安易な仮定が歴史的過程をとおして粉砕され、無条件的記述の可能性そのものに疑問符が付されている今日、前述の共通地盤を想像裡に構築しようとすることは、階層制がまだ盛んで言語の位置が軽かった時代にそうであったほどまっ正直な企てであるようには思われない。民族誌学は複数の道義的非対称を横断しつつ言説の複合性の枠内で仕事をしているが、それらの道義的非対称と言説の複合性とは、民族誌学を、ある種の生活様式を別種の生活様式のカテゴリーを用いて表象しようとする企て以上のものとして描写しようとするいかなる試みをも、弁護しえないものとして暴露する。それで十分なのかもしれない。わたし自身は十分だと考えている。しかし、それはある種の自負やうぬぼれの終焉を意味しているのだ。

この種の自負、うぬぼれはたくさんあるが、それらはすべてなんらかの仕方で、あらゆる民族誌学的記述が手前味噌的なものであること、つまり記述されている者たちによる記述ではなく、記述者によるそれであるという回避できぬ事実を回避しようとする企てに帰着する傾向をもつ。

民族誌流腹話術なるものが存在する。つまり、自民族のそれとは別な生活様式について語っているだけではないその内部から語っているのだという主張、事物がエチオピア人の（あるいは女性詩人の）視点からどう見えるかを述べる叙述を、事物がそうした視点からどう見えるかをエチオピア人自身が（あるいは女性詩人自身が）述べる叙述そのものとして表象しているのだという主張である。テクスト実証主義と称すべきものが存在する。エマウェイッシュが彼女の詩を可能な限り注意深く口述するか書き下ろすかできるようになり、またそれらの詩が可能な限り忠実に翻訳されさえしたら、民族誌学者の役割は事物の中身を取引に要した経費のうちもっとも明瞭なものだけを上乗せして買手に引渡す正直な仲買人の役割に帰することになる。拡散された著者性なるものが存在する。つまり、民族誌学的言説が「異言語的なるもの」に変えられて、エマウェイッシュが人類学者のそばに立って、ある直接的な、平等かつ自立的な仕方でその種の言語で語ることができるようになる、換言すればこちら側のテクストにあちら側の文化が現存しうるという希望に満ちた可能性である。告白至上主義なるものが存在する。民族誌学の対象よりはむしろ民族誌学者自身の経験を分析的注意を傾注すべき第一義的素材としてとりあげて、エマウェイッシュを彼女に出会う人びとに彼女がどのような印象を与えたかという視点から描写すること、換言すれば、こちら側の現実があちら側に落す影を記述する方法である。さらにもう一つ、これがもっとも一般に用いられているものだが、次のような単純な仮定が存在する。エマウェイッシュと彼女の詩が不可避的に民族誌の著者の主観の曇りガラスをとおして見られていることは言うまでもないが、そうした曇り効果は著者が自分の「偏向」や「主観性を自省することによって最小限にすることができる、つまり彼女と彼らは顔と顔とを合わせて直接に相まみえることができる、という仮定である。

こう言ったからといって、事実が己れの主観にどう見えるかを述べる記述、テクストを正確に翻訳を忠実にしようとする努力、執筆対象たる民族に、なんとかしてその社会における彼らの現実的実存に対応する己れのテクストにおける想像的実存を賦与してやりたいという配慮、フィールドワークがフィールドワーカーにしていること、あるいはしないことについての明確な省察、および己れが無意識裡に真あるいは正と思いこんでいるものを厳密に吟味すること、これらの営みが、フランス的生活法で暮している者にエチオピア的生活法で暮すことがどういうことかを語りたいと望んでいる人間にとってやってみる価値が大いにあるとは言えない、と言っているわけではない。そうすることによって著者が著者たる仕事にともなう重荷から解放されることはないどころか、かえってその重荷の重さを増す、と言っているだけである。エマウェイッシュの物の見方を正しく理解し、彼女の詩をわかりやすく翻訳し、彼女のほんとうの姿を見えるようにし、彼女の実存を包んでいる文化的枠組みを明確化することは、それらを、誰かがそれらの本質と思われるものをある程度理解しうるように、頁に移すことを意味している。これは困難な仕事であるだけではない。「原住民」と「著者」と「読者」の三者にとって（そして実はあの他の人びとの活動の永遠の犠牲者、「罪の無い傍観者」にとっても）重要な意味をもっていないとは言えない仕事なのである。

あらゆる文化的制度と同じように、人類学（法学、物理学、音楽、あるいは会計学とくらべるとむしろ二流の学問と言うべきであろう）は、一定の場所と一定の時期に属するものであり、したがって絶えず滅びの途を辿りつつあるが、しかし絶えず新たな生命に甦りつつあるとは必ずしも言えない学問なのである。最初は一九世紀に人類学を創始した（当時それは、ゴリラなどのヒトニザルからはじまってヒトに至る進化論的・人類学的な気宇壮大な学問たらんとする趣があった）、そして次いで今世紀の前半にそれを創始した（この時は孤立してまとまった結晶的成全体（crystal wholes）としての特定諸民族に焦点をしぼって研究した）エネルギーが、一般に表現されているよりはむしろより複雑にではあるが、西欧の帝国主義的領土拡張政策と、科学の威力に対するメシアニズム的信仰の西欧における興隆とに結ばれていたことは確かである。[九] 第二次大戦以来、植民地主義の崩壊とより現実主義的な科学観の台頭とは、むしろこれらのエネルギーを四散させる結果となった。今日ではいずこにおいても、一方の優越者的偏見と他方の地方的偏狭とを調停するために、欧米の世界的権力の中心諸国と異国情緒豊かな多彩な、さい果ての諸地方とのあいだを往復する異文化間仲介者の役割をも、あるいはまた奇妙な信仰と異常な社会構造とを一般的法則の枠組みの中に組みこもうとする異文化間関係の理論家の役割をも、在りし日のように人類学者が自家薬籠中の物とすることはできない。そこで、ではどのような役割を自家薬籠中の物とすることができるか、という問いが起こる。植民地総督の姿が消え、力学的社会学なるものが生まれそうもない以上、次に必要とされる戦略は何であろうか。

もちろん、この問いに単一の答えがある道理はない。事実が成らぬうちに、人類学専門の著者が実際に答えを書き著わさぬうちに、答えが与えられる理由《わけ》がない。事実に先立つ大上段に構えた批判——こうしなければいけない、ああしてはいけない式の——は、独断論的基礎づけを排した他のいかなる知的壮図におけると同様、人類学においても不条理である。詩や仮説と同様、民族誌学も事実のあとに、つまり誰かが民族誌を著わしてのちに、判断されうるのである。しかし、そうは言っても、民族誌のテクストが将来どのような用途を持とうとも、事実なんらかの用途を持つとすれば、近年ますます微妙さを増し、ますます直接的となり、ますます不規則的になりつつある——民族、宗教、階級、性差、言語、人種にかかわる——社会的境界線を横断する自由な対話を可能にさせるという役割を含むことにはなりそうである。次に必要なことは(少なくともわたしにはそう思われる)エスペラント的な普遍的文化の建設でもなければ、空港や高層モーテルの文化の建設でもない、また大規模な人間管理テクノロジーの発明でもない。それは、関心、世界観、富、および権力において互いにまったく異なりながらも、果しない相関性の罠にはまって、ますます互いに相手の進路から脱け出せなくなっている世界の中に閉じこめられている人びとが、互いに意志を通じあえる言説を発見しうる可能性を広げることである。

多くの差異が混じりあって虹のスペクトラムをなしているこの世界は、言説性の創始者をもって任じる人びとがいまや、そしておそらく将来もしばらくのあいだ、活躍しなければならない世界である。レヴィ＝ストロース、エヴァンス＝プリッチャード、マリノフスキー、およびベネディクトは、もっと互いにかけ離れた諸差異（ボロー族、アザンデ族、トロブリアンド島民、ズニ族等）のより非連続的集合体からなる世界で活躍した。彼らがとってかわった大博識家たち（タイラー、モルガン、フレーザー、その他）は、進歩しつつある文明人と進歩の不可能な未開人という巨大な二分法の世界の中で活躍した。あちら側の状況とこちら側の状況とは、以前よりはるかに互いに隔りが少なくなり、はるかに定義づけが曖昧になり、はるかに目を奪う対照的相違が少なくなり（それでも対照性の根深さは変わらないが）、世界の性質を再び変化させた。もしもあの企て——一方の文化を他方の文化へ理解可能な仕方で関連づける著作を創造しようとする企て——が明確に連続しているとするならば、それをなし遂げる方法も、いやそれどころか、その完遂の結果もまた、まぎれもなく変わらなければならない。現代の民族誌学者たちは、百科全書的博識も専門分野への徹底も、世界的規模の調査も特定種族に限定した研究も、実際に対処できぬ困難な諸現実を相手に仕事をしなければならない。「フィールド」と「学界」両方の場所になにか新しいものが出現した以上、民族誌の頁にも何か新しいものが現われなければならないのだ。

こうした事実が、まだ十分に理解されていないとしても少なくとも漠然と認識されていることを示す徴候は、現代人類学のあらゆる局面に見いだすことができる。この事実と和解せんとする努力

――その中には涙ぐましい努力もあるが、いい加減な努力のほうが多い――がいまなされつつある。現在のフィールド調査状況は無秩序でもあれば創意工夫に富んでもいる。無計画でもあれば多彩でもある。〔一〇〕しかし以前にもそうだったし、そのときも進むべき方向を発見できた。フィールドワークがいまだ達していない状態、それが西欧文明の道徳的、知的自信から推進力を得ていたため、これまで、そこに達する必要のなかった未曾有の状態は、すでにそれ自身の力の源泉に気づいている。しかしもしフィールドワークがいま再び盛況であるためには、かの源泉に気づかなければならない。フィールドワークが有効性を得るにはどうしたらよいか、その有効性はいかなるものか、頁に記述された人類学はどうなっているか、これらの問題に注意を注ぐことは、方法論の問題や理論上の問題によって矮小化されてしまうような副次的な問題ではもはやないのだ。それは、そしてエマウェイッシュがつきつけた問いは、むしろ事柄の核心に近いのである。

原　注

第1章

〔一〕 M. Foucault, "What Is an Author?" in J. V. Harari, ed., *Textual Strategies* (Ithaca, N. Y., 1979), pp. 149-50. ミシェル・フーコー『作者とは何か』(清水徹他訳、哲学書房、一九九〇)四〇―四一頁。

〔二〕 R. Firth, *We, the Tikopia* (London, 1936), pp. 1-2. なお、さしあたり M. L. Pratt, "Fieldwork in Common Places," in J. Clifford と G. E. Marcus, eds., *Writing Culture: The Poetics and Politics of Ethnography* (Berkeley, Calif., 1986), pp. 35-37. を参照せよ。

〔三〕 L. Danforth, *The Death Rituals of Rural Greece* (Princeton, N. J., 1982), pp. 5-7. フィールドワーク中、たまたま妻が事故死するという個人的経験から生まれた、「死の人類学」への同様の、近代《モダーン》および後近代《ポスト・モダーン》の異議申し立てについては、R. Rosaldo, "Grief and a Headhunter's Rage: On the Cultural Force of Emotions," in E. Bruner, ed., *Text, Play, and Story, 1983 Proceedings of the American Ethnological Society* (Washington, D. C., 1984), pp. 178-95.「死に関する人類学的研究のほとんどにおいて、分析者は、このうえなく冷静な観察者の立場というものがありうると仮定することによって、情動的要素をあっさり切り捨ててしまう。そうした超脱的な研究姿勢はまた、儀礼的なものと義務的なものとを等しいものと考え、儀礼と日常生活との関連を無視し、儀礼過程を服喪過程と混合する誤りへと導く。要するに、悲嘆の涙をぬぐい去り、怒りの発作を無視することによって、可能な限り事態をきちんと整理するというのが……分析者の慣例らしい」。

［四］ M. Fortes, *The Dynamics of Clanship Among the Tallensi* (London, 1967).

［五］ W. Ferris, *Blues from the Delta* (Garden City, N. Y., 1979), p. 1.

［六］ R. Barthes, "Authors and Writers," in S. Sontag, ed., *A Barthes Reader* (New York, 1982), pp. 185-93. ロラン・バルト『エッセ・クリティック』(篠田浩一郎他訳、晶文社、一九七二)所収「作家と著述家」一九七―二〇五頁。

［七］ R. Barthes, "From Work to Text," in Harari, *Textual Strategies*, pp. 73-82.『物語の構造分析』(花輪光訳、みすず書房、一九七九)所収「作品からテクストへ」九一―一〇五頁。

［八］ Barthes, "Authors and Writers," pp. 187, 189. 前記バルト『エッセ・クリティック』二〇一―二〇二頁。

［九］ G. Marcus and D. Cushman, "Ethnographies as Texts," in B. Siegel, ed., *Annual Review of Anthropology*, vol. II (Palo Alto, Calif., 1982), pp. 25-69.

第二章

［一］ S. Sontag, "The Anthropologist as Hero," in S. Sontag, *Against Interpretation* (New York, 1961), pp. 69-81. スーザン・ソンタグ『反解釈』(高橋康也他訳、紀伊国屋書店、一九七一)、八五―九八頁。

［二］ R. Barthes, *Le Système de la mode* (Paris, 1967) ロラン・バルト『モードの体系』(佐藤信夫訳、みすず書房、一九七二); H. Gardner, *The Quest for Mind: Piaget, Lévi-Strauss, and the Structuralist Movement* (New York, 1973).

［三］ A. Becker, "Text Building, Epistemology, and Aesthetics in Javanese Shadow Theatre," in A. Becker and A. Yengoyan, eds., *The Imagination of Reality* (Norwood, N. J., 1979), pp. 211-

43.

〔四〕 R. Jakobson, "Closing Statements: Linguistics and Poetics," in T. Sebeok, ed., *Style in Language* (Cambridge, Mass., 1960), pp. 350-77.

〔五〕 C. Lévi-Strauss, *A World on the Wane*, John Russell, trans. (New York, 1961), p. 31. レヴィ＝ストロースはウェイトマンの英訳(*Tristes Tropiques*, John and Doreen Weightman, trans.〔Harmondsworth, Eng., 1976〕)のほうを好んでおり、この訳のほうがラッセル訳より正確ではあるが、わたしは引用の大部分をラッセル訳に拠るつもりである。こちらのほうがフランス語原文の調子をより英語に移しているように思われるからである。いずれにせよ、引用ごとにウェイトマン訳への参照と原著(*Tristes Tropiques*〔Paris, 1955〕ここではP. 17)への参照との両方を行なうつもりである。レヴィ＝ストロース『悲しき熱帯』(川田順造訳、中央公論社、一九七七)

〔六〕 Russell, Ibid., p. 313 (Weightman, p. 419; original, p. 341) 前記『悲しき熱帯』下、二〇三頁。

〔七〕 Russell, Ibid., p. 58 (Weightman, pp. 66-67 original, pp. 46-47). 前記『悲しき熱帯』上、八二—八三頁。

〔八〕 著書出版年表も、ときにはレヴィ＝ストロースの思想の発展を理解させる道案内としては読者を迷わせることがあるというわたしの年来の主張を裏づけるように、事実『悲しき熱帯』は一九四二年というごく初期に発表された諸論文にもとづいて構成されており、実際それらの論文からとったいくつかの詞章がこの書物の中に組みこまれている。このいまでは古典的となったテクストの大半は同年以降の発表年を記されているにもかかわらず、この書物は序説《プロレ》であるばかりではなく、集大成《スンマ》でもある。

〔九〕 Russell, Ibid., p. 160 (Weightman, p. 229; original, p. 183. 前記『悲しき熱帯』上、二七九頁。

〔一〇〕 Russell, Ibid., p. 308 (Weightman, pp. 313-14; original, p. 336. 前記『悲しき熱帯』下、一九

四―九五頁。なおレヴィ＝ストロースの著作全般にわたってこの主題をもっと詳細に論じたものを読みたい読者は、C. Geertz, "The Cerebral Savage" in C. Geertz, *The Interpretation of Cultures* (New York, 1973), pp. 345-59、ギアーツ『文化の解釈学』(吉田禎吾他訳、岩波書店、一九八七)Ⅱ、二六五―九〇頁を参照されたい。

〔一一〕 Russell, Ibid., p. 390 (Weightman, p. 315; original, p. 513). 前記『悲しき熱帯』下、三一九―二一頁。

〔一二〕 このレヴィ＝ストロースの一節を英語で再現することはわたしの手に余ることだった、と告白しよう。これは前記ウェイトマン訳一六八頁、フランス語原書一三二頁に出てくる。前記『悲しき熱帯』上、二〇七頁。

〔一三〕 J. Boon, *From Symbolism to Structuralism: Lévi-Strauss and Literary Tradition* (Oxford, 1972).

〔一四〕 Russell, Ibid., pp. 126-27 (Weightman, pp. 153-54 original, p. 121). 前記『悲しき熱帯』上、一八九―九〇頁。

〔一五〕 Russell, Ibid., p. 127 (Weightman, p. 154; original, p. 122). 前記『悲しき熱帯』上、一九〇頁。

〔一六〕 Russell, Ibid., pp. 49-50 (Weightman, pp. 55-56; original, pp. 37-38). 前記『悲しき熱帯』上、六七―六九頁。

〔一七〕 この点についてわたしは同じく前記論文"The Cerebral Savage"においてもっと詳細に論じているので、したがってここではその点を再肯定するだけに留めたい。前記『文化の解釈学』Ⅱ、二六五―九〇頁。

〔一八〕 理解の仕方(ars intelligendi)と提示の仕方(ars explicandi)とは文化人類学の場合密接に結ばれ

ているため、両者は根本的に不可分である。『悲しき熱帯』をそれが展開している論証のイメージとして見ることが、その論証の本質についてのわれわれの見方を修正する結果となるのは、このためである。

〔一九〕 Russell, Ibid., p. 62 (Weightman, p. 71; original, p. 50). 前記『悲しき熱帯』上、八九頁。

〔二〇〕 ここでわたしが引用しているのはウェイトマン訳(pp. 356-57)である。ラッセル訳より若干明晰に訳されているからである(p. 327; original, pp. 356-57). 前記『悲しき熱帯』下、二二三―二二五頁。

〔二一〕 他民族のひとびとに余りにも密接に接近する方法に対するレヴィ=ストロースのアンビヴァレントな感情の、もっと最近の、生きいきした表現を知りたい読者は、C. Lévi-Strauss, *The View from Afar* (New York, 1985)、とりわけその序章と第一章とを参照されたい。こうした研究法のはらむ道徳的意味合いの若干についての吟味を知りたい読者は、C. Geertz, "The Uses of Diversity," in S. McMurrin, ed., *The Tanner Lectures on Human Values*, vol. 7 (Cambridge, Eng., 1986), pp. 253-75を参照されたい。

第三章

〔一〕 E. E. Evans-Pritchard, *Witchcraft, Oracles, and Magic Among the Azande* (Oxford, 1937) p. 1. *Nuer Religion* (New York, 1956), p. 322. エヴァンス=プリチャード『ヌアー族の宗教』(向井元子訳、平凡社ライブラリー、一九九五)下、二六四頁。

〔二〕 E. E. Evans-Pritchard, "Operations on the Akobo and Gila Rivers, 1940-41," *The Army Quarterly*, 103, no. 4 (July 1973): 1-10. 一九二八年以降のスーダン領イギリス政府に対するエヴァンス=プリチャードのかなり複雑なかかわりあいを幅広く論じたものを読みたい読者は P. H. Johnson, "Evans-Pritchard, the Nuer, and the Sudan Civil Service," *African Affairs*, 81 (1982): 231-46を参照されたい。

〔三〕 D. Donoghue, *Ferocious Alphabets* (Boston, 1981), p. 12.

〔四〕 Donoghue, Ibid., pp. 12-13. いわゆる「砲艦内言語学」についてのドナヒューの評言は同書の二〇頁に出てくる。
〔五〕 *Nuer Religion*, p. 2. 前記エヴァンス＝プリッチャード『ヌアー族の宗教』三頁。
〔六〕 E. E. Evans-Pritchard, *Social Anthropology* (London, 1957), p. 65. 『社会人類学』(難波紋吉訳、同文館、一九五七) 九六頁。
〔七〕 E. E. Evans-Pritchard, *The Sanusi of Cyrenaica* (New York, 1949), p. 63; *The Nuer* (Oxford, 1940), p. 162; エヴァンス＝プリッチャード『ヌアー族』(向井元子訳、岩波書店、一九七八) 二五一頁。*Witchcraft, Oracles, and Magic Among the Azande*, p. 81; *Nuer Religion*, p. 312; 前記『ヌアー族の宗教』下、二四六頁。*Kinship and Marriage Among the Nuer* (Oxford, 1951), p. 134. エヴァンス＝プリッチャード『ヌアー族の親族と結婚』(長島信弘他訳、岩波書店、一九八五) 二〇七頁。
〔八〕 *Witchcraft, Oracles, and Magic Among the Azande*, pp. 70-71.
〔九〕 *The Nuer*, pp. 3, 182. 前記『ヌアー族』三頁、二八一頁。
〔一〇〕 *Nuer Religion*, p. 231. 前記『ヌアー族の宗教』下、一〇七頁。
〔一一〕 E. E. Evans-Pritchard, "Zande Kings and Princes," in E. E. Evans-Pritchard, *Essays in Social Anthropology* (London, 1962), p. 215.
〔一二〕 I. Karp and K. Maynard, "Reading *The Nuer*," *Current Anthropology*, 24 (1983): 481-92.
〔一三〕 M. Douglas, *Edward Evans-Pritchard* (New York, 1980), p. 135.
〔一四〕 E. Gellner, "Introduction," in E. E. Evans-Pritchard, *A History of Anthropological Thought* (New York, 1981), pp. xiv-xv.

第四章

〔一〕 B. Malinowski, *A Diary in the Strict Sense of the Term* (New York, 1967), pp. 30-31, 42-43, 53-54, 69, 77-78, 39.『マリノフスキー日記』(谷口佳子訳、平凡社、一九八七)六五―六六頁、八二頁、九八頁、一一八―一九頁、一三〇頁、七七―七八頁、わたしはいくつかのパラグラフを圧縮し、互いに切り離されている複数のセンテンスを一線につなげ、省略部分を明確化し、現地語を英語に訳し、その他若干の補正をほどこしたが、それは言うまでもなく事柄を少しでも理解しやすくしたいという老婆心からである。これらの諸節はすべて、四年間に及ぶ調査日誌の最初の四カ月に当るこの書物の冒頭部分から抜粋されたものであるが、この日記体物語のどの部分からも同じような見本を抜粋して編むことができ、そしてそれは同じような状況を呈示することになるであろう。大多数の個人的日記――とりわけ自己偏執狂的人間によって書かれた日記――がそうだが、テクストの内部で変動しているのは時間くらいなものである。『日記』の刊行が刺激となって、著作家としてのマリノフスキーを省察するエッセーが何篇も発表された。以下に挙げる数例を参照されたい。C. Payne, "Malinowski's Style," *Proceedings of the American Philosophical Society*, 125 (1981): 416-40; J. Clifford, "On Ethnographic Self-Fashioning: Conrad and Malinowski," in T. C. Heller et al., eds., *Reconstructing Individualism* (Stanford, Calif., 1986), pp. 140-62; R. J. Thornton, "'Imagine Yourself Set Down,'" *Anthropology Today*, 1 (Oct. 1985): 7-14.

〔二〕 マリノフスキーのロマンティシズムに関しては、I. Strenski, "Malinowski: Second Positivism, Second Romanticism," *Man*, 17 (1981): 766-70 を参照されたい。『日記』がマリノフスキーに関して「暴露している」事柄についてのわたし自身の見解については、"Under the Mosquito Net," *New York Review of Books*, Sept. 14, 1967 を読んで頂きたい。

〔三〕 B. Malinowski, *Argonauts of the Western Pacific* (New York, 1922), pp. 21-22. 中央公論社

「世界の名著」第五九巻所収、マリノフスキー『西太平洋の遠洋航海者』寺田和夫他訳、九〇頁。

〔四〕 B. Malinowski, *Crime and Custom in Savage Society* (London, 1926), p. ix; マリノフスキー『未開社会における犯罪と慣習』(青山道夫訳、新泉社、一九六七)五頁。; *The Sexual Life of Savages in Northwestern Melanesia* (New York, 1929), p. xiv; *Argonauts*, p. 18; 前記『西太平洋の遠洋航海者』八七頁。 *Coral Gardens and Their Magic*, 2 vols. (New York, 1935), vol. 1, p. xx.

〔五〕 Firth in S. Silverman, ed., *Totems and Teachers* (New York, 1981), p. 124. Richards in R. Firth, ed., *Man and Culture: An Evaluation of the Work of Bronislaw Malinowski* (London, 1957), pp. 17-18. E. E. Evans-Pritchard, *A History of Anthropological Thought* (New York, 1981), p. 199.

〔六〕 B. Malinowski, "Baloma," in B. Malinowski, *Magic, Science and Religion, and Other Essays* (Boston, 1948), p. 238 (first published, 1916). Italics in original.

〔七〕 K. E. Read, *The High Valley* (New York, 1965), p. ix; これら二節の順序をわたしは前後に逆転させて並べた。

〔八〕 R. Barthes, "Deliberation," in S. Sontag, ed., *A Barthes Reader* (New York, 1982), pp. 479-95; quote from pp. 480-81, italics in original.

〔九〕 たとえば次の論文を参照せよ。G. Marcus and D. Cushman, "Ethnographies as Texts," in B. Siegel, ed., *Annual Review of Anthropology*, vol. II (Palo Alto, Calif., 1982), pp. 25-69.

〔一〇〕 P. Rabinow, *Reflections on Fieldwork* (Berkeley, Calif., 1977), p. 5を参照せよ。

〔一一〕 V. Crapanzano, *Tuhami, Portrait of a Moroccan* (Chicago, 1980), p. 145.

〔一二〕 K. Dwyer, *Moroccan Dialogues: Anthropology in Question* (Baltimore, Md., 1982), p. xviii.

［一三］　R. Barthes, "Deliberation," p. 494.

［一四］　K. E. Read, *Return to the High Valley: Coming Full Circle* (Berkeley, Calif., 1986).

［一五］　ラビナウ、クラパンザーノ、およびドゥワイアーの民族誌ほど憂うつな印象を与えないで、しかもこのジャンルの告白的位相を民族誌的位相にもっと堅固に結びつけている、〈目撃者としてのわたし〉を視座とする民族誌の、その他の実例の若干を知りたい向きは、J.-P. Dumont, *The Headman and I: Ambiguity and Aambivalence in the Fieldworking Experience* (Austin, Tex., 1978); E. V. Daniel, *Fluid Signs* (Berkley, Calif., 1984); and B. Meyerhoff, *Number Our Days* (New York, 1978)を参照せよ。デュモン(Dumont)の民族誌においては、吹き矢筒を用いるベネズエラのインディオ族のあいだで暮してヘマばかりしでかすある天性無器用なフランス人学究のこっけいきわまりない道化芝居が、標準的な民族誌学的記述法では届くことのできぬ彼らの生活の諸相を明らかにする役割を演じている。ダニエル(Daniel)の民族誌においては、「シンハラ語が話されているスリランカ南部に、英語を母語とする英国国教徒のスリランカ人女性であるわたしの母と結婚するために、自分の姓名を神聖なものから大胆不敵なものに変えた南インドのタミル人を父として生まれた、タミル語を母語とする話し手」――彼は自国文化を研究している――の不確定要素が、その文化のより深い不確定要素を明るみに出している。マイエルホフ(Meyerhoff)の民族誌においては、若い同化ユダヤ人の「女性教授」と、カリフォルニア州南海岸の、共同社会で晩年の生を送っている老齢の、伝統墨守の、離散《ディアスポラ》ユダヤ人たちとの出会いが、一つの文化の末期《まつご》の相を証言する息づまる報告書を生み出している。

第五章

［一］　R. Benedict, "The Uses of Cannibalism," in M. Mead, *An Anthropologist at Work:*

Writings of Ruth Benedict (Boston, 1959), pp. 44-48. この論文の今日性と、それがベネディクトの仕事に対して有しているスウィフト的反響については、以前略述されたことがある。J. Boon, *Other Tribes, Other Scribes* (Cambridge, Eng., 1983), p. 110. を参照されたい。

〔二〕 R. Benedict, *Patterns of Culture* (New York, 1959), p. 96 (first published, 1932); R・ベネディクト『文化の型』(米山俊直訳、社会思想社、一九七三)一五二—五三頁、*The Chrysanthemum and the Sword: Patterns of Japanese Culture* (New York, 1974), p. 228 (first published, 1946). R・ベネディクト『菊と刀』(長谷川松治訳、社会思想社、一九七二)二六三頁

〔三〕 H. Miner, "Body Ritual Among the Nacirema," *American Anthropologist*, 58 (1956): 503-13; T. Gladwin, "Latency and the Equine Subconscious," *American Anthropologist*, 64 (1962): 1292-96.

〔四〕 C. Turnbull, *The Mountain People* (New York, 1972); M. Mead, *New Lives for Old: Cultural Transformation of Manus, 1928-53* (New York, 1956); E. Banfield, *The Moral Basis of a Backward Society* (Chicago, 1958).

〔五〕 In Mead, *Anthropologist at Work*, p. 153 この引用部に日付は記されていない。

〔六〕 これらの文章の見本とそれらについての誤解(過剰な自伝的興味に駆られ、ルースの実像を読みこもうとする読解から生まれた誤解)を知りたい方は、J. Modell, *Ruth Benedict: Patterns of a Life* (Philadelphia, 1983)を読まれるがよい。なお Mead, *Anthropologist at Work* も参考になる。

〔七〕 R. Benedict, "The Vision in Plains Culture," *American Anthropologist*, 24 (1922): 1-23; quote from p. 1.

〔八〕 *Patterns of Culture*, p. 64. 前記『文化の型』一〇〇頁。

〔九〕 *The Chrysanthemum and the Sword*, p. 43. 前記『菊と刀』五三頁。

〔一〇〕 ズニ族の場合については、T. N. *Pandey*, "Anthropologists at Zuni," *Proceedings of the American Philosophical Society*, 116(Aug. 1972): 321-37を参照せよ。

〔一一〕 Patterns of Culture, p. 130. 前記『文化の型』二〇八頁。

〔一二〕 E. Williams, "Anthropology for the Common Man," *American Anthropologist*, 49(1947): 84-90.「相対主義的視座の問題」(これは、わたしの考えでは擬似問題に過ぎない)について一般的に論じたものに、C. Geertz, "Anti Anti-Relativism," *American Anthropologist*, 86(1984): 263-78, "The Uses of Diversity," in S. McMurrin, ed., *The Tanner Lectures on Human Values*, vol. 7(Cambridge, Eng., 1986), pp. 253-75の二篇がある。

〔一三〕 G. Gorer, *Themes in Japanese Culture*, Transactions of the New York Academy of Science, 5(1943): 106-24; *The Chrysanthemum and the Sword*, p. 259. 前記『菊と刀』二九八―三〇〇頁。G. Bateson and M. Mead, *Balinese Character*(New York, 1942). G. Gorer, *Japanese Character Structure*(New York, 1943). *The Chrysanthemum and the Sword*, p. 274. 前記『菊と刀』三一七―一八頁。

〔一四〕 Mead, *Anthropologist at Work*, p. 428

第六章

〔一〕 M. Leiris, "Phantom Africa," J. Clifford, trans., *Sulfur 15*(1986): 43. この引用文の最初のカッコはわたしがつけたもの、第二のそれは訳者がつけたもの、イタリック〔本訳書では傍点〕は原文に拠る。クリフォードは Leiris, *L'Afrique fantôme*(Paris, 1934)の一部しか訳していない。

〔二〕 きわめて良い反応ときわめて悪い反応、博識の裏づけのある反応と知識をひけらかすような反応、真に独創的な反応と知的眩惑に過ぎない反応の興味深い集成に関心のある読者は、とりあえず、J. Clifford and G. Marcus, eds., *Writing Culture: The Poetics and Politics of Ethnography* (Berkley, Calif., 1986) を参照されたい。多少とも知的興奮をそそる論評を読みたい向きは、G. Marcus and M. Fischer, *Anthropology as Cultural Critique: An Eexperimental Moment in the Human Sciences* (Chicago, 1986) を参照されたい。最近出た同じ傾向の、吹けば飛ぶような反応には以下のものが含まれる。J. Fabian, *Time and the Other: How Anthropology Makes Its Object* (New York, 1983) ; J. Clifford, "On Ethnographic Authority," *Representations*, 2 (1983) : 118-46; J. Ruby, ed., *A Crack in the Mirror: Reflexive Perspectives in Anthropology* (Philadelphia, 1982) ; T. Asad, ed., *Anthropology and the Colonial Encounter* (New York, 1973) ; and D. Hymes, ed., *Reinventing Anthropology* (New York, 1974; first published, 1969).

〔三〕 B. Malinowski, *A Diary in the Strict Sense of the Term* (New York, 1967), p. 150. 前記『マリノフスキー日記』二一三頁。J. Clifford, "DADA DATA," *Sulfur 16* (1987) : 162-64.

〔四〕 Fabian, *Time and the Other*, p. 149; カッコとイタリック〔本訳書では傍点〕は原文に拠る。

〔五〕 W. S. Willis, Jr., "Skeletons in the Anthropological Closet," in Hymes, *Reinventing Anthropology*, p. 146; 引用文中一カ所パラグラフが切れている部分があるが、便宜上引用者がそれを無視してつなげている。

〔六〕 S. Tylor, "Post-Modern Ethnography: From Document of the Occult to Occult Document," in Clifford and Marcus, *Writing Culture*, pp. 130-31; 次のパラグラフのカッコでくくられた引用部分は上記の書の一三四頁からとっている。

〔七〕　この仕事には言葉だけではなく映画と博物館もまた一役――いまのところ補助的な役割とはいえ――買っていることは言うまでもない。刻印される現在は同時代の、いまこの瞬間の、あるいは異国情緒豊かな現在である必要はない。消失してしまった諸民族のあいだで営まれていた生活や風習について記述している民族誌、長い歳月をへだてて実在した諸社会の変転を記述している民族誌もあれば、民族誌学者自身が属している諸集団に関する民族誌もある。それらの民族、社会、集団はそれぞれ特別な問題(「あちら側にいること」が必然的に含むことについての多様な考え方を含む)を提起しているが、しかしそれらは互いに似ていない諸問題でもない。民族誌学に取り組む動機づけとしての、自分が他人であるということは、したがって自分自身であるということは「どういうことか」を理解するにはどうしたらよいかを論じているものに興味を持たれる読者は、C. Geertz, "The Uses of Diversity," in S. McMurrin, ed., *The Tanner Lectures on Human Values*, vol. 7 (Cambridge, Eng., 1986), pp. 253-75 を参照されたい。「……であるということはどういうことか」という発想は、言うまでもなく、トマス・ネイジェル(Thomas Nagel)の独創性に富む論文 "What Is It Like to Be a Bat?" *Philosophical Review*, 83 (1979): 435-51 よりとられたものである。

〔八〕　ここでも明確に指摘しておかなければならないことは、民族誌学は(レヴィ＝ストロースとベネディクトの仕事の大半においてそうであるように)二次的な学問であるかもしれないし、したがって「あちら側にいる」という効果は派生的なものであるかもしれない、ということである。最近多くの読者を集めている「民族誌的」史書――Emmanuel Le Roi Ladurie, *Montaillou* (London, 1978; first published 1975) and *Carnival in Romans* (New York, 1980; first published 1976); Robert Darnton, *The Great Cat Massacre* (New York, 1986); Rhys Isaac, *The Transformation of Virginia, 1740-1790* (Chapel Hill, N. C., 1982); Natalie Zemon Davis, *The Return of Martin Guerre* (Cambridge, Mass., 1983)――は、重要なことだが、文字通り「あちら側にいる」経験をしたと自称する著者によってもちろん生みだされたのでは

ない、このような効果、彼らの分析をかつて存在していたひとびとの文化を経験論的方法で明るみに出す過程に依拠させることによって生みだされるそうした効果にもとづいて書かれている。

［九］　もっと初期の時代を対象にしたものでは、いまのところ詳細でバランスのよい扱いがG. W. Stocking, Jr., *Victorian Anthropology* (New York, 1987) に見出すことができる。諸関係がいっそう複雑化した今世紀を対象にしたものでは、これに匹敵する、まとまった研究はまだ出ていない。

［一〇］　これ以上踏みこんだ評価を本書で試みることは時期尚早で、いたずらに嫉みを買うのが落ちであろう。目下のフィールドワークに対するわたし自身の一般的見解を知りたい向きは、"Waddling In," *Times Literary Supplement*, June 7, 1985 (no. 4, 288), pp. 623-24 を参照されたい。

訳　注

はじめに

(1) Kenneth Duva Burke (1897-1993)　アメリカの文芸批評家・哲学者。ペンシルヴァニア州ピッツバーグに生まれ、コロンビア大学その他に学ぶ。*Dial* 誌、*Nation* への主要寄稿者として活躍、一九四三年以降はベニングトン大学で教鞭をとった。人間の言語活動、とりわけ文学的表現を「象徴的行動」と解する力動的言語観、文学観に立って、文学、倫理、歴史、心理と多領域へ鋭い探究のメスを入れた。著書は多いが、なかでも、人間の行為の動機を行為・場面・行為者・媒体・意図という五つ組の基語を手がかりとして探究する次の二著がすぐれている。ギアーツが学恩を負っているのも、おそらくこの二著であろう。*A Grammar of Motives*, 1945(『動機の文法』森常治訳、晶文社、一九八七)、*A Rhetoric of Motives*, 1950. なお最近次の注目すべき書物とその訳書が出版されたので紹介しておきたい。Kenneth Burke: *On Symbols and Society*, edited with Introduction by Joseph R. Gustfield (1989, Chicago Univ.), ケネス・バーク『象徴と社会』(森常治訳、法政大学出版局、ウニヴェルシタス叢書、一九九三)。

第一章

(1) Sir Raymond William Firth (1901-　)　イギリスの社会人類学の指導者のひとり。ニュージーランドに生まれ、オークランド大学で経済学を専攻、ロンドン大学大学院生時代にマリノフスキーの影響を受けて経済学から人類学に転じ、ニュージーランドのマオリ族やソロモン諸島のティコピア人の調査を行う。一九三三年よりロンドン大学で教鞭をとり、構造・機能主義を標榜して社会人類学の多方面に——とりわけ経済人類学の確立に——活躍した。主著に *We, the Tikopia*, 1936, *Primitive Polynesian Economy*, 1939 他がある。

(2) Meyer Fortes (1906-83) 現南アフリカ共和国出身のイギリス人の社会人類学者。ケープタウン大学で英文学・心理学を専攻したのちロンドン大学大学院でマリノフスキー、セリグマンの下で人類学を学ぶ。一九三四年より西アフリカのタレンシ族の調査に参加した。ケンブリッジ大学で長年教鞭をとる。構造・機能主義と個人心理学とを統合させた独自の社会人類学を確立した。主著に *The Dynamics of Clanship Among the Tallensi*, 1945, *The Web of Kinship Among the Tallensi*, 1949 他がある。

(3) Robert Heinrich Lowie (1883-1957) ウィーンに生まれ、一〇歳のときアメリカに移住、コロンビア大学でボアズの下で人類学を専攻、アメリカ自然史博物館に勤務したのち一九二一年よりカリフォルニア大学で教鞭をとる。ロッキー山脈の東西に住むアシニボイン、ショショニ、クロウなどインディアン諸族を調査し、モルガンが主張するような氏族 (clan) が普遍的単位ではなく夫婦と子どもからなる小家族がそれであることを発見した。主要著書に *The Crow Indians*, 1935 他がある。

(4) Alfred Reginald Radcliffe-Brown (1881-1955) イギリスの社会人類学者で、マリノフスキーとともに機能主義人類学の創始者と言われる。ケンブリッジ大学でリヴァーズの下で人類学を学んだあと、ベンガル湾のアンダマン諸島で原住民社会の集約的調査を行なった。オーストラリアやアフリカの社会についても詳細な調査をした。シドニー大学、シカゴ大学、オックスフォード大学その他で教鞭をとった。彼にとって犯罪の処罰、葬式等すべての反復行為の機能は社会的生命体を維持するために果されている役割であり、貢献である。主著に *Structure and Function in Primitive Society*, 1952(『未開社会における構造と機能』青柳まちこ訳、新泉社、一九七五)その他がある。

（5）　Edward Sapir (1884-1939)　ドイツのラウエンブルク(現ポーランドのレンボルク)に生まれ、一八八九年アメリカに移住、コロンビア大学在学中ボアズの影響を受け、アメリカ・インディアン諸語の研究の重要性に開眼させられる。シカゴ大学教授を経てイェール大学で人類学・言語学の教授となる。「サピア＝ウォーフの仮説」として知られる言語相対主義は、言語が異なれば外界の分節方法も異なり、したがって言語はその使用者の思惟様式や世界観に基本的な影響を及ぼすというものであるが、これはまだ客観的に確証されてはいない仮説である。主著に *Language*, 1921(『言語――ことばの研究』紀伊国屋書店)、*Selected Writings of Edward Sapir in Language, Culture and Personality*, 1949(『言語・文化・パーソナリティ』平林幹郎訳、北星堂、一九八三)がある。

（6）　Ruth Fulton Benedict (1887-1948)　アメリカの女性文化人類学者。ヴァッサー大学を優等卒業後女学校で英語教師をし、二七歳のとき結婚、一五年後に離婚し、二年後の一九一九年 New School for Social Research に入学し、ボアズの知遇を受ける。一九二一年コロンビア大学大学院に入学し、ボアズを指導教官として博士号を取得。難聴の障害を押してズニ、ズニコクチ、ピマ等のアメリカ・インディアンの諸部族を調査した。彼女はディルタイ等の影響を受けて文化類型論を構想し、諸文化を単なる諸機能の集合を超えた個性的統合体として捉えるに至った。第二次大戦中、軍部の委託で引き受けた敵国日本文化の研究は『菊と刀』に結晶した。主著に *The Chrysanthemum and the Sword: Patterns of Japanese Culture*, 1946(『菊と刀――日本文化の型』、長谷川松治訳、社会思想社、現代教養文庫)、*Patterns of Culture*, 1934(『文化の型』米山俊直訳、社会思想社、一九七三)がある。

（7）　Bronislaw Kasper Malinowsky (1884-1942)　ポーランド出身のイギリスの人類学者。クラコフ大学で物理学の博士号を得たが、病気中に読んだフレーザーの『金枝篇』に感動して人類学に転じた。ライプチッヒ大学で民族学、民族心理学を学んだのちロンドン大学経済学部に入学、セリグマン、ウェスターマークの下で人類学を研究した。彼は進化や伝播といった歴史的過程を重んじる歴史主義的人類学に対して、人間の基本的欲求を満足させる装置としての文化の諸機能の究明を人類学の本質的課題とした。彼の人類学が機能主義人類学と呼ばれるゆえんである。彼の現地調査はニューギニアのトロブリアンド諸島の原住民に対して現地語を駆使しての参与観察方式で行なわれたが、この方式はフィールドワークの範例とされている。主著には本書で主題的にとりあげられている『西太平洋の遠洋航海者』(邦訳寺田和夫他訳、中央公論社、中公バックス『世界の名著』第七一巻所収、中央公論社『世界の名著』第五九巻所収、一九六七)のほかに *The Dynamics of Culture Change, An Inquiry into Race Relations in Africa*, 1945(『文化変化の動態』藤井正雄訳、理想社、一九六三)他がある。

(8) Claude Lévi-Straus (1908-) フランスの社会人類学者。両親は富裕なユダヤ系フランス人で、父は肖像画家。一九三一年哲学教授資格試験に合格、シモーヌ・ド・ボーヴォワール、メルロ＝ポンティとともに教育実習を受けた。二六歳の若さでブラジルのサン・パウロ大学の社会学教授となる。四年後の一九三八年退職し、ブラジル奥地のナムビクワラ族やトゥピ＝カワヒブ族を含む諸部族の調査を行なった。一九四五年ローマン・ヤコブソン他創刊の『ワールド』に「言語学と人類学における構造分析」を発表、以後つぎつぎと構造主義的方法にもとづく著作を発表していく。彼はどの社会にも普遍的に存在しつつそれぞれ固有の規則をもっている近親姦禁忌に人間をして人間たらしめる「自然と文化との分岐点」を見、その存在理由を未開社会における男女の分業に求めた。彼はマルセル・モースの相互贈与論に拠って、女性という最も貴重な財産を贈与しあうことによって家族と部族の存立を保証する婚姻制度を可能にするものとして近親姦禁忌を見た。彼にとって構造とは、未開・文明の別を問わず社会の根底に存在している女性の相互贈与という潜在的な機能連関とその記号論的コミュニケーション体系を意味する。主著には、本書で主題的にとりあげられている『悲しき熱帯』(川田順造訳、中央公論社、一九七七、一九六二)のほかに *La pensée sauvage*, 1962(『野生の思考』、大橋保訳、みすず書房、一九七六)、*Anthropologie structure*, 1958(『構造人類学』、荒川幾男他訳、みすず書房、一九七二)その他がある。

(9)　Alfred Louis Kroeber(1876-1960)　アメリカの人類学者。コロンビア大学で英文学を専攻したが、同大学に赴任してきたボアズの影響を受けて人類学に転じ、一九〇二年「アラバホ族の美術」によって博士号を取得した。一九〇一年カリフォルニア大学に赴任、一九四六年の引退まで教鞭をとる。カリフォルニア、ニューメキシコ、メキシコ、ペルーのインディアン、インディオ文化を調査し、信仰や宗教的観念の研究に貢献した。彼は博物学者的関心から未開文化の諸事実を収集・分類する一方で、文化パターンのダイナミックな歴史的盛衰に興味をもち探究した。主著に *Cultural and Natural Areas of Native North America*, 1939, *Configurations of Culture Growth*, 1944 他がある。

(10)　Herman Max Gluckman(1911-75)　イギリスの社会人類学者。南アフリカ共和国で社会人類学を学んだのち、イギリスでマリノフスキーの下でズールー族、バロッツェ族の調査に参加した。一九四一年以降中央アフリカ諸民族の調査計画を指導し、みずからイラ族、トンガ族、ランバ族を調査した。マンチェスター大学社会人類学教授として多くの後進を指導した。社会過程における矛盾・葛藤のもつ肯定的意義を重視する動態論的視座をつらぬく著書を発表し続けた。主著に *Rituals of Rebellion in South-East Africa*, 1954, *Custom and Conflict in Africa*, 1955 他がある。

(11)　Edward Alexander Westermarck(1862-1939)　フィンランドの人類学者。若い頃からロンドンの大英博物館に通いつめて資料収集に努め、原始社会の婚姻制度に関する体系的な研究をなし遂げた。一九〇七年ロンドン大学社会学教授となり、一九二一年主著『人類婚姻史』の決定版・全三巻(第五版)を完成した。進化主義人類学の原始乱交＝集団婚説に反対して原始一夫一婦制を主張したことで有名である。前記主著の一部を独立させて刊行した *A Short History of Marriage*, 1926(『人類婚姻史』、江守五夫訳、社会思想社、一九七〇)が広く読まれている。

(12) Paul Bowles (1910-) アメリカの作曲家、小説家。ニューヨーク州クィーンズに生まれ、二十歳のときアーロン・コプランドに作曲を師事、二十代に旺盛な作曲活動を行なう。一九四七年モロッコに移り住んで小説の執筆に専念、実存主義作家として評価を高める。長篇『シェルタリング・スカイ』(一九四八)は全米ベストセラーになった。

(13) Sir James George Frazer (1854-1941) イギリスの古典的人類学者。スコットランドのグラスゴーに生まれた。両親とも長老派教会の敬虔なクリスチャンで、フレーザーも生涯教会に忠実な信徒であった。グラスゴー大学とケンブリッジ大学トリニティ・カレッジで古典学を専攻したが、タイラーの影響で人類学に転じた。一九二一年トリニティ・カレッジの教授となった。人類学、古典学、神話学にわたる膨大な著作によって世界中の人文系の学者に多大の影響を与えた。四〇年近い歳月を費して完成した『金枝篇』全一三巻(永橋卓介訳、岩波文庫版・全五巻)は、ウェルギリウスが記述した古代ローマの金枝伝説(北イタリアのネミ湖のほとりに広がるディアナの森に立つ一本の金枝の樹にまつわる奇怪な言い伝え)の解釈を軸に王殺しのテーマに挑んだ大作である。主著には前記『金枝篇』のほかに *Psyche's Task: A Discourse Concerning the Influence of Superstition on the Growth of Institutions*, 1909(『サイキス・タスク』永橋卓介訳、岩波文庫)などがある。

(14) Oscar Lewis (1914-70) アメリカの社会人類学者、とくに都市の貧民層の研究で注目すべき業績を達成している。弘文堂版『文化人類学事典』の「都市人類学」と「プエルトリコ人」の項参照。

(15) Sir Edmund Ronald Leach (1910-) イギリスに生まれ、ケンブリッジ大学で数学と工学を専攻したが、当時日本領であった台湾の少数民族の風習に関心をもち、ロンドン・スクール・オヴ・エコノミクスに入学してマリノフスキーの下で社会人類学を学び、一九三九年以降長期にわたるビルマ社会の調査に従事してめざましい成果を挙げた。政治・社会組織への動態的、構造分析的アプローチとレヴィ＝ストロース批判を含む学界への鋭い問題提起によってイギリス社会人類学をリードした。主著は *Political Systems of Highland Burma*, 1954(『高地ビルマの政治体系』弘文堂)のほかに *Rethinking Anthropology*, 1961(『人類学再考』思索社)などがある。

(16)　Margaret Mead (1901-78)　アメリカの女性人類学者。コロンビア大学大学院でボアズの下で人類学を学ぶ。当時助手であったベネディクトからも学問的刺激を受ける。サモア、アドミラルティ諸島、ニューギニア、バリなど南太平洋の各地で精力的な調査活動をする。ベネディクトの発想した文化とパーソナリティの関連を理論的基軸に、心理学的アプローチを含む多様なアプローチで未開社会における成人儀礼や性別慣習などを研究し、旺盛な著作活動によって同時代のアメリカに大きな影響を及ぼした。ミードのサモア諸島民の調査に関しては八〇年代にはいってその客観性を問い直す批判が出はじめている。ディレク・フリーマンの *Margaret Mead and Samoa*, 1983(『マーガレット・ミードとサモア』木村洋二訳、みすず書房、一九九五)参照。主著に *Coming of Age in Samoa*, 1928(『サモアの思春期』畑中幸子他訳、蒼樹書房、一九七六)、*Growing up in New Guinea*, 1930 他がある。

(17)　Gregory Bateson (1904-80)　イギリスの人類学者。メンデルの再発見者で遺伝学の命名者ウィリアム・ベイトソンの三男として生まれ、ケンブリッジ大学で生物学を専攻するが、大学院では文化人類学を選び、博士号を取得したのちニューギニアを調査し、民族誌『ナーヴェン』を著わした。アメリカに研究活動拠点を移し、ニューギニア調査を続けるうちマーガレット・ミードと出会い、結婚した。ふたりのあいだにメアリー・キャサリン・ベイトソン――現在人類学者として活躍している――が生まれたが、のちに離婚する。ベイトソンは、精神病の精神療法の面でも、ニューギニアの未開部族のあいだに見られる服装倒錯《トランスヴェスティズム》(男が女の、女が男の服装をすること)の風習が恋愛のライヴァルの怒りをなだめる機能をもつことに着目、これを不健全な風習として禁じた宣教師や白人指導者がそのことによって原住民文化を破壊の危険にさらす結果となっていることを批判し、そうした観察からダブルバインド説に想到し、分裂病の家族療法への道を拓いた。主著に *Steps to an Ecology of Mind*, 1972, *Mind and Nature: A Necessary Unity*（『精神と自然』思索社）他がある。

（18） Jack Pearl's Munchaucen〔mʌntʃɔ́:zn〕 ジャック・パウル作のマンチョーズン男爵。ジャック・パウルについては不詳。おそらく窃盗の嫌疑を受けて一七七五年イギリスに逃亡し、マンチョーズン男爵を主人公とする *Baron Munchausen's Narrative of his Marvellous Travels and Campaigns in Russia* (1785)を著わして出版したR・E・ラスピーのペンネームかもしれない。研究社版『英米文学辞典』によると、「途方もない話の連続で、例えば胴体を真二つにされた馬が泉の水を飲み、あとで傷口を縫ってもらったとか」いうホラ話の連続らしい。「ホラ吹き男爵」というのはこれかもしれない。

（19） Sir Edward Evan Evans-Pritchard (1902-73) イギリスの代表的な民族誌家、社会人類学者。イギリスのサセックスに生まれる。父は英国国教会の牧師。オックスフォード大学で修士号（歴史）を取得後、ロンドン・スクール・オヴ・エコノミクスでマリノフスキーとセリグマンの下で社会人類学を学ぶ。スーダンのアザンデ族とヌエル族について詳細な調査を行ない、卓越した民族誌を著わした。第二次大戦中は軍役につき、エチオピアでゲリラを指揮し、かたわらアヌアク族の調査をした。一九四四年カトリックに改宗。四六年ラドクリフ＝ブラウンの後を襲いオックスフォード大学教授となる。田中真砂子氏によると「今世紀の人類学理論は、経験論と観念論の二つの系統に分けられる」（『文化人類学の名著50』平凡社、一八〇頁）そうだが、前者はデュルケーム、ラドクリフ＝ブラウン、マリノフスキーの系譜で（田中氏は言及していないが、後者は、同じデュルケームからモースを経てレヴィ＝ストロースのフランス構造主義人類学に結実するのであろうか？）、イギリスの構造・機能主義人類学として発展するが、マリノフスキー、ラドクリフ＝ブラウンの弟子であったエヴァンス＝プリッチャードは構造・機能主義に従いながらも、同時に対象民族それ自身のもつ固有の複雑な法則性、規則性、構造性をとりだすために、ねばりづよく参与観察アプローチを続けて、師の水準を超える豊潤な民族誌を達成したのであった。主著に *Witchcraft, Oracles and Magic among the Azande*, 1937, *Nuer Religion*, 1956(『ヌアー族の宗教』上下、平凡社ライブラリー)他がある。

(20)　Robert Redfield (1897-1958)　アメリカの文化人類学者。シカゴ大学を卒業して弁護士になったが、同大学大学院に進んで文化人類学を専攻。ラドクリフ＝ブラウンの機能主義に立脚しつつウェーバー等のドイツ社会学をも学び、メキシコの村落の調査を基礎に都市文明の影響による文化変容の過程を研究した。著書に *Folk Culture of Yucatan*, 1941, *The Little Community*, 1955 がある。彼とオスカー・ルイス(前出)が研究したという Tepotzlan については不詳。おそらく「インディヘナ」と呼ばれるメキシコ土着民の部族の一つであろう。

(21)　Michel Foucault (1926-84)　フランスの哲学者。エコル・ノルマルで哲学を専攻したのち精神医学を学び、一九七〇年コレージュ・ド・フランス教授となる。その代表的著作『言葉と物』(*Les mots et Les choses*, 1966, 邦訳、新潮社)において、フーコーはある文化のある時代の根底にあってあらゆる領域の言説の在り様を規定している無意識的な思惟・知の基盤をエピステーメーと呼び、近代西欧の文化を、(1)事物との類似としての言葉、(2)命名の表としての空間、(3)因果性と歴史との諸系列としての学問、に三分し、一七世紀から一五〇年間にわたる「古典主義時代」のエピステーメーを、言語の理論、分類の理論、貨幣の理論として記述した。フーコーによると、一六世紀までは言葉は事物を表象するものであったが、一七世紀に至って言葉は事物そのものと等置されるようになり(分類法の成立)、一九世紀にはいると言葉は知、認識の道具の位置に貶められ、代わって知、認識の主体としての〈人間〉が幅を利かすようになる。しかし二〇世紀に至るや、一九世紀の知の標識であった(1)経済の歴史性、(2)人間実存の有限性、(3)歴史の終末が、(1)未開の部族の文化に文化の普遍的構造を発見する文化人類学、(2)主体を根底から動かしている無意識を重視する精神分析、(3)みずから語り出す言語の秘密に迫る言語学という三学問の台頭によってリアリティを失っていき、エピステーメーの空間から〈人間〉が——したがって〈著者〉が——消えていく。主著に前記『言葉と物』(渡辺一民他訳、新潮社、一九七四)のほか、*Folie et déraison: histoire de la folie à l'âge classique*, 1961(『狂気の歴史』、田村淑訳、新潮社、一九七五)、*Surveiller et punir: naissance de la prison*, 1975(『監獄の誕生——監視と処罰』、田村淑訳、新潮社、一九七七)などがある。

(22) George Peter Murdock (1897-1985) アメリカの文化人類学者。コネチカット州の農場で生まれ、イェール大学でアメリカ史を専攻したのち人類学に興味をもち、ボアズの下で学ぼうとして断わられたため、イェール大学大学院に進み、一二五年に人類学で博士号をとった。マードックの学風は、みずからフィールドワークに従事するよりはむしろ信頼できる他の学者たちの民族誌を収集し、それらの横断的研究をとおして通文化的比較研究(Cross-cultural comparative studies)の方法を確立する方向に向かった。マードックの最大の貢献は、世界各地でフィールドワークした多くの人類学者たちの民族誌からデータベースを作成し、どの国の研究者も自由に検索できる資料ライブラリーを、一九四六年イェール大学内にHRAF(Human Relations Area Files の略)として実現したことである。以上の方法で収集・分析した二五〇の社会の親族組織の諸項目の相関性を統計的に提示したものに主著 *Social Structure*, 1945(『社会構造』、内藤莞爾監訳、新泉社、一九七八)がある。言うまでもなく婚姻制度はこの書の主題の重要な柱の一つであり、「核家族」という語はマードックが発案した用語である。

(23) Anthony Trollope (1815-82) 一九世紀のイギリスの小説家。ロンドンに生まれ、父の負債のため貧困を強いられたが、パブリックスクールの一つハロー校に学んでロンドン中央郵便局に就職、職務上西インド、エジプト、アメリカその他に赴任、その経験を題材に小説を書いた。客観的な描写力に対する評価が近年高まっている。主な作品に、架空の州バーセットシャーを背景にした六連作、*Barchester Towers*, 1857-1867 その他がある。

(24) Roland Barthes (1915-80) フランスの批評家、記号学者。フランス北西部の港町シェルブールに生まれる。一歳未満のとき海軍将校だった父を戦死で失う。ソルボンヌに学ぶが演劇に熱中して退学。二十代は結核に苦しみながら演劇、声楽、ギリシア古典劇等を学びつつ学士号を取得。種々の教育機関で教えたのち七六年コレージュ・ド・フランス教授となる。バルトの最大の貢献は、哲学、文学、言語学、精神分析、人類学のすべてが共有する〈エクリチュール〉の分析をとおして、書く行為、書かれたもの、読む行為、ひいてはそれらが行なわれる場である社会の本質を探究したことであろう。〈エクリチュール〉とは、一時代のすべての作家に共通な規約の総体としての〈国語《ラング》〉と、ひとりの作家のユニークなイメージ群、語り口、語彙からなる〈文体《スティル》〉とのあいだに位置するもので、ラングとスティルが作家にとって必然的なものであるのに対して、エクリチュールは作家が歴史的、時代的限定のもとでみずから選び取るものである(『零度のエクリチュール』一九五三、より)。主著には上記のほか *Systèm de la mode*, 1967(『モードの体系』)、*Le Plaisir du texte*(『テクストの快楽』)などがある。以上三冊の邦訳は、いずれもみすず書房から出ている。

(25) Randall Jarrel (1914-65) アメリカの詩人、批評家、小説家。口語詩的スタイルで鋭敏な感性の詩を書く。ギアーツが引いている作品は諷刺小説である。主な詩集に *Blood for a Stranger*, 1942, *The Woman at the Washington Zoo*, 1960 ——ピューリッツァー賞受賞)がある。

(26) Franz Boaz (1858-1942) アメリカ歴史主義人類学の創始者。ユダヤ系ドイツ人として生まれ、ハイデルベルク大学その他で物理学や地理学を専攻した。前者で博士号をとったが、エスキモーへの地理学的調査をとおして次第に民族誌学に関心を移し、ベルリン王立民族学博物館員となり、一八八六年アメリカ北西海岸のインディアン諸族の調査に従事し、言語と生活習慣を記述する。一八八七年アメリカに移住し、一八九六年より四〇年間コロンビア大学に教鞭をとり、その間、多くの俊秀を人類学界に送り出した。自然人類学から言語人類学にわたる人類学の総体をカバーする偉大な人類学者であった。主著に、*The Mind of Primitive Man*, 1911, *Race, Language and Culture*, 1940 がある。

（27） Marcel Griaule (1898-1956) フランスの人類学者。モースの下で専門的訓練を受けたのち、一九三一年以来西アフリカのドゴン族その他の諸族を対象に、専門の民族音楽学者やアフリカ諸語の言語学者を加えた共同調査を行ない、民俗学的成果を挙げたが、現実の社会生活のはらむ諸矛盾を捨象しているとして批判された。主著に、*Masques Dogons*, 1938, *Dieu d'Eau, Entretien avec Ogotemmêli*, 1948（『水の神』坂井信三他訳、せりか書房、一九八一）などがある。

（28） Talcott Parsons (1902-79) アメリカの社会学者。アマースト・カレッジ卒業後ロンドン大学、ハイデルベルク大学に留学。一九三一年ハーヴァード大学に社会学講座を開講以来四三年間そこで教え続け、多くの俊英を送り出した。ウェーバーの行為理論、マリノフスキーの機能主義、デュルケームの集合表象説等に依拠しつつそれらをさらに発展させて独自の社会的行為の理論体系を構築した。主著に共著 *Toward a General Theory of Action*, 1951（『行為の総合理論をめざして』、永井道雄他訳、日本評論新社、一九六〇）その他がある。晩年の著作 *Social Structure and Personality*, 1964（『社会構造とパーソナリティ』、丹下隆一他訳、新泉社、一九七三）にはフロイトの超自我論への参照がみられる。

（29） オーストラリア、ニューギニア、およびその近辺の諸島に棲息するヒクイゾク系の飛べない大型の走鳥。

（30） James Augustine Joyce (1882-1941) アイルランドの小説家。ダブリンに生まれ、イエズス会系の初中等教育を受け、同市のユニヴァーシティ・カレッジに学んだ。一九〇二年以降ほとんどヨーロッパに居を定めて創作に精進し、短篇集『ダブリン市民』（一九一四）、『若い芸術家の肖像』（一九一六）、『ユリシーズ』

(一九二二)を発表した。『ユリシーズ』は『オデュッセイア』の枠組を使って平凡なユダヤ系市民ブルームの一日を無意識の底にまで降って詳細に描いたもので、折にふれ彼のこころに思い浮かぶままの過去の出来事やそれにまつわるさまざまな欲望、不安、憧れ、妄想等を綿々と書きつらねていくいわゆる〈意識の流れ〉の手法は、その破格の文体とあいまって二〇世紀の作家たちに計り知れない影響を及ぼした。

(31)　プエブロ・インディアンの一部族で、砂漠プエブロに属する。トウモロコシ、カボチャ、豆を産物とする農耕を主生業とする母系制部族で、ベネディクトは『文化の型』においてニーチェの用語を用い、激情的なドブ島民の文化をディオニソス型、静謐なズニ族の文化をアポロ型と定義したが、異論もあると言われる。

(32)　カナダ・ブリティッシュ・コロンビア州のヴァンクーヴァー島北端およびその対岸の大陸部に住むインディアン。ボアズの詳細な報告によって彼らの文化と言語が明らかにされた。〈ヌマイム〉という独特な組織があり、社会的位置の獲得はこれに加入して可能にされる。〈ポトラッチ〉と呼ばれる莫大な財の儀礼的蕩尽もこうした位置＝〈座席〉の階層秩序にもとづいて行なわれる。

(33)　ドブ島はニューギニア島南東部にあるダントルカストー諸島内の島。ドブ島人の一部は他の島にも住んでいる。かつては食人、首狩りの慣習があり、恐れられていた。焼畑農耕によるヤムイモ栽培が主生業で、村は母系氏族よりなり、村が外婚単位である。核家族で社会では長老が権力をもつが、身分制はなく、女性の社会的地位は高いが、貞節を厳しく要求される。ズニ族の項参照。

(34)　Sir Edward Burnett Tylor (1832–1917)　「文化人類学の父」と言われるイギリスの文化人類学者。ロンドンでフレンド派に属する両親から生まれた。父は真鍮鋳造業者であった。信仰上の理由から大学に進学せず、父の業につくが健康を害して断念。キューバ旅行中英国の考古学者クリスティと出会い、六カ月間メキシコ旅行をともにし、文化人類学に興味をもった。一八六一年『アナワク——古代および現代のメキシコ人』を出版した。一八六五年に『人類の初期の歴史および文明発展の探究』を、一八七一年に『原始文化』を出して評価が定まり、一八九六年オックスフォード大学人類学教授となった。タイラーは『原始文化』の冒頭で、文化または文明を、「知識、信仰、芸術、道徳、法律、慣習その他、人が社会の成員として獲得したあらゆる能力や習慣の複合的総体」として定義した。またひとたびある民族によって受容された信仰や習俗は、それを覆すような内外の影響を受けても文化の底流として残存して持続し、文化の同一性を保証すると考えた。前述の二冊の主著の原タイトルを示す。*Researches into the Early History of Mankind and the Development of Civilization*, 1865, *Primitive Culture: Researches into the Development of Mythology, Philosophy, Religion, Language, Art, and Custom*, 2 vols, 1871.

第二章

（1） Lewis Henry Morgan (1818-81) アメリカの人類学者。ニューヨーク州の富裕な農場主の子として生まれ、ユニオン・カレッジで法律を学び、生涯弁護士をとおした。モルガンは幼少期より親しく接していたインディアンが白人資本家によって迫害、搾取されている現状に憤りを抑えることができず、生涯彼らの権利を擁護するために法廷闘争、政治闘争を持続した。そのためイロクォイ族の信頼をかち得、そのセネカ支族の養子に迎えられた。モーガンはイロクォイ族との共同生活をとおして、彼らの特異な親族名を手がかりに彼らの婚姻形態を再構成した。彼はこの方法を世界に広く分布する未開の部族にまで広げ、その研究結果にもとづいて蒙昧→野蛮→文明という一系列な進化論的発展図式を展開した。現在、彼の進化説の多くは批判にさらされているが、その骨格部分はゆるぎないもので、タイラーとともに現代文化人類学の始祖の名に恥じない。主著にエンゲルスの『家族・私有財産および国家の起源』に基本的資料と理論的枠組みを提供した *Ancient Society*, 1877（『古代社会』上下、青山道夫、岩波文庫）他がある。

（2） Thomas Witlam Atkinson (1799-1861) イギリスの建築家、探検家。マンチェスター、リヴァプールの教会建築に従事した。フンボルトの説を聴いてアジア・ロシアに関心をもち、シベリア、ウラル、アルタイ、蒙古を探検して旅行記を出版した。主著に *Exploration in Oriental and Western Siberia*, 1858, *Travels in the Regions of the Upper and Lower Amoor*, 1860 がある。

（3） Susan Sontag (1933-　) アメリカの女流批評家。ニューヨークのユダヤ系の家庭に生まれる。ハーヴァード大学やパリ大学で哲学を専攻し、雑誌編集にたずさわりながらアヴァンギャルド的な若いアーティストの試みを高く評価する批評を発表する。また学問的、理性的な作品解釈に反対して、現代に生きる人間の鮮烈な感性でもって作品に体当りして火花を散らすような新しいタイプの印象批評を主張した。主著に *Against Interpretation*, 1966 (『反解釈』、高橋康也他訳、竹内書店新社、一九七一) 他がある。

（4） James Grover Thurber (1894-1961) アメリカのユーモリスト作家。オハイオ州立大学卒業後パリの大使館に勤めたり新聞記者をしながら創作に精進し、一九二七年以降「ニューヨーカー」誌に、自分で描いた挿絵入りで現代のアメリカ人の生活を風刺した短篇を発表し続けた。主な作品にキンゼー報告を諷刺した *Is Sex Necessary?* (E. B. White と共著, 1929) 他がある。ギアーツが言及している小説については不詳。

（5） William Lloyd Warner (1898-1970) アメリカの社会人類学者。カリフォルニア大学で人類学を学び、マリノフスキー、ラドクリフ＝ブラウンの影響下にオーストラリア・アーネムランドで調査をし、ムルンギン族の文化を研究し、『黒い文明』(A Social Study of an Australian Tribe, 1937) で報告した。彼はこの著書でムルンギン族の複雑な親族組織を体系的に記述したが、それをめぐってレヴィ＝ストロースその他と激しい論争が起こった。弘文堂『文化人類学事典』「ムルンギン」の項に杉藤重信氏が簡潔にその論点を説明している。

（6） Emile Durkheim (1858-1917) フランスの社会学者。〈社会学年報〉を創刊・編集し、社会学の方法論的基礎をつくるうえで重要な役割を果した。社会学の対象を個人の心理的あるいは生理的現象に還元しえぬ集団表象と定義し、集団表象は個人を拘束する外的事実であると考えた。主な著書に『社会分業論』(一八九三、邦訳は、上下、井伊玄太郎他訳、理想社、一九五七)、『自殺論』(一八九七、邦訳は、中公文庫、一九八五)、『宗教生活の原初形態』(一九一二、邦訳は、上下、古野清人訳、岩波文庫、一九七五)がある。

(7) Marcel Mausse (1872-1950) フランスの社会学者。デュルケームの甥で、叔父が創刊した〈社会学年報〉の編集に力を注ぎ、社会学の独立した地位を学会に認知させるのに非常に貢献した。社会的事実全体を象徴体系あるいは意味体系として捉えるモースは、南太平洋諸島に見られるマナ・ハウの風習の研究をとおして、提供・受容・返礼という三つの義務からなる交換制あるいは互酬制が社会的結合を維持・強化している普遍的システムを明らかにした。「呪術論」(一九〇二—三)、「贈与論」(一九二三—二四)、「身体技法」その他の主論文の多くは弘文堂刊、有地亨他訳『社会学と人類学』I・IIに収められている。

(8) Roman O. Jakobson (1896-1982) ロシア系アメリカの言語学者。一九一四年東洋語学院を卒業し、モスクワ大学に入学。翌年、彼を中心にモスクワ言語研究会が結成され、さらに一七年に結成された「詩的言語研究会」にはのちにロシア・フォルマリズムの基軸となる俊秀が集まったが、彼はシクロフスキーとともにそのリーダーと目されていた。一九二〇年プラハに亡命し、翌二一年『最新ロシア詩』を出版。言葉の音と意義、意味との関連を連想心理学的記号論と「異化理論」とによって説明している。彼はまたアメリカ移住(一九四一)後の一九五六年に発表した「言語の二つの面と失語症の二つのタイプ」において、相似性(選択軸)と隣接性(結合軸)という言語の基本的二相に触れ、それらの喪失が失語症の二タイプに対応していることを明らかにした。一九五一年に発表した『音声分析序説』では世界中の言語の普遍的要素として一二対の弁別的特徴の抽出と体系化を行なったが、それがレヴィ＝ストロースに啓示となって彼の構造主義人類学の創出に導いたことは忘れられない。

(9) ブラジルのトログロッソ州西部、ボリビア国境に近い草原地帯に住む農耕民族。かつては漂泊民族だった形跡が見られると言われる。

(10)　Franz Fanon (1925-61)　仏領西インド諸島マルティニク島生まれの黒人の精神科医、革命思想家。先祖はアフリカからこの地に連れてこられた奴隷である。最初、彼は白人の、フランス人の文化に徹底同化しようと努め、第二次大戦中は仏軍に志願して戦ったが、シュールレアリスムの黒人詩人、エメ・セゼールの誇り高い、しかし静かな一言「ニグロであることはすばらしい」に打たれて、ニグロとして生まれたことの本源的尊厳に目覚め、それを奪回するために努力する。しかし、そこに至るまでのプロセスは単純ではなかった。大戦後、渡仏して精神医学を専攻し、白人女性と結婚した彼は、『黒い皮膚、白い仮面』(一九五二)において観念論的レベルでネグリチュード(黒人性)にこだわりぬく黒人の自己矛盾をあえて自己暴露している。一九五三年から三年間、アルジェリア(白いアフリカ)の病院に精神科医として勤務したが、アルジェリア革命にコミットして辞職し、被抑圧民族解放の戦略として暴力を肯定する思想を『地に呪われたる者』(一九六一)において表明した。「禁止条項だらけの狭められたこの世界を否認し得るものが、絶対的暴力のみであることは、生まれおちたときから彼(白人の権力による抑圧体制を打倒する決意をしている黒人原住民)の目に明らかだ」と彼は述べているが、反抗の暴力がそれ自身の根源的意図を超えて、抑圧者のみならぬ被抑圧者自身をも滅ぼしかねない魔力を秘めていることも事実である。ファノンの著作の邦訳は、ほとんどすべてみすず書房から出ている。

(11)　ブラジルのマトグロッソ州北中央部に住む、農耕と漁撈を生業とする民族。出自は父系で妻方居住の規則をもつ。『悲しき熱帯』第六部に詳しい。東ボロロと西ボロロに分かれるが、後者はすでに崩壊している。

(12)　ブラジル南西部マトグロッソ州西部に住む狩猟と採集を主生業とする民族。妻方居住の規則をもつ。『悲しき熱帯』第五部に詳しい。

(13)　ブラジル西部アマゾン河大支流マディラ川のさらに支流マチャド川上流部に住んでいた民族で、現在は民族グループとして存続しているかどうかは不明と言われる(弘文堂版『文化人類学事典』の同項説明による)。

第三章

(1) Ludwig J. J. Wittgenstein (1889-1951) オーストリア、ウィーン市に生まれたユダヤ系哲学者。四人の兄と三人の姉がいたが、このうち三人の兄は自死した。ベルリン工科大学、マンチェスター大工学部で主として航空力学の勉強をするが、関心は次第に数学へ、数学から論理学へと移っていく。一九一二年からケンブリッジでラッセルのもとで論理学を専攻したのち、第一次大戦にオーストリア軍の志願兵として参戦した。その間に、言語単位としての要素命題が世界の構成要素として「実物—画像」のように一対一で対応するという論理的原子論の思想をノートし、一九一八年『論理哲学論考』として発表した。第一次大戦後六年間ほどウィーン郊外の小さな村々で小学校の教師を務めたあと、一九二九年ケンブリッジに復帰して哲学研究に没頭した。一九三〇年から同大学で講義するようになり、晩年まで続けた。講義ノートの主要部分は弟子たちがまとめて一九六二年『哲学探究』その他として出版された。『論考』では、言語はその論理的構造に関してただ一種しか存在しえないのに対して、『探究』では、言語はそれが用いられる社会的文脈や目的に応じて多くの言語と言語規則が存在しうる、という立場に変わっている。彼によれば、哲学の使命は新たな言語体系を創出することではなく、既存の諸言語のもつ幻想的な罠を根本的に批判することによってその限界を暴露し、知性をその呪縛から解き放つことである。ヴィトゲンシュタインの著書の邦訳はほとんどすべて大修館版全集に収められている。

(2) ナイルの支流ソバト川流域の、スーダン南東部とエチオピア南西部にまたがる地域に住む民族で、生業は雑穀農耕で、隣接するヌアーやムルレとは違い、牧畜への依存度は低い。男系で貴族のあいだで象徴が相続され、それを保持する者が王とみなされた。一九一〇年、西部がアングロ＝エジプト・スーダン政府の統治下にはいった。

（3）　スーダンの旧称。スーダンは一八八五年エジプトによる支配から脱したが、これは一八九六年から九八年にかけてイギリスとエジプト両国に再征服され、一九五六年にスーダン共和国として独立するまで両国の共同支配下におかれていた五八年間の呼称である。

（4）　サンタクルーズ諸島南東部に位置するサンゴ礁島の住民。ポリネシア系の文化をもつ現在の住民の祖先は、一二世紀頃サモア島から移住してきたらしい。ファースは一九二九年と五九年に調査をして多くの民族誌を発表している。第一章の訳注(1)参照。

（5）　ボマは現ザイール共和国西部、コンゴ川に臨む都市。

（6）「アフリカの角」と呼ばれる現ソマリア民主共和国とエチオピア国東部を含む地域に住む、東クシュ系のソマリ語を話す民族。その約七〇パーセントは現ソマリア民主共和国に住んでいる。この国は一九六〇年、旧英領ソマリランドと伊領ソマリランドから成立した。

（7）　ガラとは、エチオピア中西部、中東部、南部からケニア北部、東部にわたる広域に住む民族、オロモの別名である。半農半牧的で、核家族を単位としているが、一夫多妻で、妻は夫が死ぬと彼の最年長の兄にとつぐ(レヴィレート婚)。これが限度を越えるとオッラと呼ばれるリネージが共同作業を行なう居住集団をつくる。

（8）　Denis Donoghue (1928-　)　アイルランドの文学批評家。ダブリンのユニヴァシティ・カレッジを卒業し、同大学教授を経て一九七九年以来ニューヨーク大学教授をつとめる。常に同時代の先端的思潮を視野に置いた研究、批評活動を行なってきた。T・S・エリオットらの詩劇の可能性を探った *The Third Voice* (1959)や、脱構築批評理論への鋭い批判を含んだ(ヘレン・ガードナーへの言及を含む) *Ferocious Alphabets*, 1981 など注目すべき書物を著わしている。

（9） Dame Helen Louise Gardner (1908- ） イギリスの英文学者・批評家。オックスフォード大学を卒業し、一九六六年から九年間、同教授を務める。博識と深い洞察力とをあわせもった批評眼でエリザベス朝の詩人からT・S・エリオット、さらには脱構築批評理論まで批判・検討している。著書に *The Art of T. S. Eliot*, 1949, *In Defense of the Imagination*, 1981 などがある。

（10） Audrey Isabel Richards (1899-没年不詳） イギリスの社会人類学者。ケンブリッジ・ニューナム・カレッジで自然科学を専攻したのち、ロンドン・スクール・オヴ・エコノミクスでマリノフスキーについて人類学を学び、当時の北ローデシアのベンバ族を対象に単身フィールドワークをし、食餌、親族、労働、儀礼等の研究の成果を *Hunger and Work in a Savage Tribe* (1932) としてまとめ、ロンドン大学で博士号を取得する。女性人類学者としてパイオニア的な単独フィールドワークを敢行するとともに、学際的調査のすぐれた組織者でもあった。晩年は母校ケンブリッジにアフリカ文化研究センターを設立した。

（11） Siegfried Frederick Nadel (1903-56） オーストリア生まれの社会人類学者。ロンドン大学でマリノフスキー、セリグマンの下で学んだのちナイジェリア南部のヌペ諸族とスーダンのコルドファン高地に住むヌバ諸族を中心に調査し、克明に比較した。理論的枠組みにとらわれず、事柄そのものに聴き、その結果を客観的に検証するという良い意味の実証主義をつらぬいた。一九五一年オーストラリア国立大学の人類学・社会学科長となった。主著に *The Nuba*, 1947, *The Foundations of Social Anthropology*, 1951 他がある。

（12） Godfrey Lienhardt　不詳。弘文堂版『文化人類学事典』の「宗教」の項に、ディンカ族（スーダン南部の白ナイル河とバハル・エル・ガザル川流域の湿地サバンナに住む民族）の力の観念について「自然的」と「超自然的」の区別が有効でないことを指摘した、という記述が見られる。

（13） Mary Tew Douglas (1921- ） イギリスの象徴人類学者。イタリアに生まれ、オックスフォード、ロンドン、ノースウェスタン大学等で教鞭をとる。旧ベルギー領コンゴ、レレ社会の民族誌的調査をしたのち、象徴的二元論、両義性、穢れとタブーなどの宗教的象徴にかかわる諸問題を研究し、カテゴリーからはみ出る異例的動物の媒介性を指摘するなど重要な発見をした。主著に *Purity and Danger: Analysis of Concepts of Pollution and Taboo*, 1966(『汚穢と禁忌』、塚本利明訳、思潮社、一九七二)他がある。

(14)　Emrys Peters　不詳。弘文堂版『文化人類学事典』の「サヌーシー」の項参照。

(15)　Lucy Mair　不詳。同『文化人類学事典』の「政治組織」の項に「拡散した政府」説の発案者として紹介されている。

(16)　Rodney Needham (1923-　)　イギリスの社会人類学者。ロンドン・スクール・オヴ・オリエンタル・スタディーズで中国学を専攻し、大戦後ライデン、オックスフォード両大学で人類学を学ぶ。のちにオックスフォード大学教授となる(一九七二)。ライデンでオランダ構造主義に、そしてさらにレヴィ＝ストロースの親族理論に触れ、リーチとともにイギリスにおける構造主義人類学者として豊富な民族誌資料(ボルネオのペナン族その他に関する)から象徴的分類体系を抽出する仕事をした。主著に Structure and Sentiment, 1962(『構造と感情』、三上暁子訳、弘文堂、一九七七), Symbolic Classification, 1979 他がある。

(17)　中間態というのは、ギリシア語などにみられる動詞態で能動態と受動態の中間的な態であり、動作が行為者に再帰的に働くことを表わすものである。英語には無いので、皮肉をこめて言っているのであろう。

(18)　スーダン南部の上ナイルの支流ソバト川とバハル・エル・ガザル川がナイルに合流する辺りのサバンナに住んでいるナイロート諸族の一つで、生業は牛の放牧を中心とする牧畜に、乾季の漁撈と雨期の農耕が加わる。ヌアー全土は一〇以上のクニ(部族)に分かれ、それぞれ父系クランが存在する。

(19)　ムハンマド・ブン・アッサヌが一八三七年創設したイスラム教神秘主義団体で、リビアを中心に北アフリカ一帯に普及している。エヴァンス＝プリッチャードはキレナイカ地方のサヌーシー派のベドゥイン族を調査・報告した。キレナイカは、リビア最大の、最北端に位置する州で、エジプトとスーダンに境を接している。*The Sanusii of Cyrenaica*, 1949 参照。

（20） アフリカのスーダン共和国南西部から中央アフリカ共和国東部およびザイール北東部にかけての丘陵地帯に住むスーダン系農耕民。生業は焼畑農業を中心に、狩猟と漁撈がこれを補っている。一八世紀にアヴォンガラ・クランによって征服された結果成立した部族で、アヴォンガラの王族は生産労働に従事しない特権階級である。この部族についてはエヴァンス＝プリッチャードの *Witchcraft, Oracles and Magic Among the Azande*, 1937 に詳しい記述がある。

（21） 一般にはアラブ系遊牧民をさすが、現在ではベドゥインの大部分はスンニー派イスラム教徒である。彼らは「神の前に万人は平等である」というイスラムの根本思想に通じる思想を伝統的にもち、父系血族関係を重視する部族主義をかたくなに保持している。ただし、万人平等といっても男女差別は厳しく、住居（テント）の内部は女性と子どもの住む居間と主人が男性客をもてなす居間とに分かれ、女性は外出するときブルグアと呼ばれる飾面をつけるならわしがある。

（22） ナイロートは言語的カテゴリーであって、ナイル・サハラ語族の東スーダン諸語に属し、ナイロート語（ナイル語）も含まれる。これらの言語を話すナイロート族はナイル河流域を中心に、スーダン、エチオピア、ザイール、ウガンダ、ケニア、タンザニアにまたがって居住している。方言によってナイロート族は西ナイロート、東ナイロート、東南ナイロートに三分される。西ナイロートはヌアー、ディンカ、ルオーなどからなり、ルオーはさらにシルック、アヌアク、アチョリ、ルオに分かれる）。ナイロートの多くは牧畜民、半農半牧民で、牛には経済的のみならず社会的・文化的に高い価値が認められ、牛の供犠は儀礼の最も重要な要素である。

（23） スタンダール『パルムの僧院』（一八三九）に主人公ファブリスの情熱的な愛の相手として登場する公爵夫人。

（24） スーダン南部、白ナイル河とソバト川との合流地点から北に沿った西岸のサバンナ地帯に住む民族で、ナイロート語を話す。シルックにとって牛は神聖な供犠獣かつ威信財であり、婚資や賠償に使われる通貨でもある。シルックは「王殺し」の慣習が行なわれていた王国で、「神聖王」を戴く国として知られている。エヴァンス＝プリッチャードの *The Divine Kingship of the Shilluk of the Nilotic Sudan*, 1948 と、フレーザー『金枝篇』(岩波文庫)参照。

(25)　イギリス社会人類学の基本概念の一つ。分節社会の概念は元来デュルケームの『社会分業論』で提唱されているもので、同質かつ同じカテゴリーの成員からなっていて、成員が機械的に統合されている機械的連帯社会をデュルケームは、それが同質の分節化によって構成されていることから、分節社会と呼んだ。マイヤー・フォーテスとエヴァンス＝プリッチャードは *African Political Systems*, 1940(『アフリカの伝統的政治体系』みすず書房)において、アフリカの八つの社会を比較してAグループとBグループとに分け、Aは中央集権的支配、行政機構、司法制度等による政府をもち、権力と富とにもとづく身分階層社会であるのに対し、Bは政府をもたず、序列や身分制がゆるやかな社会で、リネージ分節と地域分節とが直接的に整合しており、リネージ自体が共同態と政治的構造とを兼ねそなえている。Aグループは「集中社会」、Bグループは「分節社会」と呼ばれ、タレンシとヌアーはBに属している。

(26)　神判毒(ordeal poison)とは、争いごとが起きたとき、その当事者に毒を呑ませてその反応で真偽を判定するのに用いられる毒で、日本における「盟神探湯《くかたち》」に対応する慣習である。神判毒が発達しているのはアフリカで、西アフリカのセネガル辺りに住むバランテ族やカザマンス族では、年に一度、犯罪者や邪術師(sorcerer)を一掃するために、集団で毒を呑むと言われる。

(27)　冥婚(ghost marriage)　アフリカのナイル河上流地域に住むヌアー族のあいだでは、未婚のまま、または子どもがあっても男子後継者を残さずに死んだ男性のために、結婚の正式の手続きをして嫁を迎えてやる。妻は別の男性と同棲するのだが、ふたりのあいだに生まれる子どもは死んだ男を法的父として、財産相続はじめ各種の権利と義務を引き継ぐのである。これを冥婚または亡霊婚と呼ぶ。

(28) 血讐(blood feud)とは、敵対する集団が長年にわたってきりもなく相手側の生命を奪いあう仕返しである。親族組織はその分節組織上、血讐の単位となることが多い。

(29) テムズ川のオックスフォードにおける呼称。

第四章

(1) 「文化圏」というのはドイツ、オーストリア系の民族学(Völkerkunde)で用いられた概念で、一定地域に特徴的な、資源、経済、社会、宗教、芸術などすべての分野を包含する文化複合のことをさす。文化圏説の代表者のひとりはW・シュミット(1868-1954)である。彼は岡正雄、石田英一郎といったわが国の民族学者に大きな影響を及ぼした。

(2) Joseph Conrad(1857-1924) ポーランド出身のイギリスの小説家。幼時に両親を失う。一八七四年船員となり、一八七八年イギリス船に乗り組んで、はじめて英語と出会う。一八八六年船長の資格をとり、イギリスに帰化した。一八九四年、四十数年に及ぶ海上生活をおえて作家生活にはいった。一八九七年に発表した *The Nigger of the 'Norcissus'* と三年後に発表した *Lord Jim* によって作家としての地位を確立した。このほか *Heart of Darkness*(1902)や *Nostromo*(1904)など、人間の心の闇を凝視し、革命動乱に翻弄される個人の運命を描いた作品を発表した。邦訳は多数あり、文庫化されている。

(3) マダガスカル島南部内陸部に住む、灌漑稲作、畑作、および牛牧を主な生業とする民族。王族、平民、奴隷の三階層に区分されており、名称や特定の禁忌を共有するラザと呼ばれるクランが、社会的、政治的単位とみなされている。他方、日常生活では、墓、供犠柱、割礼柱を中心に居住集団を形成するタリキという父系性の強い親族集団が単位として機能し、女性のあいだにはビルと呼ばれる自然霊の憑依とビルに対する供犠や降霊会が行なわれている。

（4）　Robert Ranulph Marett (1866-1943)　イギリスの人類学者。タイラーの弟子であったが、タイラーやフレーザーの原始宗教論が主知主義に傾いていることを批判して、宗教の情緒的、感情的側面を重視する視点から原始宗教について論じた。主著に *The Threshold of Religion*, 1909(『宗教と呪術』竹中信常訳、誠信書房、一九六四)がある。

（5）　Henry Havelock Ellis (1859-1939)　イギリスの著述家。はじめ医学を学んだのち著述に没頭するようになる。主著に世界中で広く読まれた性心理の研究書 *Studies in the Psychology of Sex*, 6 vols, 1897-1914(H・エリス『性の心理学』巻正平訳、みすず書房、一九六〇)がある。

（6）　広義のパプア諸族はメラネシア人に含まれるが、一般にはオーストロネシア語を話すメラネシア人とパプア諸語を話すパプア諸族とに分ける。後者は西部、北部、東部の沿岸部を除くニューギニア島の大半の地域に分布しており、さらに東はアドミラルティ諸島、ニューアイルランド島、ニューブリテン島、ソロモン諸島へ、西はハルマヘラ島、チモール島まで広がっている。中央集権的な政治組織の欠如、階層性の未発達、食人風習を含む戦争などの特徴が顕著である。

（7）　Edmund Husserl (1859-1938)　現象学を創始したドイツの哲学者。ハレ大学、ゲッティンゲン大学、フライブルク大学で教鞭をとった。ユダヤ系だったためナチス支配下において不遇であった。はじめ数学を専攻したが、ブレンターノの影響を受けて哲学に転じた。フッサールは人間の日常的な意識経験の本質を志向性として捉え、それを、世界を含む一切の対象的意味がそこで構成される超越論的意識へと変革することが重要で、ここではじめて「厳密な学としての哲学」が可能となると考えた。超越論的意識＝純粋意識の構造は、純粋な認識作用面としてのノエシスと、認識内容としてのノエマとの相関関係として捉えられた。主著に『厳密な学としての哲学』他があるが、ほとんど全部邦訳がみすず書房から出ている。

（8） Lawrence George Durrell（1912- ） イギリスの詩人、小説家。インドに生まれ、ロンドンでヒッピー風な生活をしたのちカイロ、アルゼンチン等に住む。四部作の小説『アレキサンドリア四重奏』が有名である。非常に凝った審美的文体の作家である。

（9）「自己欺瞞」とも訳されるサルトルの哲学の述語で、意識が自己自身に対して真実を覆い隠す無意識的傾向をさす。『存在と無』（松浪信三郎訳、人文書院版『サルトル全集』一八―二〇巻所収、一九四三）参照。

（10） Paul Ricoeur（1913- ） フランスの哲学者。ストラスブール大学教授を経てパリ大学教授となる。マルセルとヤスパースの実存哲学、フッサールの現象学、およびフロイトの精神分析学の影響を受け、象徴論的解釈学を展開している。主著に *De l'interprétation*, 1965（P・リクール『解釈の革新』久米博他訳、白水社、一九七八）他がある。フランスのポスト・モダンの思想家の中ではレヴィナスほどではないが、きわめて倫理的関心の強い哲学者である。

（11） Hans-Georg Gadamer（1900- ） ドイツの哲学者。いくつかの大学の教授を経てハイデルベルク大学教授となる。ハイデッガーの深い影響下に、人間存在が言語によって根元的規定を蒙っており、その経験も言語をとおして生起し、文化の伝統は言語によって受け継がれ、社会的現実は言語的に分節された意識に表象されるとする哲学的解釈学を展開している。主著に *Wahrheit und Methode*（真理と方法），1960 他がある。

（12） Alfred Schütz（1899-1959） アメリカの現象学的社会学者、哲学者。ウィーンのユダヤ系の家庭に生まれ、ウィーン大学でケルゼン、ミーゼス、シュパンなどの下で主として法学と社会科学を学んだ。その間、第一次大戦に一年間参戦、大学卒業後は実業界にはいり、法律実務家として二〇年以上働きながら学問に精進した。彼が社会学、社会心理学教授として学問一筋の道にはいったのは一九五二年である。彼はウェーバーの理解社会学とフッサールの現象学に導かれて、社会的現実としての常識的、日常的世界の構造を、歴史的・社会的・生活史的規定の下にある諸個人の構成的意識作用への還元をとおして明らかにした。彼の学説はバーガー、ルックマンらに多くの影響を及ぼした。生前唯一の著書は *Der sinnhafte Aufbau der sozialen Welt: Eine Einleitung in die verstehende Soziologie*,（社会的世界の意味的構成――理解社会学序説）1932である。

(13) ラカンの「存在欠如態」。ラカンは次のように考える。幼児は母の欲望を満足させるファロスであるという万能感的幻想に浸っているが、そこに「父の名」(父の名 nom は non＝拒否をも含意している)が介入してきて母子を分離させる。幼児は「父の掟」――それは社会の掟の予示である――を受けいれることによって、「ファロスである」という存在(幻想)を断念して「ファロスを持つ」という所有を引き受ける。別言すれば「存在の欠如」を引き受けるということである。幼児は母の欲望を満足させるファロス――特権的シニフィアン――でありたいという真の欲望を無意識化し、それを代理によって置き換える。この代理が欲望を命名する象徴である。幼児の言語習得の基礎は、まさしくここにあるのである。

第五章

(1) ニュージーランドのポリネシア系先住民マオリは、一〇世紀頃、東ポリネシア方面から移住してきたと考えられる。はじめは狩猟や漁撈を主生業としてきたが、一四世紀頃からタロイモ、サツマイモの農耕がニュージーランド全土に普及していった。もともとイウイと呼ばれる諸部族によって分割・統治されていたマオリは、ヨーロッパ人の侵入によって変容を強いられ、一八四〇年イギリスがいくつかの部族の族長とのあいだに結んだワイタング条約によってイギリス領となった。その後、有力な部族が植民地化に抵抗して一八六〇年マオリ戦争が勃発した。戦争は一二年続いてマオリの敗北に終わり、広大な土地が没収された。同化政策が強力にすすめられ、伝統文化は衰弱していったが、マオリの若い指導者たちの努力によって伝統文化の復興・維持の努力も続けられている。

(2) Mary Therese McCarthy (1912-　) アメリカの女流小説家、批評家。ヴァサー大学卒業。知的で諷刺的な作風で知られ、ある女子大の教授たちを諷刺的に描いた *The Groves of Academe*, 1952、八人のヴァサー大卒業生ひとりひとりについて卒業後三〇年間の経験を扱った *The Goup*, 1963 などを発表した。

（3） Thorstein Webren (1857-1929) アメリカの経済学者。貧しいノルウェー移民の子としてウィスコンシン州に生まれた彼は「生涯を通じて、嫉妬心のさいなみと不正に対する焼けるような思いに駆り立てられた」(ガルブレイス)。ジョンズ・ホプキンス大学に学んだのちイェール大学に進んだ。のちにミズーリ大学教授となったが「反資本主義的」という理由で罷免された。彼には一種鋭い文化人類学的直観力があった。たとえば、すべての未開種族に独自な祝祭、儀式、乱痴気騒ぎがあるように、文明社会の上流階級も同様に同じ類いのものをもっている。両者のしきたりは、形式や細部の違いはあってもその目的は同じ自己宣伝と自己顕示だ、というのである。上流階級の婦人の不自然なコルセットとパプアの女性たちの入れ墨、金持たちの優雅でぜいたくな宴会と北米の北西沿岸インディアンたちのポトラッチとは同じ目的に仕える風習に過ぎない、というわけである。散歩用のステッキが閑暇の証拠であると同時にいざというときの武器でもあるという多義性にヴェブレンは注目した。彼の著作 *Theory of the Leisure Class*（一八九九）(『有閑階級の理論』岩波文庫)は今日もなお広く読まれており、事実、読むに耐える内容を含んでいる。

（4） Erving Goffman (1922-) アメリカの社会学者。カナダのトロント大学を卒業後アメリカに移住し、のちにペンシルヴァニア大学教授となった。*Stigma* (有徴性) (1963) において、社会から汚名《スティグマ》を負わされて疎外されている人間の深手を蒙ったアイデンティティの内的葛藤、人間関係のドラマを生きいきと描き出した。

（5） Bruce Marshall (1899-没年不詳) スコットランドの小説家。ユーモアと諷刺に富むカトリック小説 *Father Malacby's Miracle*, 1931 で有名である。

（6） 『ミカド』はサー・ウィリアム・ギルバート作詞、サー・アーサー・サリヴァン作曲のオペレッタ（一八八五)である。

(7)　Henderson the Rain King 不詳。因みに岩波文庫版『金枝篇』第一巻・第五章の二「降雨の呪術的調節」の末尾(一七九頁)に、降雨呪術として「稲妻(＝ゼウスの象徴)をまねて燃えさかる炬火を投げうちながら、戦車のうしろに銅の釜をつけて引きずりまわしたり」したエリスの王、サルモーネウスの話が紹介されている。

(8)　プエブロ・インディアンは南西インディアンの一グループの総称で、ニューメキシコ、アリゾナに住んでおり、次の二群に分かれる。(1)砂漠プエブロであるホピ、ズニ、アコマ、ラグナ、(2)リオグランデ・プエブロである東ケレス、ティワ、テワ、トワである。スペイン人は一六世紀後半からこの地域に進出し、一六二九年に伝道所が作られたが、一六八〇年プエブロの反乱が起こってスペイン人宣教師は全員殺された。その後スペイン軍が再占領してカトリック化が進んでいるが、しかし伝統的宗教儀礼・組織はいまなお強く残っている。彼らが信じるカチナという神は雨を降らせる力をもつとされ、また成人儀式ではカチナに扮した男性たちが若者に厳しい試練を与える。トウモロコシ、カボチャ等の農耕が主生業で、美しい土器と籠を作る。テワとティワ(両系性)を除いてすべて母系性。ベネディクトとリ・アンチェがプエブロ・インディアンのパーソナリティについて、前者がアポロ型(静謐型)、後者がディオニソス型(激情型)と正反対の評価を下しているのがおもしろい。多分、ベネディクトは激情型なのでプエブロの控え目な、内向的性格に惹かれ、リ・アンチェは逆にアポロ型なので、プエブロが内面に秘め隠しているかたくなな自我の核をディオニソス的と直観したのであろう。なおウィラ・キャザーの小説 *Death Comes for the Archbishop* に、プエブロ・インディアンについての忘れ難い感動的記述がいくつも見出される。

(9)　前項プエブロ・インディアンの訳注参照。

(10)　Paul Radin (1883-1959)　ポーランドで生まれ、ニューヨークで成人し、内外のいくつかの大学

(院)で学んだのち、コロンビア大学に進んでボアズの下で人類学を学び、博士号を取得した。彼はウィニベゴ・インディアンの民族学的、言語学的調査を終生続けた。ウィニベゴの資料から初めて広く関連資料に当って無文字社会の宗教を概観した *Primitive Religion*, 1956 とウィニベゴのトリックスター物語を分析した *The Trickster: A Study in American Indian Mythology*, 1956(『トリックスター』晶文社)の二書が名高い。

(11) Charles Gabriel Seligman (1873-1940) イギリスの人類学者。一八九八年医学生としてトレス海峡探険隊に参加するうち民族学に興味をもつようになった。ニューギニア調査後ロンドン大学に創設された民族学の講義を担当するようになり、セイロン、スーダンで数次の調査活動をした。彼がパイオニアとしてフィールドワークの道を拓いたために、マリノフスキーやエヴァンス＝プリッチャードらのフィールドワークが可能になったと言われる。主著に、*Pagan Tribes of the Nilotic Sudan*, 1932, *The Unconscious in Relation to Anthropology*, 1928 他がある。

(12) Alexander Leighton アメリカの文化人類学者。第二次大戦中、軍部情報局の依嘱を受けて原爆から生き残った広島市民の心理学的調査を行ない、その結果を *Human Relations in a Changing World — Observations on the Use of the Social Sciences* (1949) として発表した。重傷を蒙ったり、家族の大半を失った市民の多くは絶望の余り「冷笑的」(sardonic)としか表現できない離人症的な心理状態に陥るが、しかし焼け残った神社の狛犬の表情が暗示しているような、冷笑的なものの底に不屈の希望を秘めていることをレイトンは見逃さなかった。生年不詳。

(13) Lawrence Frank アメリカの児童心理学者。学校不適応児童の理解と彼らへの適切な対処法を説いたすぐれた啓蒙書 Frank, Mary and Lawrence K, *How to Help your Child in School* (1950) を妻との共著で出したことで有名。生年不詳。

(14)　Sir William Schwenck Gilbert (1836-1911)　イギリスの劇作家。ロンドン大学を出て文部省の役人などをつとめたのち劇作家に転じた。一八八二年以後ロンドンのサヴォイ劇場を本拠に公演活動を行なった。前述の『ミカド』の作詞者である。他の有名な作品に *H. M. S. Pinafore*（一八七八）がある。

第六章

(1)　エチオピア南西部、スーダンとの国境沿いに流れる川。

(2)　モロッコ北部の都市。

(3)　今は「ディムディムとダーティ・ディックの時代」ではないということは「タムタムとダーティ・ハリーの時代」だ、ということであろう。活力に溢れた、善玉・悪玉のはっきりしていた時代ではなく、ナーヴァスでアンビギュアスな時代ということであろう。

(4)　「コロンビア大学現代文化研究所」の時代ではないということは、第二次大戦前の数十年間、アメリカの歴史人類学の父ボアズの指導の下で、人類学のパイオニアとしての理想に燃えた多くの俊英が輩出した時代ではもはやない、ということであろう。

(5)　ナイジェリア南西部の熱帯林から、ベナン共和国、トーゴにかけてギリア・サバンナに住む民族で、言語的にはニジェール・コルドファン語族クワ語派に属する。ヤムイモ、キャッサバ、トウモロコシを主作物とする農耕民であるが、大規模集落をなして交易をさかんに行なうので都市的民族であると考えられている。伝統的宗教は多数の人格神への信仰が中心で、その中には、災いの元凶であると同時に神々と人間との仲をとりもつトリックスター神エシュも存在する。

(6)　スリランカの最大多数をなす民族で、インド・アーリア語派のシンハラ語を話す。前三世紀にアショーカ王の王子マヒンダが仏教を伝えたと言われ、上座部仏教宣教の拠点として今日に至っている。高地人と低地人に分かれ、両者の通婚は最近までほとんど行なわれなかった。社会構造はカースト制と双系制が組み合わさり、一夫一婦制が原則だが、一妻多夫も一部に認められる。

(7) プエブロ・インディアンの二分派の一つ、リオグランデ・プエブロに属し、言語的にはカイオワ・タノ語族に属している。一六世紀後半からスペイン人勢力が進出し、カトリック化が進んでいるが、伝統的宗教は依然として強く、生業の中心は農業である。ティワはテワとともに父系制、母系制の併立である。プエブロの他の部族はすべて母系制である。

(8) Robin George Collingwood (1889-1943) イギリスの哲学者、歴史家。オックスフォード大学教授。自然科学をモデルとする科学では人間の問題は解決できないとし、歴史学と哲学とを総合させ、時代時代で人びとが暗黙のうちに支持し依拠している絶対的前提を明らかにする歴史哲学の構築をめざした。

(9) Erich Auerbach (1892-1957) ドイツ出身のロマンス語学者、文献学者。ベルリンのユダヤ系の家庭に生まれ、ハイデルベルク大学で法律を専攻したが、第一大戦従軍後、グライスヴァルト大学でロマンス語文学を専攻し、一九二九年マールブルク大学ロマンス語文学担当教授となる。一九三五年ナチスに追われてトルコに亡命し、一九四七年渡米、ペンシルヴァニア州立大学、プリンストン大学高等研究所をへて、一九五〇年以降イェール大学教授をつとめた。一九四六年に発表した大著『ミメーシス』(上下、筑摩書房、一九六七―九)は「ヨーロッパ文学における現実描写」という副題にあるとおり、古今の二〇の西欧文学作品のある一節を抜き出して、語彙、シンタックス、構成を精密に比較分析して、現実がどのように写しとられているか、その変遷を探ったものである。

(10) Sir Ernst H. J. Gombrich (1909-没年不詳) イギリスの美術史家。ウィーンのユダヤ系の家庭に生まれ、ウィーン大学で美術史、古典建築学を専攻、一九三九年ナチスに追われてイギリスに亡命、一九五九年よりロンドン大学古典伝統史教授となり、ヴァールブルク研究所所長を兼ねる。図像学的手法を中心に心理学・精神分析・文化人類学の視座を包含した美術史にすぐれている。主著に*In Search of Cultural History* (1960), *Ideals and Idols*, 1979 他がある。

(11)　Nelson Goodman (1906-　)　アメリカの科学哲学者。ハーヴァード大学出身で、ペンシルヴァニア大学、ブランディス大学で教鞭をとる。ヒュームの帰納主義を新しい方法で展開している。主著に*Fact, Fiction and Forecast*, 1954 がある。

(12)　Burrhus Frederic Skinner (1904-　)　ペンシルヴァニア州に生まれた。ハミルトン大学で英語を専攻したが、ラッセルの論文をとおしてワトソンの行動主義に触発されて心理学に転じ、ハーヴァード大学大学院に進んだ。一九四六年に第一回実験行動分析学派会議を主宰し、一九五八年には「実験的行動分析誌」を創刊し、行動分析学派をリードした。主著に*The Behavior of Organisms*, 1938 がある。

(13)　Thomas Samuel Kuhn (1922-　)　アメリカの科学史家。ハーヴァード大学で物理学を学んだ。一九六一年よりカリフォルニア大学科学史教授をつとめる。パラダイムという概念の変化をもって科学思想の転換を説明した。パラダイムとは、科学者集団の存在理由や志向を根本的に規定している前提である。主著に*The Structure of Scientific Revolution*, 1962,『科学革命の構造』(中山茂訳、みすず書房、一九七一)がある。

(14)　Rudyard Kipling (1865-1936)　イギリスの小説家。一九〇七年ノーベル文学賞受賞。インドのボンベイに生まれる。『ジャングル・ブック』や『キム』(*Kim*)などインドを背景とする興味深い物語を書いたが、一八九〇年代後半『七つの海』(*The Seven Seas*)など大英帝国主義に迎合するかのような小説を出して愛国作家として人気が高まったため、それがために、のちに識者からうとまれるようになる。

(15)　Louis Hubert Gonzalve Lyautey (1854-1934)　フランスの軍人。陸軍軍人としてアルジェリア、トンキン、マダガスカル、再びアルジェリアへと勤務し、旅団長としてモロッコ境界の国際協定、治安維持に努めた。第一次大戦中は一時、陸相もつとめた。モロッコ開発経営の基礎づくりにも功績があった。植民行政官として卓越した軍人であった。主著に *Rôle colonial de l'arnée*, 1900 がある。

(16) 明暗や色調の差異によって奥深さや距離感を表現しようとする画法。空気遠近法ともいう。

訳者あとがき

本書はアメリカの文化人類学者として人文系および社会科学系の諸学問を横断する、幅広くて鋭い問題意識と、人間存在、とりわけ近代西欧文明に属する人びととその影響下に生きている諸民族が置かれている未曾有の危機的状況への透徹した人類学的洞察とをもって近年高い評価を得てきている、クリフォード・ギアーツの著書 *Works and Lives: The Anthropologist as Author* (1988) の翻訳である。

ギアーツの思想への案内として

どの学問あるいはジャンルにおいても世紀にひとりぐらいは、あたかも一身でその学問あるいはジャンルの全史の精髄を生き抜いてきたかのような、その現有可能性の限界に衝突して、その突破口を拓くために死物狂いの格闘を続ける学者や芸術家がいるものである。彼は己れが選択した学問領域あるいは芸術ジャンルがその歴史をとおして幾重にも負ってきた問題性や諸矛盾を一身にになない、それが陥っている枯渇や頽廃をみずからも深刻に病み、それゆえに根本的解決あるいは快癒の道をみつけようと孤立無援の死闘を続ける。周囲の誤解と無理解の厚い壁に前進を阻まれ、挫折をくりかえしながら試行を続け、突破口をさぐりあて、別な方向に新たな可能性を発見し、大胆にその可能性に身を投じる。みずからが陥っている頽廃や病いに気づくことなく、旧態依然として、過去の輝かしい業績に安んじてそのヴァリエーションを産出し続けている同時代の学者や芸術家に対して彼が突きつける鋭い批判の刃は、同時に彼自身の身にも突きつけられているのである。相手を切ることは、返す刀で彼自身を切ることを意味しているのだ。

経済学の分野におけるマルクス、生物学におけるダーウィン、心理学におけるフロイト、哲学におけるキルケゴールやニーチェ、社会学におけるウェーバー、詩におけるボードレールやリルケ、絵画におけるマネなどがまさしく、ニーチェのいわゆる「デカダントにして同時に端緒」でもある人たちであろう。

冷徹なアイロニーと抑制された情熱と緻密な弁証法的論理とがないあわされたギアーツの文体《スタイル》を読んでいて感じるのは、彼が人類学におけるニーチェあるいはウェーバー、文化人類学の頽廃と新たな可能性の端緒とを同時に生きている人なのではないか、ということである。そのことをもっとも痛切に感じさせられるのが本書『著作と生涯——著作家としての文化人類学者』であることは言うまでもない。青木保氏は邦訳『ローカル・ノレッジ』(岩波書店)の解説文の中で、一九八四年秋にギアーツが来日したとき、氏が彼に、あなたはアメリカの人文・社会科学者のあいだでどのように位置づけられていますか、と問うたのに対して、彼が「まったくの少数派《マイノリティ》だよ」と答えたというエピソードを紹介しておられるが、そのことはギアーツが「現在の米国を代表する人類学者である」

(『ヌガラ――一九世紀バリの劇場国家』、みすず書房、小泉潤二氏による「訳者あとがき」より)ことと必ずしも矛盾しない。ギアーツは、ボアズが拓いたアメリカの人類学は言うまでもなく、タイラーらを先駆としてマリノフスキーとエヴァンス＝プリッチャードに至るイギリスの社会人類学、およびデュルケーム、モースからレヴィ＝ストロースに至るフランスの人類学の伝統の根本精神に通じるとともに、それらの諸伝統が陥っている隘路をわがこととして痛切に意識している、そしてそれゆえに彼のいわゆる「解釈人類学」に活路を見出そうとしている学界の少数派《マイノリテイ》なのだ。

本書が出版されたのは一九八八年で、解釈人類学のマニフェストともいうべき『文化の解釈学』(一九七三)、劇場国家論で有名な『ヌガラ』(一九八〇)、および解釈人類学の新たな展開を示す『ローカル・ノレッジ』(一九八三)が出版されたのちに、五年をへだてて出た(いまのところ)著者最後の著書である。

この書物の主題は著者自身が「はじめに」において示唆しているように「人類学者はどのように書くか?」である。言いかえると、本書はレヴィ＝ストロース、エヴァンス＝プリッチャード、マリノフスキー、ベネディクトという四人の、きわめて個性的で影響力の強い、代表的人類学者の書いた主要な民族誌学的著作のそれぞれ一つをテクスト論的視座から批判・検討したものである。

この批判・検討の核心にある問いは、第一章と第六章、つまり序章と終章のタイトルに暗示されているように、人類学の対象である特定の民族の人びととその文化に対してこれらの代表的人類学者がどのようにかかわってきたのか、そしてそうしたかかわりから学びとったものがどのように記述されているのか、そして最後にその記述の中身は何なのか、という三つの問いである。

著者自身「はじめに」において本書は「テクスト論的方向づけ」をもった研究であると明言しているが、このテクストという用語《ターム》は必然的に、ギアーツが『文化の解釈学』第一章において解釈学的人類学がめざしているものの標識としてギルバート・ライルから借用して用いた「濃密な記述」(thick description)という用語《ターム》を想い出させる。この語は通常「厚い記述」と訳されているが、「厚さ」というと「かさ」や「分量」を連想させがちで、ギアーツがこの語に含意させている「意味の構造のヒエラルキー」(吉田禎吾他訳、岩波書店刊『文化の解釈学』I、一〇頁)、つまり民族誌学的記述のもつ意味論的な構造性、成層性、質的なものからずれるきらいがあるので、むしろ「濃密な」という訳語を提案したい。したがってその反対語の通例訳「薄い記述」は「希薄な記述」となる。

ギアーツは「濃密な記述」のたとえとして、次のようなライルの例を挙げている。右の眼をまばたいている二人の少年がいたとして、一人の方は無意図的なまぶたのけいれんをしたにすぎないのに対して、もう一人のほうは友達に何か悪だくみ、あるいは嘲りの合図をした。二人の少年のまばたきは筋肉の運動としては同じだが、合図としてのまばたきは、(1)意図的に、(2)特定の人に対して、(3)特定のメッセージを伝えるために、(4)社会的コードを使って、(5)ほかの人たちに知られないようにそのメッセージを送る、という点で前者のまばたきとは質的に違っている。後者は少年が属している文化の一片の表出であり、そうした意味構造を表現する記述が「濃密な記述」と呼ばれているものなのである（『文化の解釈学』I、八―九頁）。しかも人類学者が実際に現地で遭遇する出来事は右のライルの例よりはるかに複雑でかつ多層的、多言語的なものである。現地の文化は歴史的に他文化の影響下にあり、そして現地人自身によってすでに解釈された（厳密には了解された）文化である。人類学者は、一次的解釈をほどこされたその文化を二次的、三次的……に解釈していくのである。二次的、三次的……とは、すでに他の人類学者がフィールドワークして民族誌にまとめあげた研究成果を踏まえて、さらにみずからの実地調査にもとづく再解釈をすることをも指している。

二〇世紀後半に民族誌学者として調査と著述の仕事をしてきたギアーツの姿勢に顕著なのは、帝国主義、植民地主義の片棒をかついできたわれわれに、果してこれらの民族を研究・調査する資格などあるのか、「参与的観察」などといいながらわれわれは果してほんとうに現地の生活と文化に参与あるいは参入をしているのか、少数のインフォーマントをとおして間接的に、距離を置いて観察しているだけの話ではないのか、フィールドワークとは言いながら実は対象民族の伝統、意志、幸福を考慮に入れない、ただ自分の学問的野心の貫徹しか念頭にない一方通行的な営みではないのか、という人類学者としての彼自身と先輩と仲間たちに向けられた厳しい問いかけである。

調査には必ず調査者自身の世界観、人間観、好み、主観、野心、欲望がからみついてきてその対象の記述に偏向、歪みを加える。そのことを痛切なまでに意識しているのがギアーツである。では他民族とその文化を理解することはまったく不可能なのか、文化人類学的調査は絶望的な営みなのか、という反問に対しては、ギアーツは「否」と答える。他民族をわがことのようにきちんと理解することなどできはしないが、われわれ自身のものではない他のすべてのものを理解する程度には他民族を理解できるはずだ、と彼は言うのである（『ローカル・ノレッジ』）。これは笑いごとではない。こちこちの合理主義者は同義反復だと片づけるかもしれないが、しかしこれはアングロサクソン的な経験論、コモンセンスの感覚が言わしめる実践的真理の言葉なのである。

　この言葉に続けて彼が言うことは、もっと重要である。「ただしわれわれが他民族あるいは他の時代の想像力を理解するのは、われわれと彼らのあいだに介入してきて両者を結びつけようとする注釈の背後をのぞき見ることによってではなく、注釈をとおして見ることによってである」。ここで注釈（gloss）と言われているものはおそらく人類学者と対象民族のあいだに介在するインフォーマント、通訳、先行民族誌などであろう。ギアーツ自身は端的に「翻訳」と言い切っている。「意味」と言い替えることもできたであろう。

　他民族を他民族としてじかに知ることは断念されているのである。しかし、この断念は絶望の所作ではない。むしろ他民族の——端的に他者のと言い切ってもよい——こころに触れることができる可能性への希望の表明である。そしてそのことは現地に赴いてそこで暮している人びとにまじって暮し、彼らのあいだで起こる日々の出来事、あるいはたまたまそこで遭遇した驚くべき出来事をみずから経験しつつ観察し省察することによって可能とされるのである。『文化の解釈学』の第一章の末尾でギアーツが記した言葉は、おそらく人類学者としての彼の厳しい覚悟と希望の表明であろう。

社会的行為の象徴的諸次元——すなわち芸術、宗教、イデオロギー、学問、法、道徳、および常識——を注視することは無感情的形式の崇高な領域を求めて生の実存的窮地に背を向けることを意味しない。むしろそうした窮地のただ中に突入することを意味する。解釈学的人類学の本質的使命は、最も深遠な問いに答えることにあるのではなく、よその人びとが、その渓谷で羊を守っているとき〔生が課すそうした問いに〕与えている解答をわれわれにわかるようにさせることであり、そうすることで、参照可能な人間の発言の記録の中にそれらを含めることである。

「よその人びとがよその渓谷で羊を守っているとき与えている解答をわれわれにわかるようにさせる」企てとしての解釈学的人類学の実践のもっとも見事な例が『ヌガラ』(一九八〇)における劇場国家論であることは言うまでもないが、『文化の解釈学』(一九七三)の第六章「儀礼と社会変化——ジャワの一事例」にすでに、きわめて簡潔で、しかも印象深い、ヴィヴィッドな記述と解明をとおしてその範例の一つが与えられている。その内容は省略するが、ラドクリフ゠ブラウンとマリノフスキーが、P・ソローキンのいわゆる「論理 - 意味的統合」としての文化的体系と「因果 - 機能的統合」としての社会的体系とを峻別しないために、急激な社会変動期において宗教が果している社会的役割――とりわけ、葛藤を調停するよりはむしろ葛藤を激化して社会的緊張を高める否定面――をとらえそこねていることをギアーツは痛烈に批判しているのである。

本書への道案内として

ギアーツは一九五〇年代にインドネシアのジャワとバリ、一九六〇年代にはモロッコでフィールドワークをしてそれぞれ示唆に富む興味深い著書を発表したが、晩年に至って、文化人類学の卓越した先達四人(第一章でとりあげられているファースとL・ダンフォースを含めると六人)の代表的な民族誌学的著作を相手にフィールドワークをしているのではなかろうか、というのが訳者の本書の読後感である。

第一章の「あちら側にいる《ビーイング・ゼア》ということ――人類学と執筆の場面」の主題は、人類学あるいは民族誌学とは何か、その固有の説得力は何に由来するのか、という問いの解明にある。従来は対象民族についての観察記録の正確さ、詳細さ、豊富さに文化人類学の本質あるいは民族誌学的著作の説得力の源泉を見る傾向が大勢を占めていたのに対して、ギアーツは果してそうだろうか？と疑問を投げかける。民族誌学的記述の内容よりはむしろ、記述の仕方、修辞的表現法、テクストの構成法にこそ民族誌学的著作の説得力の秘密はあるのではなかろうか。ギアーツ自身の言葉に聴こう。

自分の語ることを聴衆に本気で聴かせてしまう人類学者の能力は、事実を重んじているような外観や概念的な優雅さの雰囲気とよりはむしろ、自分が語ることは別種の生活形態に実際に透入した(なんなら逆に透入されたとしてもよい)結果である、つまりなんらかの仕方で「あちら側にいた」結果にほかならないということを読者に納得させる能力のほうとかかわりがある。

こうした視座からギアーツは社会人類学あるいは構造主義人類学の権威とされている諸学者たちの民族誌学的著作を読み、そこに露わな自己主張性、独善性、あるいは小説家的戦略を容赦なくえぐりだす。

ギアーツにとって民族誌学的テクストは、「厳密な意味においては小説でも詩でもないが、広い意味においてはそのいずれでもある」ようなものなのである。かかる意味における民族誌学的テクスト——いわゆる濃密なテクスト——にアプローチする前提として、ギアーツは人類学における『著者《オーサー》』とは何か、と問う。彼はミシェル・フーコーの『作者とは何か』を参照しつつ、誰が書いたかより何が書かれているかに至上の重要性が置かれている厳密な意味の科学的言説においては著者機能が実質的に停止している現状において、今日なお著者機能が強く働いているジャンルとして歴史学、伝記、哲学、小説、詩と並んで民族誌学が存在していることを指摘する。そういう意味では、民族誌学は「科学的」言説によりはむしろ「文学的」言説に属している。それゆえ文芸批評的視点から民族誌学的著作を読むことも可能だし、重要だとギアーツは考えるのである。

しかしそこで根本的に問われているのは、プロットだとか提示法や隠喩だとかイメジャリだとかということ自体ではない、それらをとおして表現されている観察する側と観察される側との実存的関係の質そのものである。ギアーツが「フィールドワークの問題系」と呼ぶものがそれである。

ギアーツが本書全体をとおして「あちら側にいること《ビーイング・ゼア》」と「こちら側にいること《ビーイング・ヒア》」という二項的問題設定にこだわりぬく背景にあるのは、彼のうちに抜き難くある鋭い他者意識である。対象民族を自分と同じ人格的尊厳と存在権をもつ人びととして扱っているか、彼らと相互主体的にかかわりあっているか、そうではなくて彼らを単なる研究素材、調査対象、あるいはエキゾティックな存在として扱っているにすぎないのではないか、文明の段階に達していない「未開種族」として扱っているにすぎないのではないか、という問いに、彼の鋭い他者意識は現われている。

しかし彼は現代人にとって未開の他民族と相互主体的にかかわりあうことが容易ならざること、ほとんど不可能であることを知りぬいている。そういう意味では彼はヒューマニストではない。未開の民族のうちに自分たち文明人と同質の感性や思惟形式を発見して喜ぶ安易な人類学的ヒューマニズムに対して吐気をもよおすのがギアーツである。

彼らとの相互主体的交流を阻む近代的主我意識は、ギアーツが批判しているレヴィ＝ストロースやエヴァンス＝プリッチャードや、マリノフスキーや、ベネディクトらの魂と調査方法をむしばんでいるばかりではない。批判するギアーツ自身の魂をもむしばんでいるのだ。両者の違いは近代的主我意識についての自覚の深浅の差でしかない。しかし、この差異は重要である。それはフィールドワークの仕方と観察結果に微妙に影響するからだ。

ともあれ、レヴィ゠ストロースやエヴァンス゠プリッチャードらのほとんど無自覚的と言ってもよい近代的主我意識に対するギアーツの苛烈な、極端にアイロニカルな批判は、彼自身が同じ病いを病んでいる証拠である。ときにはその批判が行き過ぎて、逆効果を生じ、読者がレヴィ゠ストロースやエヴァンス゠プリッチャードの民族誌を再読したくなり、そこに、一見雑ぱくに見えながら実は、徹底した学問的厳格さや鋭敏で深い他者意識と洞察力とを再発見するとしても不思議ではない。

文化人類学者として卓越した才能と勇気をもつギアーツは、根本的批判の対象として、まさにそれにふさわしい卓越した、勇敢な、彼以上に強大な敵を選んだ、と言える。ニーチェがソクラテスやパウロやワーグナーという真に偉大な人物を根元的批判の対象に、つまり生死を賭けて闘うべき敵として選んだことが思い出される。

第二章はレヴィ゠ストロース批判であるが、ギアーツはレヴィ゠ストロースの主著の一つである『悲しき熱帯』の読解をとおして著者の「極端なテクスト中心主義的本質」と強烈な「自己言及性」とをえぐりだす。ギアーツに言わせると、「レヴィ゠ストロースは読者が彼のテクストをとおして外部を見ることを望んでいない、テクスト自体に注視してほしいのだ。そしていったんそれを注視すれば、もう二度とそれを通して外部を見ることは至難である」。

これは極論である。レヴィ＝ストロースは人間性の中の不変で根元的なものを求めてフィールドワークし、近親婚の禁止のうちに人間社会の土台を見いだした人類学者である。ギアーツはレヴィ＝ストロース自身が「あれは民族学より……私の科学上の仕事の余技のような小説ですから」（ギ・ソルマン著『二十世紀を動かした思想家たち』秋山康男訳、八八頁――傍点引用者）と告白した『悲しき熱帯』をとりあげて「これほど自己言及性の濃い著書はない」と批判しているわけで、批評としては的外れの観があるのは否めないが、しかし人類のうちに歴史と民族的差異を超えた普遍的法則性を求める余り、歴史や民族の独自性や個別性の感覚や理解が（ギアーツのいわゆる「ローカル・ノレッジ」が）希薄になるきらいがあるレヴィ＝ストロースの弱点を鋭く衝いた批判であることに変わりはない。

ギアーツは旅行記、民族誌、哲学的テクスト、および文学的テクストという四つの位相を『悲しき熱帯』のうちに見出し、それぞれについて興味深い批判を浴びせている。その中でもっとも正鵠を得ていると思われるのは、『悲しき熱帯』からときおりほとばしる西欧社会に対する過激な改革主義的告発の本質を、フロベール、ニーチェ、ラスキンの近代文明批判が共有する審美的嫌悪（道義的憤怒ではなく）と通底するとみなす見識である。

ギアーツにとってレヴィ＝ストロースの構造主義的体系に関してもっとも許し難い点は、その自足的完結性、徹底した普遍主義である。対象民族の文化のもつ具象的手ざわりがそうした完結性、普遍性の陰に希薄化されていくことが、ギアーツのアングロサクソン的感性には許せないのである。

第三章のエヴァンス＝プリッチャード論と第四章のマリノフスキー論は、第二章のレヴィ＝ストロース論ほど切れ味は鋭くない。ポーランド系のマリノフスキーの不安に満ちた近代的自意識が彼のフィールドワークを侵蝕していくプロセスを分析するギアーツのメスは確かに鋭いが、同じメスはギアーツ自身をも切りつける。ときおり切っ先がにぶり、内攻的になり、戸惑いを見せるのはそのためであろう。ある意味で、ギアーツのいわゆる「文芸批評的」人類学批判としてもっとも成功しているのは、このマリノフスキー論であるかもしれない。両者は共有しているものが多いのである。しかしそれだけではない。第四章は、文化人類学の自己批判・自己検証の試みとしても、ひじょうにすぐれたエッセーである。比較的難解でとっつきにくい一、二章から読むより、比較的平明で、しかも内容の濃い三、四章から読むのもよいかもしれない。

エヴァンス＝プリッチャード論は、滅法明るい人類学批判である。エヴァンス＝プリッチャードはギアーツに欠けているほとんどすべてのものを持っている、逆に言えばギアーツが持っているほとんどすべてを持っていないような対照的人物である。その逞しい、屈託のない、大らかな、そして決して油断しない、状況把握の的確な、その果断さと信頼深さと確実な技術で現地人の心を掌握してしまうこの天性のフィールドワーカーは、ギアーツがなりたくても決してなれないタイプの人類学者である。エヴァンス＝プリッチャードはいわば人類学者ギアーツの「無意識」なのである。

彼が茶化したり批判したりするためにふんだんに引用する「アコボ川沿岸の作戦行動」に関するテ

クストは、「E－P独自の言説の限界の縮図」を露呈しているばかりではない、批判者自身の無意識の欲望をも露呈しているのである。皮肉なことに、ギアーツがこれでもかこれでもかと、近代的自意識の呪縛とは無縁な、この冒険心と不屈さと忍耐に満ちみちた人類学者のペンから生まれるテクストを引用すればするほど、読者のこの人物に対する好奇心は増すばかりである。ある意味で第三章は逆立ちしたエヴァンス＝プリッチャード讃歌なのだ。

第五章は戦時中に書かれた日本人論、日本文化論『菊と刀』で名高いルース・ベネディクトについて論じたもので、ギアーツは冒頭から彼女のシニシズムの極致の表現ともいえる「人肉嗜食《カニバリズム》の効用」からの長い引用文を持ち出して読者の度肝を抜く。未開の部族の一部に見られるカニバリズムの慣習が「敵に対する憎悪を深い情動をもって満足させる無比の手段を与えることによって、集団内の連帯感と他国人《よそもの》に対する反感とを醸成する機能をもつ」ものと考えるベネディクトは、文明社会がこの比較的無害な蛮習を採用することによって戦争や組織的虐殺《ポグロム》のような大量の人命を犠牲にする愚行を犯さずにすませる、と主張しているのであるが、ギアーツはベネディクトのこの初期の論文に、スウィフトの晩年のパンフレット「貧困児処理法捷径」(中野好夫氏による意訳)との類似を見出したのであろう、始めから最後まで、『文化の型』と『菊と刀』を、スウィフトが得意としたあの特別な社会批判の様式の反復として分析している。スウィフトが『ガリバー旅行記』においてあの同化不能の地上最醜の存在ヤフーを描くことで、顔をしかめている読者よ、あなたもヤフーではないんですか、と暗示しているのと同じ手法で、ベネディクトは『菊と刀』において、「武士は食わねど高楊枝」や「切腹」の奇習を露わに示すことによって、逆に彼ら日本人から見たアメリカ人の奇怪さを暗示しているとギアーツは言う。

最終章「こちら側にいること《ビーイング・ヒア》」においてギアーツは、現代の民族誌学者が置かれている窮境を、アイロニカルでしかも情熱的な筆致で照射する。一九世紀に誕生した人類学は、歴史的に見て、西欧――ことにイギリス――の帝国主義的領土拡張政策、貧欲な植民地主義、および科学の威力に対する西欧人のメシアニズム的信仰と結ばれていたが、第二次大戦後、植民地主義の崩壊と、より現実主義的な科学観の台頭により、一九世紀と二〇世紀前半のあの気宇壮大な人類学者たちの理想と活力とは四散してしまった。現代の人類学者にとって「レヴィ＝ストロースのうぬぼれ、エヴァンス＝プリッチャードの自信過剰、マリノフスキーの軽挙妄動、ベネディクトの鉄面皮的冷静さなど、いまでは遥か遠い過去のことのように思われる」と、ギアーツは言う。

何を語るかより如何に語るかに過剰な関心が注がれている現代において、人類学者が陥りやすい罠は、「テクストの快楽」(バルト)をたっぷり含んだ民族誌というすばらしい商品を作ることを己れの仕事とみなすようになることである。だとすれば、あえてそのような危険を冒す価値があるのだろうか。ギアーツはためらうことなく、あると言う。われわれの意識をわれわれでない人々の生活と文化に対して、ひいてはわれわれ自身の生活と文化に対して少しでも開いていくことがどういうことか、を再吟味する可能性が生まれてくるからだ。

ギアーツは、過剰な自己言及性と審美主義に陥る危険をあえて冒して、フィールドワークをし、民族誌を書き続けることの意義を、パスカルの言葉を借りて、他民族、他文化の本質と思われるものを「かしこでよりはむしろここでのこと、かのときよりはむしろいまのこととして言葉で刻みだすこと」、「真に現実的なものの言説化、あるいは生命力の文章化である」と断言する。ここにクリフォード・ギアーツの、人類学者としての決意がよく現われていると思う。

最後にクリフォード・ギアーツの略歴と主な著書を記して稿を閉じよう。

一九二六年サンフランシスコに生まれる。アンティオク・カレッジで哲学を専攻し一九五〇年卒業。一九五六年ハーバード大学社会関係学部において人類学で博士号を取得し、同大学社会関係研究所研究員兼講師となる。翌一九五七年マサチューセッツ工科大学国際研究センター研究員。一九五八年カリフォルニア大学（バークレー校）人類学助教授となる。一九六〇年代はシカゴ大学で人類学教授として教鞭をとる。一九七〇年よりプリンストン高等科学研究所教授の地位にあり、かたわらスタンフォード大学行動科学高等研究所フェロー、プリンストン大学歴史学部客員教授等を兼ねる。

主な著作を記す。ただし、すでに紹介したものは省略する。

The Religion of Java, Glencore, Illinois: The Free Press, 1960.

Agricultural Involution: The Processes of Ecological Change in Indonesia, Berkley: University of California Press, 1963.

Peddlers and Princes: Social Change and Economic Modernization in Two Indonesian Towns, Chicago: University of Chicago Press, 1963.

Islam Observed: Religious Development in Morocco and Indonesia, New Haven: Yale University Press, 1968.（林武訳『二つのイスラーム社会』岩波新書）

(with Hildred Geerz) *Kinship in Bali*, Chicago Press, 1975.

訳者あとがきと訳注は、専門外の方、あるいは専門の方であっても初めてギアーツの書物に接する方を念頭に置いて、やや詳細に書いた。訳注作成に際しては弘文堂版『文化人類学事典』、綾部恒雄編『文化人類学の名著50』（平凡社）、平凡社版『哲学事典』、岩波書店版『西洋人名辞典』、研究社版『英米文学辞典』その他を参照した。編者、執筆者各位に心から御礼申し上げます。

最後に、昨秋の共訳ピーター・ゲイ『歴史学と精神分析』に次いでこの度も、編集担当の岩波書店編集部の坂巻克巳氏から数々の貴重な示唆を頂いた。記して厚く感謝したい。

（森泉記）

岩波人文書セレクションに寄せて

この訳書の原書 Clifford Geertz, *Works And Lives: The Anthropologist as Author* が刊行されたのが一九八八年であるから、訳書初版は八年後(一九九六年)に出たことになる。記憶では岩波書店編集部の高村幸治さん(訳書の適切な題名の考案者)から原書の翻訳を依頼されたのが一九九四年だから、約二年で訳了したわけである。依頼されたとき驚いたのは、翻訳書の出版に関して専門家重視の厳しさで知られる岩波書店がなぜ非専門家のわたしに？ということであった。訊いてみると、「本書の翻訳を編集部に提案し、みずから翻訳を引き受けられた文化人類学者の方が事情で訳稿を提出できなくなり、翻訳権の期限が迫っているので仕事を急いでもらいたい。あなたの力量については、ショシャーナ・フェルマン『ラカンと洞察の冒険』(誠信書房、一九九〇)を読んでわかっている。わずか数か月で難解な原書を翻訳できたのだから」という答えであった。そこで急遽入手しうる限りのギアーツの著作(原書)と数冊の訳書を取り寄せて、半年間集中的に読破した。レヴィ=ストロースやイギリスの社会人類学者たちの仕事と思想については、二十代から親しんでいたので、ギアーツ晩年の本書にこめられた問題意識はわかりすぎるほどわかった。勤務前の早朝二、三時間に集中して翻訳に従事した。編集担当者坂巻克巳氏の適切なアドバイスが助けとなった。

拙訳ギアーツ『文化の読み方／書き方』が出版されるや、読売、日経、東京を含む全国紙と地方紙に書評が出た。スペースに限りがあるので、そのうちもっとも印象深く読ませて頂いた大月隆寛氏の「誇り高き現場の知性の相貌」(東京新聞)と鷲田清一氏の「異文化を書くジレンマ吟味」(読売新聞)を紹介したい。大月氏の鮮烈な文章は、なまじな要約より、五段からなる全文の最後の段全部を引用するほうがよいと思う。

かつて「濃密な記述」という概念を示して解釈人類学の地平を拓いた彼も今年七十歳。人類学的記述にまつわってきた「自負やうぬぼれの終焉」をその背景も含めて冷徹に見据え、その荒涼とした現在の風景と直面しながら、最後にはなお「生が多様に営まれうる事実の意識を拡大するという仕事」が文化人類学者の使命と素朴に言うあたりの頑固な責任感はどうだ。この誇り高き「現場」の知性の相貌はやはり眼にまぶしい。

本書の勘どころをズバリ把握して簡潔にその意義を指摘した優れた書評である。訳者としてことのほか嬉しかったのは、文化人類学の第一線で活躍している現代の専門学者が、一介の翻訳家による、専門用語 thick description の現行訳語「厚い記述」を、著者の用法がはらむ意味論的な複雑さ、構造性、成層性ゆえに、「濃密な記述」に(したがってその対語の thin description の現行訳「薄い記述」を「希薄な記述」に)変更したほうが適切ではなかろうかという提案を採用していることとであった（「訳者あとがき」二六四―六五頁参照）。

他方、社会学を基盤に人文系諸学を横断する、優れた多くの書物の著者として知られる鷲田清一氏の書評は、本書のエクリチュールを駆動するギアーツの鋭い問題意識の時代的背景を的確に捉えた書評で、読者のための良き道案内となっている。これもその一部を引用して紹介するほうが適切であろう。

人類学者による、とてもしんどい自己吟味の書である。植民地化を媒介とする異民族との遭遇のなかで生まれた〔文化〕人類学という学問が、そういう非対称の権力関係からできるかぎり距離を置こうとした人類学者たちに屈折した自己意識や一人称的語りを強いた、その事実を、ギアーツはここで問題にする。……戦後、植民地の独立やさまざまの国際紛争、……民族離散など諸民族の交差とその文化変容とが激しく進行するなかで、調査対象たる民族とその民族誌の読者がじかに接触するようになったとき、もはや両者の橋渡し役ではありえなくなった人類学者の存在意義は何か、という問いを〔著者は〕突きつけるのである。

訳書が出て八年後の二〇〇四年には六刷を重ね、同年末に弘文堂から刊行された『文化人類学文献事典』にはギアツ《（ママ）》「文化の読み方／書き方」の項目に訳者執筆の解説が載っている。この訳書が広く読まれているしるしと言えるであろう。このたび岩波人文書セレクションの一冊として入手しやすい定価で再刊されるようになったことは、訳者として喜ばしい限りである。また電子書籍化される可能性もあるとも聞いている。いずれもこの価値ある挑戦的な書物の普及を一層促進するであろう。

ギアーツの著作に関しては、『文化の解釈学』(一九七三：訳書、吉田禎吾他訳、岩波書店、一九八七)、『ヌガラ―一九世紀バリの劇場国家』(一九八〇：訳書、小泉潤二訳、みすず書房、一九九〇)、『ローカル・ノレッジ』(一九八〇：訳書、梶原景昭他訳、岩波書店、一九九一)などの主著をはじめ比較的多くの著作が翻訳出版されている。わたしが読んだ限り、そのなかで主題的に本書『文化の読み方／書き方』(一九八八)ともっとも深い関係があるのは、本書の五年前に出た『ローカル・ノレッジ』であろう。この書の邦訳版に収められた「解説　ローカルとユニヴァーサル」において筆者の青木保氏が、収められた全八篇のエッセイ中「もっとも好ましい」と評価している「翻訳に見出す―道徳的想像力の社会史について」ともう一篇「住民の視点から」は、特に本書を通してギアーツが言いたかったことの理解に役立つと思う。他方『ローカル・ノレッジ』で取り上げられた文化人類学者の仕事にかかわる諸問題をより具体的に、かつ精細に展開しているのが本書である。すなわち文化人類学者は何をしているか、その本来の使命は何か、文化人類学、特に他民族、他文化とその歴史へのフィールドワークの実態と可能性あるいは希望を問う問題、およびもっと普遍的かつ根源的な問題、いったいわれわれは他者の思い、誇りと生きがい、他民族の文化と歴史をほんとうに理解しうるのであろうか、という問題が本書で問われているのである。

本書の「訳者あとがき」で示唆したように、調査には調査者自身の世界観、好み、野心、そして無意識的欲望即欲動がからみついてきて対象の記述に、すなわち民族誌に偏向、歪みをもたらす。その典型的事例が本書第四章「目撃者としてのわたし」(一三七―三九頁)に記されている。ラビナウのいわゆる象徴的暴力である。著者によって引用されているラビナウ自身の言葉を孫引きしよう(一三九頁)。

わたしの反応は本質的に暴力行為であった。それは象徴的レベルで実行されたが、暴力であることに変わりはなかった。わたしは資料提供者たちの誠実さを踏みにじるような行為をしていた。……わたしは〔自分のやっていることが彼らを〕強制し、ほとんど中傷まがいのことまでして、それまで彼らが必死でわたしから隠そうとしてきた彼らの生活の諸相を説明させる結果となることを知っていた。……

こうした自己の野心と思い上がりから他者を操作しようとする所作は民族誌的フィールドワークにのみ起こりうることではなく、あらゆる学問領域で起こりうる。いや、すべての人間関係に起こりうると言うべきであろう。

では他民族とその文化を理解することはまったく不可能であろうか。文化人類学的調査は絶望的な営みなのであろうか。そうではないとギアーツは言う。「われわれ自身のものではない他のすべてのものを理解する程度には他民族を理解できるはずだ」(『ローカル・ノレッジ』七八頁)と。これは愚かな同義反復の言葉ではなく実践的真理の言葉である。彼のいわゆるローカル・ノレッジの感覚にも通じる意識である。非歴史的な普遍的秩序を渇望し、対象民族の文化の猥雑な状況――先進諸国の侵入、その文化の混入の結果でありうる――に嫌悪を覚えるレヴィ＝ストロースに彼が反撥するゆえんである。ギアーツによればいま文化人類学者のなすべきことは、現在対象民族に起こりつつあることを「かしこでよりはむしろここでのこと、かのときよりはむしろいまのこととして言葉で刻みだすこと」「現在的なものを刻印すること」である(本書二〇五頁)。

クリフォード・ギアーツは二〇〇六年一〇月三〇日、心臓手術の余病の併発で亡くなった。享年八〇歳。

二〇一二年八月

森泉弘次

■岩波オンデマンドブックス■

文化の読み方/書き方　　クリフォード・ギアーツ著

1996年 9月25日　第1刷発行
2004年 11月15日　第6刷発行
2012年 10月23日　人文書セレクション版発行
2016年 12月13日　オンデマンド版発行

訳　者　森《もり》泉《いずみ》弘《こう》次《じ》

発行者　岡本　厚

発行所　株式会社　岩波書店
〒101-8002　東京都千代田区一ツ橋 2-5-5
電話案内　03-5210-4000
http://www.iwanami.co.jp/

印刷／製本・法令印刷

ISBN 978-4-00-730538-2　　Printed in Japan